为心赋能

稻盛和夫的核心密码

汤献华 | 孙铃斌 著

人民东方出版传媒
东方出版社

推荐序一
成为更好的自己

我与汤老师相识于宁夏盛和塾的一次学习会。因理事长张劲松兄的引荐，我也听了汤老师的课，觉得汤老师很通透，其后请他去福耀（重庆）做指导，来捷瑞交流，一来二往，因稻盛哲学而心通。汤老师讲到最近有本书要面世，嘱为序。

我与稻盛先生的缘分要追溯到30年前。当时我在福耀负责采购，京瓷是我们的供应商。那时用的主要是西方的管理思想和方法，如德鲁克的管理学。开始学习研究并逐渐应用稻盛先生的经营哲学，应该是20年前，当时自己已在福耀协助恩师曹德旺先生负责日常管理工作，不得不通过提高心性，来拓展经营，不过真正用的还是德鲁克先生的理论和方法多些。直到2014年我全面负责福耀的经营管理，开始探索如何转型升级，走智能制造之路，推动精益管理和员工幸福事业，才真正信奉"敬天爱人"。这一方面是对稻盛先生在企业里成功实践的信服，另一方面也是早年中国文化之心学智慧种下的种子开始开花结果。由于受家庭影响，自己对传统文化一直心存敬畏，1996年读了MBA，觉得还是不能解决心中的疑问——企业存在的目的到底是什么？人心的力量到底如何发挥？什么是真正的赋能？自己一直在不断学习、实践中探寻企业经营之道。本书让人受益良多，值得推荐！

汤老师文如其人，率直、活泼、专业，富有能量，本书的切入点也很别致，从科学、哲学到信仰，不管是企业经营管理还是个人修养，都值得读，特别是对思维的拓展，人的潜能激发，对适应当下"百年未有之大变局加速演进"尤为重要。所谓修齐治平，归根结底还是做人。要成为更好的自己，为天地立心，为生民立命，活成光，本身就自在，喜悦。

是为序。

福耀玻璃工业集团股份公司原总裁
湖北捷瑞汽车玻璃有限公司董事长
左敏

推荐序二

量子魅力：仰之弥高、钻之弥坚

量子思维、量子管理近几年日渐广受关注，以其参透宇宙真相与人性究竟法门的大智慧让人着迷。然而，正如费曼所说："当一个人说他已经懂了量子力学的时候，说明他还没有真懂。"颇似"道可道，非常道"。正是建基于严谨科学基础之上的这份美好的神秘玄妙感，使国内外一批有情怀和使命感的学者为此趋之若鹜，献华和我都是其中的一员。

量子管理研究可谓是仰之弥高、钻之弥坚。能将精灵古怪的量子阐释得通俗易懂与条理分明已是不易，而能将其与"经营之圣"稻盛和夫的企业实践深度融合，打通科学—哲学—信仰的路径则更属难能可贵，然而，作者做到了。整本书旁征博引，智慧灵光时时显现，逻辑分析严密清晰，阐释解读透彻通达，科学与人文辉映，东西方智慧深度交融，其中的实践方法简易可操作——理论可顶天，实践可立地，是近几年量子管理图书领域不可多得的一部力作，也是当今企业界面临"百年未有之大变局"下重新学习稻盛和夫的一本必读书！

本书可谓一步一花、十步一景，需要细细品读方能感悟其中奥妙，在此撷英数点以为推荐序。

本书将量子理论、量子思维深度融入企业经营实践中。量子之概率诠释、不确定性原理、互补原理和量子纠缠的意义早已超越了单纯的物理学范畴而关乎人类的认知升级、心智革命，是根本的世界观、哲学观的突破，是思维方式的拓展，进而必然影响到企业的经营结果。

作者认为，概率诠释对应着稻盛和夫笃信的"追求实现人性无限的可能性"，其最佳路径就是赋能予人，充分激发每个员工的善意和潜能，去看见人生更美的风景；消除不确定性的最好办法是坚守"作为人，何谓正确？"的判断基准，做时间的朋友，这使得稻盛总能在纷繁复杂的信息海洋里迅速洞见真相，去伪存真，杀伐决断，实现"萧条中的大飞跃"；互补原理对应稻盛"以霹雳手段显菩萨心肠"，小善乃大恶、大善似无情，让人又爱又怕是他度人的不二法门；量子纠缠则是稻盛从心出发、连接万物，以大家族主义开展经营，利他自利，打造"共同欢笑、共同流泪"的幸福企业，并为人类社会的进步和发展做出贡献。

本书指出了激发心力是企业家最重要的职责。作者认为企业本质上是一个生命体、能量体，企业家就是在不断自我赋能，为员工和组织赋能中，才能实现人生与事业更大的可能性。

人心创造世界——这不是宗教语言，而是量子科学提供的事实。被媒体称为"稻盛和夫最信任的人"、当年的日航意识改革负责人大田嘉仁说："所谓企业就是全体员工的意识集合体。"作为"观察者"的人的意识能量高低，将对被观察的世界产生深刻影响。这意味着经典力学带来的"宿命论"桎梏能被打破，企业的命运可以由包括企业家在内的全体员工自己来掌握。正是因为对此有深刻洞察，稻盛和夫终身致力于赋能予人，不断提高全员意识能量级，在不同行业都取得了巨大的成功。

本书指明了清晰的"明明德，止于至善"的经营修行路径。人越接近真相就越简单、越笃定，决策速度就越快，决策质量就越高。作者认为，好的企业家也是教育家。"稻盛流"经营的核心是：全力工作除妄念、妄念既除心见真、心纯见真绩不凡。

稻盛说："如果企业家心灵清澈，则企业经营便会顺利且稳定。所谓'提高心性'，即一心向善、美化心灵，这是一个人的人生旅程和经营事业都迈入良性轨道的原动力。"反之，一旦被私心杂念所束缚，就看不到问题的本质。近期，我们看到不少大企业出事、走偏了，这正是根本原因所在。正因"人心惟危，道心惟微"，作者将"明明德，亲民，止于至善"过程中对治私欲恶念比喻成警察和小偷的关系，更用稻盛在经营实践中的典型案例来印证人心向善向上是企业持续良好经营的前提。

这还是一本从经营哲学到实践图景的指导书。

在京瓷创业35周年时，稻盛的笔记本中记录了8800条工作和人生体悟。在时任社长伊藤谦介主导下，将其浓缩提炼为78条的《京瓷哲学》，将员工幸福与企业经营实现统一，这是全球七万余名京瓷员工的"圣经"。同时，以此为基础，京瓷还分别编写了"京瓷制造心得""京瓷会计学手册"等，当然还有贯彻实践"人人都是经营者"的阿米巴经营体制。这样就形成了"高高山顶立、深深海底行"的从思想到操作的落地步骤。再到后来创办KDDI、拯救日航过程中，虽行业不同、阶段各异，但稻盛都遵循了先赋能，提高员工意识能量级，统一判断基准，再到坚持"每日核算""看着仪表开飞机"的阿米巴经营，搭建起经营哲学与实学一体，大家族主义与实力主义并行，充分激发人的善意与潜能的完整的经营管理系统。

作者还提到：一个有使命感的人，一定不会让自己置身事外、冷眼旁观，而是以真诚主动的姿态投身于生命体的升华之中，这样的心胸宽广到足以容纳无数生命，命运也必将对他委以重任，帮助他成就更大的事业。正是那些"我将无我"之人，在宇宙无穷无尽、波澜壮阔又悄无声息的"量子纠缠"中，洞悉本质、顺应潮流，以心之力，借浩大宇宙之势，达到常人所不能企及的高度，这正是稻盛和夫坚信笃行"敬天爱人"的必然结果。

融合量子思维与稻盛经营学，将其中的思想精华变成易懂的文字，为心赋能，让更多人受益，这需要作者的真诚心与责任感，需要趴下身去，将耳朵伏在企业经营的每一环，去感受、去体验、去求索。

献华理工科出身，有多年企业高管经历，加之10年的教育咨询经验，使他对企业运行的内在规律有深刻认识。相信他的"十年磨一剑"之作能在新的时代转折点对企业家乃至每个追求实现生命无限可能的人有所启发。我为有这样的慧者同行而感到无比荣幸！

山东大学管理学院教授、博士生导师

《量子管理：不确定时代的管理变革》作者

辛杰

前言
稻盛和夫与任正非的第一性原理

常与企业家们探讨：如果只谈一点，稻盛和夫和任正非在经营企业上有何共同之处？

"他们都是深谙人性的大师。"
"他们都经历过生死考验，有过地狱般的经历。"
"他们都极富远见，具有强烈而持久的愿望。"
"他们都是终身学习者。"
"他们都身先士卒、率先垂范。"
"他们带兵风格相近，稻盛和夫是最温暖的人、也是最冷酷的人；任正非是爱兵切，用兵狠。"
"他们都极力塑造高绩效文化，打造高收益企业。"
"他们都极为重视核心技术，赌在技术开发上。"
"他们都有很深的科学素养。"
……

角度各异，但都有道理。我的理解是：他们都能高度集中员工的注意力，将人的潜能激发到近乎极限。

理由何在？

这就需要探讨一个问题：人最宝贵的资源是什么？是金钱吗？金钱只

是一个"果",且生不带来死不带去。是时间吗?时间虽然就在身边,但我们却抓不住它。我们更适合做时间的朋友。是身体、能力、思想……吗?

答案是:注意力!

实践告诉我们,时间再充裕、身体再好、能力再强、思想再先进,如果三心二意、心猿意马,几乎做不成任何事情。课堂上,开场歌曲播了好几遍,问这首歌的名字,往往现场多数人不知道。为什么?因为人来了,注意力还没来。家庭中,甚至家人之间的交流都越来越少,因为注意力被手机黏住了。

今天,企业面临的最大挑战之一,是随时在线的微信、微博、抖音以及其他海量 App 都在和企业争夺员工的注意力——正是每天全球十几亿人的点击成就了谷歌,每次点击就是一次注意力投放。毫不夸张地说,今天企业面对的就是一场和一切外部环境抢夺员工注意力资源的战争。

所以,归根结底,企业的一切价值创造,最终都是以包括经营者在内的全体员工的注意力交换得来的!

这有科学依据吗?在科技史上,有一个曾耗费全世界最聪明脑袋争论并通过实验反复检验了 300 年的重大问题:光到底是粒子还是波?其中被誉为"最美物理实验"的"双缝干涉实验",我们在高中就学过。实验大致是这样的:用一束光照射两条平行的细缝,在细缝后的屏幕上就会看到一组明暗相间的干涉条纹——这明确无误地证明光是波。

而诡异之处在于,其后科学家对这个实验进一步延伸:一旦在细缝后设一个观察装置,看看光子到底是经过了哪条缝的时候,屏幕上的干涉条纹就消失了,光又变成了粒子。

这曾让科学家们困惑不已。1905 年,爱因斯坦在解释"光电效应"时,直觉告诉他光具有波粒二象性。1924 年,德布罗意通过"物质波方程"证明:物质既是粒子又是波。

物质具有波粒二象性,但其到底表现为粒子还是波,却取决于我们的观察行为。这是人类历史上最惊世骇俗、最具哲学意义的发现之一:物理对象根据是否被观察而表现出不同的"结果"。换句话说,我们的主观观察行为，竟然可以影响客观事物。海森堡不禁惊叹："量子力学已经把潜能的概念带回到物理科学中了！"

"观察者决定被观察者"——这一量子世界中得到人类科学共同体共识的哥本哈根诠释，是对经典物理的根本颠覆，是从不确定的概率世界到经典确定世界的关键环节，或许也是自然科学与人文社会科学之间的连接器。玻尔认为："人文科学与自然科学之间并不存在真正的矛盾，它们表面上的差异无外乎是波粒二象性的一个复杂形式而已。"

自然科学理论中蕴含着相应的"科学哲学观"，是目前逐渐得到公认的自然科学和人文社会科学之间的桥梁。

牛顿定律衍生出了"天地一体"、爱因斯坦相对论塑造了"质能一体""时空一体"的科学哲学观，而集成了众多科学家智慧之眼的量子世界中是否蕴藏着"天人合一"的秘密呢？

比如，企业的经营结果到底是怎么来的？基于"观察者决定被观察者"定则，公司经营结果如何本质上是一个概率事件。企业家的注意力投射，企业家就是观察者，所以企业家的注意力在哪里，企业的战略方向就在哪里（做正确的事）；员工的注意力投射，员工就是某项具体工作的观察者，他们每时每刻判断的叠加就构成了相应的结果（把事做正确）。

既然"观察者"如此重要，那么人在什么情况下才能"注意力集中"呢？

一是危机。一个沉迷游戏、爱分心的人，如果身后追来一条恶狗，他立马会集中每个细胞的注意力迅速逃离险境。这是人类从远古时代就遗传下来的生存本能。

二是热爱。一旦投入某件事情达到"心流"状态，我们就乐在其中，难以自拔，甚至根本注意不到时间的流逝。

那么，稻盛和夫和任正非是如何高度集中员工注意力、赋能予人的呢？简而言之，任正非主要是通过危机意识的持续渗透（当然也不乏使命感的激发与成就感的强化），稻盛和夫更多是唤起员工对工作的热爱（当然也有逼着员工成长的"霹雳手段"与经营发表会的压力传递）。

在历时3年，1998年3月定稿的《华为基本法》第一章中关于"公司的宗旨"就开宗明义："华为的追求是成为世界级领先企业并通过无依赖的市场压力传递，使内部机制永远处于激活状态。"

任正非经历过大饥荒年代，有痛彻心扉的"少年创伤记忆"，对物质和精神的饥饿有刻骨铭心的体验。他是家中七个孩子的老大，小时候的梦想就是有个馒头吃，他的口头禅是"活下去"，这必然投射到华为的管理理念之中。同时，任正非坚信华为一定会有倒下的一天，因为这是自然规律，也是宇宙法则中的"无常观"。因此，任正非十分缺乏安全感。"华为的冬天"——任正非一定会不停地念叨下去，并通过设定相应的机制和大家锁定在一条船上。因为同舟，所以共济！在湍急的水流、密布的礁石中航行，身临险境，相信没有哪个人敢以乘客自居，员工的注意力必然就聚焦了。所以面对"实体清单"，任正非说，"最兴奋的是美国对我们的打压，因为堡垒最容易从内部攻破，堡垒还可以从外部得到加强。我们公司的堡垒内部正在松散、懈怠之中，美国这一打压，我们内部将会更团结，密度更强，更加万众一心，更会下决心把产品做好"。危机下近20万华为员工"力出一孔、利出一孔"，结成了利益共同体甚至是生命共同体。任正非说："要活大家一起活。""通过市场压力在企业内的无衰减传导，每个人都承担起自己的责任，这才是组织活力之源。"

稻盛和夫则谆谆告诫："即便我们现在从事的不是自己喜欢的工作，但考虑到既然大半个人生都要消耗在工作上，那还不如让自己努力去喜欢它，快乐地面对它。如果不这样做，就等于我们的人生失败了。"

稻盛和夫就是一个极度专注的人，对一个问题常常是走路想、吃饭想、上厕所也在想、睡觉都在想……稻盛年轻时，有一次和京瓷的一位前辈走在京都的街头。当时，百货商店的外墙上挂着巨大的幕布，上面是男士服装春季打折的广告。稻盛看了一眼后，喃喃地说："我真是笨蛋，竟然看了打折广告，精神没集中在工作上，真丢人。"

结合自身经历，稻盛和夫既循循善诱又苦口婆心："想要拥有一个充实的人生，你只有两种选择：一种是'从事自己喜欢干的工作'，另一种是'让自己喜欢上工作'。无论如何，必须喜欢上自己的工作。要把'被分配的工作'当成自己的天职，抱有这种心境非常重要。如果你还不肯抛弃'工作是别人要我做的'这种不恰当的意识，就无法从工作的'苦难'中解脱出来。只要喜欢了，就能不辞辛劳，不把困难当困难，埋头工作。只要一心一意埋头工作，自然而然就能获得力量。有了力量，就一定能做出成果。有了成果，就能获得大家的好评。获得好评，就会更加喜欢工作。这样，良性循环就开始了。"

概括而言，通过 KPI 考核模式驱动的企业，走的是通过危机使员工集中注意力之路。遗憾的是，人性中有赢得起输不起的魔鬼存在，稍不注意，就会陷入零和博弈的囚徒困境之中。今天，尤其针对物质基础已得到极大改善的"95 后"、"00 后"而言，单纯的强考核效果更是大打折扣。热爱呢？说起来容易做起来难，其必经路径是在明确企业到底"为什么而存在"的"大义名分"下，经营者身先士卒、以身作则，针对不同层次的员工开展有效赋能，引导员工的人生观、职业观与企业经营观趋向统一，形成相同的价值判断基准。大家一起心心相印，同频共振，才能共度美好人生。

"大家族主义 + 实力主义"是稻盛和夫的经营落地路径。"大家族主义"形成的一体感可以极大地增强企业外部竞争力；遵循"实力主义"搭建的阿米巴经营赛台则充分地激发出每个人的潜能。其根基就在人心。所以，稻盛和夫说："提高心性，拓展经营。"其中蕴含的科学理据在量子世界中能够找到明确答案。

有人问硅谷"钢铁侠"马斯克他特别推崇的思考方式是什么。他说："我总是以第一性原理[①]的思维方式，即用物理学的角度看待世界，也就是说一层层拨开事物表象，看到里面的本质，再从本质一层层往上走。"

[①] 第一性原理（First principle thinking）：最早由亚里士多德提出，他说："任何一个系统都有自己的第一性原理，它是一个根基性命题或假设，不能被缺省，也不能被违反。"马斯克认为，生活中的大多数人多用比较思维去思考问题，对别人已做过或正在做的事情我们也都去做，这样发展的结果只能产生细小的迭代发展。而第一性原理的思考方式是从物理学的角度看待世界，才能真正抓住事物的本质，进而产生突破性的创新。由于马斯克集科学家、企业家、探险家于一身，其移民火星的梦想更是超乎想象，所以"第一性原理"一时成为企业界的热词。

"粒子物理标准模型之父"格拉肖称全球GDP有2/3来自量子力学的贡献。可以毫不夸张地说，我们现在就生活在量子时代。我们本是住在牛顿世界的"土著"，形成的牛顿思维早已深入骨髓，这固然让我们创造了辉煌的工业文明时代，但却很可能阻碍我们对智能时代的探寻。显然，在新时代里，我们不能成为量子世界的"陌生人"，可否先试着成为新世界的"访客"，进而成为"移民"，甚至最终也注入一颗量子的"灵魂"。这不需要我们停下脚步来等待，仅仅需要我们拥有一颗开放而持续学习的心灵。

从量子世界到牛顿世界是一个从可能性到确定性的旅程，甚至是"无中生有"的过程，这需要兼容两种几乎完全不同的思维，是一项艰巨的挑战。正如菲茨杰拉德所讲："一个人能同时保有全然相反的两种观念，还能正常行事，是第一流智慧的标志。"兼备事物的两极，正确把握企业发展的"灰度"正是稻盛和夫、任正非等超一流企业家的标配。

关于量子力学的科普著作不少，但如何从自然科学延伸到人文社会科学，尤其是其中的企业管理科学却几近空白。本书借由稻盛和夫经营企业了不起的实践，试图挖掘其成功背后的思维方式，结果让人惊讶地发现，这不完全是牛顿思维所能解释的，而基于量子世界观基础之上的量子思维是理解稻盛经营学的重要切入点。

学习稻盛和夫，核心是学习他的思维方式。毫无疑问，这是一次战战兢兢、诚惶诚恐的探索旅程。

霍金说："如果我们确实发现了一套完整的理论，它应该在一般原理上及时让所有人（而不是少数科学家）理解。"所以，希望读者朋友不要以理论物理的视角来"观察"，因为其中不可避免会涉及诸如类比甚至起承转合之间的"跃迁"。惠勒相信"类比引发洞察"。同时，触发更多的思考和探讨，引发新的"纠缠"，也是任何一本书所应追求的。

"墨子号"量子卫星首席科学家潘建伟认为："科学的首要价值，在于它是赖以达到内心宁静的最可靠途径。"这是否意味着基于科学视角的"第一性原理"不仅有助于找准企业经营之舵，也能成为我们人生前行的航标灯呢？天体物理学家卡尔·萨根则充满诗意地写道："你我皆为星辰之子，每一个细胞上都写着整个宇宙的历史。当你凝视自己,也望见了宇宙的轮廓。"

让我们出发吧!这是新时代"科技是第一生产力"的大环境下拓展视野和思维的一次探险,也许有一点挑战,但却值得。因为,人往往越接近真相就越笃定。微观世界中隐藏的规律同样适用于我们自身,因为,我们也由基本粒子构成,其中当有大家都需要共同遵循的道理。

目录

理论篇

第1章　量子世界的秘密 / 004

问：为什么学量子力学 / 006

　　被量子科技包围的人类 / 006

　　看不见的科学素养 / 008

　　打破科技与人文的界限 / 009

　　能量升级：物质即能量，能量造世界 / 010

释：基于微观世界的新思维 / 016

　　思维方式：心的温度计 / 016

　　基于宏观世界的牛顿思维 / 017

　　基于微观世界的量子思维 / 021

　　从牛顿思维到量子思维：邂逅新世界 / 025

解：量子世界寻宝记 / 028

　　量子与量子力学 / 028

旧量子时代：开天辟地 / 029

　　波粒二象性：亦波亦粒 / 031

　　能级原理：为什么产生"量子化" / 032

　　新量子时代：拨云见日 / 034

　　伟大的反对派之薛定谔的猫 / 036

　　量子纠缠：伟大反对派之 EPR 佯谬 / 041

结语：量子思维：我命由天更由我 / 045

实践篇

第 2 章　赋能——明确事业的目的和意义 / 052

一、跃迁：潜能激发 / 053

　　三个建筑工人的故事 / 053

　　赋　能 / 055

　　概率 / 可能性，源于粒子的本质 / 056

　　跃迁至最好的可能 / 057

　　一定要将能量毫无保留地灌注给部下 / 061

　　经营者的自我赋能 / 063

　　明确事业的目的和意义 / 065

二、"挑战者"稻盛和夫：KDDI 赋能记 / 068

　　启程 / 068

　　道路崎岖 / 070

　　三个难题的破解 / 075

　　挑战成功 / 078

结语：敬天爱人的真义 / 080

第 3 章　观察 / 判断基准——作为人，何谓正确？ / 082

一、不确定与确定：世界的变与不变 / 083

　　　　两次改变历史的判断 / 083

　　　　从不确定性原理到施普伦三角 / 084

　　　　判断的本质：去芜存菁 / 086

　　　　利他就是最大利己的科学证明 / 091

　二、男子汉的美学：从拯救日航看"判断基准"/ 094

　　　　错误判断的叠加：日航破产的根源 / 095

　　　　作为稻盛，何谓正确：舍生取义，向日本传达"遗言"/ 096

　　　　作为日航人，何谓正确：重新感受到"活着的力量"/ 098

　　　　作为日航，何谓正确：回归经营的本质 / 101

　　　　作为联盟，何谓正确：信义第一 / 103

　结语：以"确定的判断基准"应对"不确定的世界"/ 106

第 4 章　互补——兼备事物的两极 / 108

　一、互补：对立统一促发展 / 109

　　　　是天使还是魔鬼：埃舍尔的版画 / 109

　　　　波粒二象性：不仅是知识，更是智慧 / 110

　　　　太极族徽：玻尔的"传家宝"/ 111

　二、领袖气质：捉摸不透的大英雄 / 114

　　　　人格魅力：理性与感性的互补 / 115

　　　　杀伐决断：大胆与细心的互补 / 117

　　　　雌雄同体：霹雳手段与菩萨心肠的互补 / 120

　　　　心想事成：乐观与悲观的互补 / 123

　　　　社会公民：济世利人与斗争心的互补 / 126

　　　　磨炼灵魂：活法与死法的互补 / 129

　结语：一阴一阳之谓道 / 132

第 5 章　纠缠——世间万物，始于心，终于心 / 134

　一、无问西东，方可共同闪耀 / 135

　　　　萤火虫创造的震撼 / 135

天地万物同"奇点" / 136

二、通心：大义名分的力量 / 141
　　　迭代：从"机械组织"到"量子组织" / 143

三、连接：人·人 / 146
　　　赋能分身 / 147
　　　平时就要同员工建立起信赖关系 / 151

四、纠缠：人·产品 / 156
　　　赌在技术开发上 / 157
　　　将心注入：极致的产品只能来自"人心" / 158

五、延伸：人·社会 / 164

结语：人生是一场"纠缠"的旅程 / 166

第6章　阿米巴经营中的量子思维 / 170

一、京瓷能量旋涡 / 172
　　　每日早会：开启一天满满的正能量 / 172
　　　京瓷年轮：在道法自然中孕育生生不息 / 173

二、阿米巴是一种经营新思维 / 177
　　　初识阿米巴 / 177
　　　看着仪表开飞机 / 180
　　　阿米巴的"形"与"神" / 182

三、量子思维视角下的阿米巴经营 / 183
　　　大家族主义：共同欢笑，共同流泪 / 183
　　　实力主义：激发人性的无限可能性 / 186
　　　组织划分 / 188
　　　确立与市场直接挂钩的核算体系 / 190
　　　定价即经营 / 191
　　　每日核算 / 192
　　　业绩发表会：相马更赛马 / 193

水库式经营 / 195
　　互补中磨砺人格 / 196
　四、稻盛和夫的"三驾马车" / 200
　结语：企业经营中的"分"与"合" / 203

案例篇

第 7 章　为心赋能——好利来重生之谜 / 207
　一、初心纯粹：好利来初长成 / 210
　二、一路向"西"：好利来丢魂 / 220
　三、天地炼心：罗红的另一个战场 / 225
　四、"中国蛋糕王"的重生 / 229
　五、有效的教育是经营的灵魂 / 235
　六、"黑天鹅之子"长成记 / 244
　七、罗红的教堂 / 250

解析篇

第 8 章　企业是经营者内心的投射——从可能性到确定性的阶梯 / 259
　一、物质与意识的关系 / 261
　　当"维格纳的朋友"遇见"薛定谔的猫" / 261
　　王阳明的"心外无物" / 263
　　稻盛和夫的"有意注意" / 264
　　意识是一种能量 / 265
　　心力 / 267
　　我是因，世界是果 / 268

以终为始 / 272

二、经营者内心的投射阶梯 / 276

　　一人定国 / 276

　　企业的"道生之"：行业本质 / 278

　　企业的"德畜之"：核心价值观 / 279

　　企业的"物形之"：机制 / 281

　　企业的"事成之"：极致的产品和服务 / 283

三、企业是修炼心灵的道场 / 286

　　心之意义 / 286

　　"心"与"道"之间的断点 / 288

　　"道"与"德"之间的断点 / 289

　　"德"与"机制"之间的断点 / 291

　　制度与活力 / 293

结语：人生最高层次的因思维 / 296

后记　科学·哲学·信仰 / 299

致　　谢 / 309

参考资料 / 311

理论篇

豹子懂牛顿运动方程吗？

显然，它会"计算"自己和猎物之间的距离与各自的速度，进而做出是继续追捕还是放弃的决策。

那么，在1687年牛顿发表《自然哲学之数学原理》之前，人和豹子在物理知识上有多少差别呢？

正因掌握了牛顿定律，人类才得以敲开工业革命的大门，取得了突飞猛进式的进步。

如今，我们已身处信息时代，即将迎来万物互联的智能时代，背后的支撑理念迭代升级为"天人合一"的科学哲学观。

从小处说，这能激发每个愿意不断上进者的潜能；

从中而言，这会决定家庭幸福或企业组织的发展；

从大处讲，这甚至能影响到国家之间的相处模式。

在牛顿思维基础上再注入一颗量子灵魂，似乎已成为一个现代人、现代企业、现代国家所必需。

知其然，更知其所以然，这正是人类得以超越动物之处。以前笔者学习、实践稻盛和夫经营学，固然为稻盛先生语言之质朴与直指人心所震撼，但却因未找到科学理据而感美中不足。

量子力学是一门关于"可能性"的科学，其中蕴藏着精妙的能量转换规律。笃信"敬天爱人"的稻盛和夫发现"人人都是经营者"，他将企业视为活泼的生命体、能量体，始终致力于追求实现人性的无限可能性。

当把量子世界的"概率诠释、不确定性原理、互补原理、量子纠缠"

一一解读之后，从赋能到判断基准，从以心为本到阿米巴经营，一旦将企业视为"能量体"，两者的契合似乎天衣无缝。

物理学是使人得以"知其所以然"的一门自然科学。在剔除复杂的数学计算后，其实物理学最核心的哲学思想，往往大道至简，是我们每个人都可企及和需要的。

量子世界中到底隐藏着怎样的"所以然"呢？

让我们拉开量子之门。

第 1 章
量子世界的秘密

以量子计算机和量子通信等为代表的第二次量子革命是我国几百年来第一次有能力有基础全面介入和参与的一次技术革命,是中华民族在伟大复兴进程中的一次重大机遇。

——薛其坤

新的陌生时代已经明确到来,而我们曾经很熟悉的现代世界已经成为与现实无关的过往。

——德鲁克

量子世界到底隐藏着怎样的秘密？是只有天才才能解开的超级复杂公式？是用人类既有观念难以理解的"叠加态""波粒二象性""跃迁""量子纠缠"？还是各科技大国正在苦苦争夺的"量子霸权"？

不畏浮云遮望眼。这些炫目的新词都不过是我们理解量子世界的渡河之舟。这里虽有一定的神秘性，但大道往往至简。既然它揭示的是主宰这个世界的重要规律，也是我们能量运行的基础，那么它一定早就附着在我们的生命之中了。所谓"百姓日用而不知"绝不是"不可知"，而是可以理解，也很有必要去了解的。

首先，量子世界与我们习以为常的宏观现象世界有着天壤之别——这里通常是一个肉眼"看不见"的世界，因此绝大多数人对这个世界一无所知。但人的天性中拥有探索未知世界的好奇心，这是人类社会得以不断前进的根本动力。

其次，人一旦对周围的世界缺乏了解，就会产生焦虑和恐惧，因为"不了解"便常常意味着"失去控制"，容易陷入被动。随时了解周边信息是人类从远古时代就遗传下来的生存本能，这是人类得以安身立命的根本。

再次，据统计，近一个多世纪以来，诺贝尔物理学奖的绝大部分都颁给了与量子力学有关的研究。因此，身为一个现代人，如果不了解一点量子论，就好像没上过互联网，没用过微信一样，很可能跟不上时代。

这些都足以吸引我们去揭开这位"量子新娘"的神秘面纱。

欢迎光临量子世界！

问：为什么学量子力学

> 判天地之美，析万物之理。
> ——庄子

被量子科技包围的人类

为什么学量子力学？既然这个世界量子无所不在，与其被动等待，不如主动拥抱！我们可以先从"现实"的角度来直观感受一下量子力学。

我们所处的这个时代虽被称为"信息时代""互联网时代"，但其底层的技术支撑，近90%都来自量子力学的研究成果，其中包括：

早已普及的手机、电脑、互联网技术、导航、数码相机、激光、核磁共振……

方兴未艾的量子计算机、量子通信……

而由量子计算机引起的"量子霸权[①]"，目前已然成为中、美、俄等大国的攻坚目标，是谷歌、IBM、微软、亚马逊、华为、阿里巴巴、腾讯、百度等科技巨头竞逐的赛场。

须知，人工智能（AI）的威力需要强大的算力支撑——而经典计算机的算力不足以支撑其未来。可以说，各大国谁率先掌握了"量子霸权"，谁就将在未来的竞争中取得先发优势，谁就将在本质上而非数量级上超越对手。

回顾更早的量子故事则依然让人冷汗淋漓：

---

① 量子霸权：又译为"量子优势"，指的是量子计算在特定测试案例上，可以解决经典计算机不能解决的问题或者是比经典计算机有显著的加速（一般是指数加速）。实现量子霸权，将代表超越经典的量子计算能力从理论走进实验，标志着一个新的计算能力飞跃时代的开始。

量子力学的建立曾让德国的基础科学在一战后重新崛起，再次成为世界的科学中心。如果不是希特勒排犹，在舆论的裹挟下，甚至相对论和量子力学都成了犹太人的物理学。包括爱因斯坦、费米等顶尖物理学家被迫离德赴美等于毁了德国物理学的半壁江山。一减一增之际，美国率先搞出了原子弹，结束了二战。否则，人类的历史很可能被改写。

脸书创始人扎克伯格夫妇的女儿刚出生不久，扎克伯格便拿着一本《给宝宝的量子物理学》读给孩子听——这本书是一位朋友送给他的。他当然知道女儿根本听不懂，但他依然说："我真的希望教给她的是一种好奇心，因为世界上有那么多东西不是显而易见的，我希望她能够懂得自己去探索、去不断学习，我希望她能够慢慢地去学习物理。我觉得世界上大部分的变化、变革都是由于有人来问'为什么不能做得更好？'，我相信这样的价值观引导对她来说是非常有益的。"

而这本书的作者费利曾写信给时任美国总统奥巴马："要使美国永远保持领先，就必须在中小学就开始教授量子力学。"

实际上，期许尚在襁褓中的女儿能够试着主动了解"量子"这个看不见的世界，也来自扎克伯格自身对量子力学重要性的认识及对其未来发展趋势的关注。

英雄所见略同。与扎克伯格一样，不仅创立了特斯拉，搞"脑机接口"，还要带领人类移民火星的硅谷"钢铁侠"埃隆·马斯克，对于量子力学也充满了无限的好奇和期待。

有人问他："你相信上帝吗？"

"不！我相信物理学。"马斯克笃定地回答，"如果你真的想做一些新的东西出来，就必须依赖物理学的方法。"

"物理学的基础理论是最有用的，另外，我觉得量子力学也很有趣。量子力学总是让人感到不可思议，但又都是正确的。我不得不说量子力学很难学。之所以难学，主要是因为它极其违反直觉。"

马斯克真是一语中的，他的话，一是明确了量子力学对于创新的重要性以及对于思维方式的颠覆性，同时，也言简意赅概括出了量子这个"看不见"的世界中隐藏着一套与我们原有认知不同的运行规则。

量子世界，我们已身在其中，并且，随着量子力学理论与实践应用日新月异的进步，我们还必将与之产生更加紧密的"纠缠"。

看不见的科学素养

如果说扎克伯格和马斯克的事业都由于其身处全球信息、科技的前沿，他们对量子力学的需求与一般人有区别的话，那么，我们有必要更进一步认知"科学素养"对一个普通现代人意味着什么。

所谓科学素养，是指"具备基本的科学知识、运用科学方法的能力、掌握科学思维和科学思想，以及运用科学技术处理社会事务、参与公共事务的能力"。

中国科协发布的第十一次中国公民科学素质抽样调查结果显示：2020年具备科学素质的公众比例达到10.56%——这一数据似乎并不那么乐观。

科学素养并不是只有科学家才需要，而是今天每个现代人必备的基本素质。毫无疑问，世界观的突破对你我来说均意义重大。正是科学家们筚路蓝缕，历经千辛万苦用哲学的、科学的工具引领着人类的"世界观"升级，芸芸众生才能用与时代同步的"世界观"来改变和创造自己的世界。

任正非在一次访谈中说："经过这70年以后，中国基本上没有文盲了，但是科盲很多。所谓科盲，就是缺乏基本科学常识的人。在科学日新月异的今天，科盲其实就等于文盲。"

这并非危言耸听。诸如"乘客向飞机发动机扔硬币以祈福保平安"等事件，都值得每个人去重新认识科学素养与自身行为的关系。

如今互联网上谣言遍布，只有培养更多的人用科学的态度看问题，很多谣言自会被扼杀在民众理性的判断里。而中国自改革开放走过的43年已经证明，我们能一直保持着经济的高速增长，这和"科技是第一生产力"的大力宣传、全民重视科技、中国科技水平的不断提升直接相关。未来我们要突破"中等收入陷阱"，释放更大的生产力，最根本的还是要靠科技。

今天我们被别人"卡脖子"的地方，主要就在高科技。日本、以色列等自然资源极度贫乏的国家之所以得以跻身发达国家之列，都是建立在强大的科技与国民深厚的科学素养基础之上。

科学技术，同一个国家的振兴与经济发展有着直接关系。而一个国家的公民，越是具备良好的科学素养，即使并非科学技术专业人才，也越能在公共领域发挥更大的作用、扮演更为重要的角色。

打破科技与人文的界限

社会文明程度越高、人与组织之间的关系越密切越开放，科学与人文、科学与经营管理之间的界限就会越模糊，最终相互交织、融为一体。因此，非科学专业的个体也依然需要学习科学，这样一来，他（她）就能灵活地运用科学精神和研究方法对自我进行思维训练，也能在工作、生活中找到更好的平衡点。

以哈佛大学近年来大力推进的"通识教育改革"为例：哈佛通识教育计划的课程模式要求每位哈佛本科生学习4门必修通识课，3门分布式通识课，1门实证与数学推理课程。

3门分布式课程是"艺术与人文"、"科学与工程"和"社会科学"；而"实证与数学推理"被独立出来，这集中体现出哈佛对人类科学思想的结晶——逻辑思维和实证主义的极大认同和尊重，更揭示了人类不同于其他动物而获得叠加性进步的根源所在。

科学要求一切从实际出发，通过逻辑推理以及必要的实验验证得出结论。这不正是"解放思想、实事求是"的工作作风吗？

"知己知彼，百战不殆。""自助者，天助之。"——作为一个已走向社会的现代人，学习乃是一项终生的事业。尤其对已身处量子时代的我们，学习量子力学，不仅能够丰富我们的科学知识，还能用新物理学框架构建适应时代趋势的多元思维模型，塑造更加稳定的心智——用在量子世界中沉淀的科学素养、人文精神和方法论，拥抱不确定性，消除焦虑和恐惧，主动出击。

能量升级：物质即能量，能量造世界

为什么学量子力学？

因为其中还蕴藏着这个世界最高能量的转换规律。

能量：社会经济发展的根本动能

回顾人类文明史——在进化过程中，人类掌控"能量"，就在创造历史：

· 人类诞生的历史超过数千万年，在约 99.99% 的时间里，人类能够掌握的能量只是双手和肌肉的力量，大概只有八分之一马力；

· 十万年前，随着手持工具的发明，人类的能量输出倍增，达到约一又四分之一马力；

· 牛顿发现万有引力和运动定律催生出蒸汽机，人类掌握的能量达到数十到数百马力；

· 麦克斯韦则启迪了爱迪生、特斯拉等发明家。人类进入电力时代，能量级数更是倍增，极大地改变了人们的生活。

至此，人类对"能量"的掌控，可以全部抽象为：以机械能、生物能、化学能、电能等形式对太阳能加以转化和利用。根据能量守恒定律，当我们用以上形式使用能量时，其大小有一个唯一的极限，这个极限就是太阳能的大小。

然而，人类从不愿受限于某个极限，当到达了一个巅峰，他们还会挑战更高的山峰。于是，

·爱因斯坦的质能方程与量子力学为人类打开了核能利用的大门。从此人类掌控的能量既可足够摧毁自己所居住的星球，也足以帮助人类建立起将生存空间拓展到前所未有的广阔地带的巨大信心。

回看历史，每当人类控制了一种自然力，这种自然力都能大幅提升人类所能掌控的能量，从而使整个社会焕然一新，将前朝的想象变为现实。那么，接下来我们来看看能量使用对于生产力的促进，进而提升人均GDP的效应[①]：

西方：
公元元年，古罗马，人均GDP约600美元；
工业革命前，欧洲，人均GDP约800美元；
工业革命后，人均GDP得到突飞猛进。

东方：
西汉末年，人均GDP约450美元；
康乾盛世，人均GDP约600美元；
改革开放前，人均GDP约800美元；
改革开放40年间，人均GDP就超过了10000美元。

基于此，计算机科学家吴军认为：人类历史最精彩的部分是科技史。基于科学的方法论，人类获得了可重复性的、可叠加式的进步。而斯坦福教授莫里斯则坚信："在人类几乎任何一个文明阶段，率先掌握使用更高能量的文明常常在那个时期中处于竞争优势。更高能量驱动的个体，也常常处在更高的生态位。"

建立在量子力学基础上的核能，将人类掌控的能量层级提高到了前所

[①] 数据来源于安格斯·麦迪森《世界经济概论，1–2030 A.D》（2007）以及世界银行数据库。

未有的高度。

宇宙的本质是能量

爱因斯坦说："（核能）将是历史上人类第一次利用不是来自太阳的能量。"那是来自哪里的能量呢？

能量的第二个来源：质量。根据的是爱因斯坦的质能方程：$E=mc^2$（E即能量，m即质量，c即光速）。这个简洁的公式告诉我们：质量可以转化为能量。实际上，就连太阳能也是质量转化的结果。

宇宙的本源是能量——迄今描述宇宙所有的物理定律都显性或隐性地跟能量有关联。从本质上讲，物质就是由能量构成的。宇宙万物由上百种原子构成，原子由更小、更基本的粒子构成，其中包括质子、中子、电子，而质子、中子又是由更小的夸克组成。一个基本得到公认的结论是：物理学家们相信，粒子其实最终都是纯粹的能量。而这些基本粒子正是量子力学研究的对象，也是核能得以被发现和利用的基础。世界的物质性，包括形状、体积和质量，不过是能量的各种外在表现形式而已。

人心的能量有多大

人由细胞构成，细胞由原子构成，原子由各种基本粒子构成。既然构成一切宇宙万物的基本粒子本质上都是能量，那么由基本粒子组成的我们的生命体，是不是也是能量体呢？答案毋庸置疑：当然！人，也是一种能量的存在形式。

爱因斯坦在狭义相对论中严谨推导出能量与速度的关系，随着速度的增加，能量就会相应变大。而根据量子力学，速度离不开观察者的"测量"，离不开人的意识。也就是说，是人的意识——或者叫人的"心"——与外在世界共同发生作用影响了能量。也就是说，能量是离不开人"心"的。所以阳明先生说"身之主宰便是心"，稻盛先生说"提高心性、拓展经营"都有其科学理据：正是每个人不一样的意识、思维方式或者说心性，表现出了千差万别的能量状态，最终有了不一样的命运。关于这一点，我们可以对照美国精神科医生、心理学家霍金斯的能量级表来更深地了解能量和意识的关系。

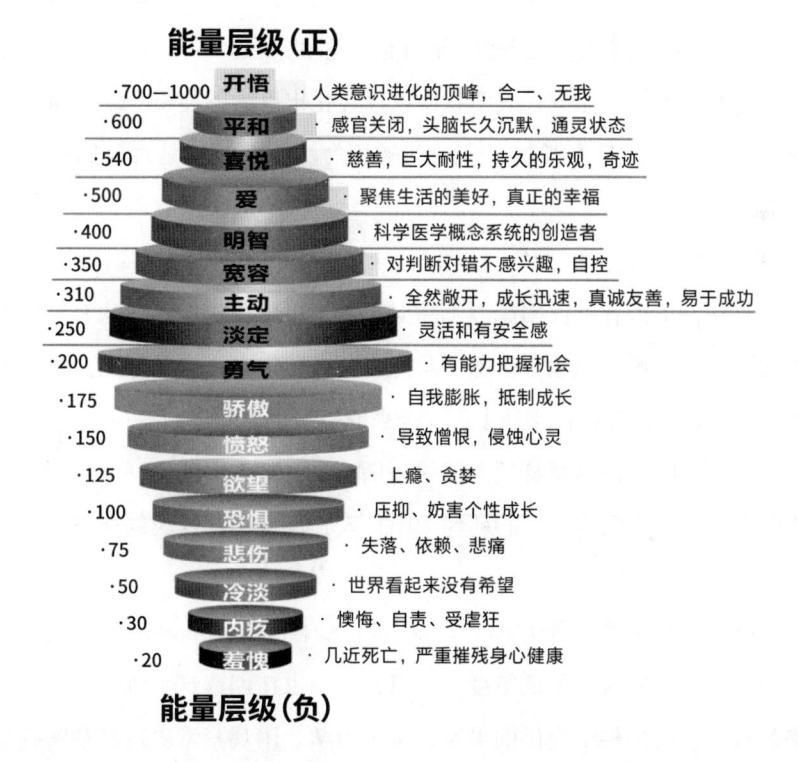

能量层级（正）

能量值	层级	描述
700—1000	开悟	人类意识进化的顶峰，合一、无我
600	平和	感官关闭，头脑长久沉默，通灵状态
540	喜悦	慈善，巨大耐性，持久的乐观，奇迹
500	爱	聚焦生活的美好，真正的幸福
400	明智	科学医学概念系统的创造者
350	宽容	对判断对错不感兴趣，自控
310	主动	全然敞开，成长迅速，真诚友善，易于成功
250	淡定	灵活和有安全感
200	勇气	有能力把握机会
175	骄傲	自我膨胀，抵制成长
150	愤怒	导致憎恨，侵蚀心灵
125	欲望	上瘾、贪婪
100	恐惧	压抑、妨害个性成长
75	悲伤	失落、依赖、悲痛
50	冷淡	世界看起来没有希望
30	内疚	懊悔、自责、受虐狂
20	羞愧	几近死亡，严重摧残身心健康

能量层级（负）

图1-1 霍金斯的能量级表

霍金斯运用人体运动学的基本原理，经过二十年长期的临床实验，随机选择多个国家和地区，涵盖不同种族、文化、行业、年龄的测试对象，累积了几千人次和几百万笔数据资料，经过精密统计分析后发现：人类各种不同的意识层次都有其相对应的能量指数，人的身体会随着精神状况而有强弱的起伏。

霍金斯把人的意识映射到1-1000的范围，低于200的指数会削弱身体能量，而从200到1000的指数则使身体能量增强。他发现：诚实、同情和理解能增强一个人的意志力，改变身体中粒子的振动频率，进而改善身心健康。而邪念会导致低频率：当有着不好的念头，人就在削弱自己。他遇到过的最高指数是700，出现在他研究1979年诺贝尔和平奖获得者特蕾莎修女的时候：当特蕾莎走进屋子里的一瞬间，在场所有人的心中都充满了幸福。她的出现使人们几乎想不起任何杂念和怨恨。

爱因斯坦的质能方程表明物质可以转化出巨大的能量。二战时，人类见证了原子弹在日本长崎、广岛的破坏力。那么能量是否可以转化成物质呢？

当然！抬头看看太阳，它早已给出了答案！不是吗？万物生长靠太阳：亿万年来，正是有了太阳源源不断向我们的星球输送能量，才有了核酸—单细胞—多细胞—植物/动物—人类的生物进化史。肉眼可见，正是太阳能造就了我们这颗蓝色星球上古往今来的一切生命形态。

而当我们心怀感激赞颂太阳的力量时，也要牢牢记住一点：别小看了我们自己的心！因为，人心就像太阳！人心也是一种巨大的能量，它正在创造着这个世界！

将爱因斯坦的质能方程 $E = mc^2$ 稍作变换，变为 $m=E/c^2$，这表明，物体的质量是它所含能量的量度。所以，人心也在创造这个世界——这不是宗教语言，而是科学提供的事实：量子力学，用观察者决定被观察者定则向我们明确昭示，作为观察者的人的意识能量的高低，将对被观察的世界产生深刻影响！

这是多么激动人心的消息！这意味着经典力学带来的"宿命论"桎梏能被打破，一个人的命运很大程度可以由他自己来掌握！当我们用量子力学给予我们的科学知识仔细研读稻盛和夫的"成功方程式"时，才猛然发现：稻盛早已用他89年的人生经历与赫赫战绩，印证了人心对物质世界有多大的作用。

人与人之间的差别为什么那么大？原因并不在于构成我们肉体的物质

原子的差异，关键还在意识、思维方式不同，用通俗的话说，就是每个人想的不一样。

所谓"一念天堂，一念地狱"。即便是稻盛和夫本人，也是因为思维方式变了，人生才迎来巨大转机——大学毕业满怀希望和抱负进入到濒临破产倒闭的松风工业，却常常面临工资迟发、员工罢工的情况。同期入职的大学生们总是时不时地凑在一起说："不干了，走人！"那时的稻盛也不例外，他满腹牢骚、无数次动摇过，甚至也真的报名参加自卫队考试并被录取，只因家里没有寄来户籍副本，不得已而作罢。当再无退路，只能继续留下来时，稻盛有了这样的思考：

"在那样的处境之下，我渐渐意识到，整天唉声叹气、牢骚满腹是无济于事的。因为这就像仰头向天吐唾沫，唾沫吐不到天上，还最终落到自己身上。既然如此，不如试着改变心态、埋头工作。"

从那以后，他开始全身心投入到对精密陶瓷的研究工作中，甚至干脆把仅有的几件家当全都搬进了实验室，工作、吃住都在一起，就是为了投注更多的注意力在工作上。不久，研究成果开始慢慢显现，不仅得到公司的赏识，自己也颇有成就感。这让年轻的稻盛终于感受到了工作的乐趣，人生也得以进入良性循环。这样的转变，令他意识到：心里想的是抱怨，那么外界的情况只能更糟；当心念一转，换一种积极向上的思维方式并付诸行动，糟糕的外在环境就一定会随之得到好转。

看，我们每个人的心确实具有转变环境的能力，学会"善用其心"，是一项非常重要而实用的本领。

在霍金斯的能量表中，最高能量级是"开悟"。与此异曲同工，稻盛和夫用"提高心性、拓展经营"对能量级的因与果做了最精练的总结。学习量子力学能帮我们借可观察、经实验验证的科学，洞见世界的能量性本质，再将这一洞见与稻盛和夫的经营学互为印证，在实践中找到提高心性的方法，更加坚定自如地发挥自身蕴藏的巨大潜能，心想事成、自在无碍。

释：基于微观世界的新思维

> 世界上最大的监狱，是人的思维意识。
> ——叔本华

知晓了学习量子力学的必要性，我们更迫切需要的是"量子思维"。什么是量子思维？

"量子思维"这一概念首先由物理学家玻姆提出，他认为人类的思维过程与量子有许多惊人的相似性，因此，量子思维就是随着量子力学的出现而产生的一种新的世界观和思维方式。

首先，我们来看看什么是思维方式。

思维方式：心的温度计

心理学对思维方式的解释是：人们看待事物的角度、方式和方法，它对人们的言行起决定性作用。

稻盛和夫的"成功方程式"里就有"思维方式"一词：

人生·工作的结果 ＝ 思维方式 × 热情（努力）× 能力
　　　　　　　　　　−100~100　　　0~100　　　　0~100

稻盛解释说，方程式中的"思维方式"是指人的价值观、人格理念，或简称"心性"。因为它有正负之分，不妨把它形象化理解为人能量发挥的"温度计"，所以它决定了方程式中其他两个要素——"能力"和"热情（努力）"发挥的方向，从而决定了最终结果。所以，思维方式才是方程式的灵魂，才是我们人生和工作结果的关键。

这背后的深层次逻辑在于，或许，在某具体事件中的选择我们只需做一次，然而这选择背后的思维方式却会在人生中重复千万次。这也印证了玻姆的话："世界上的一切问题都是思维问题。"

基于宏观世界的牛顿思维

从牛顿力学说起

物理学是离哲学最近的一门自然科学。其研究对象是自然界并对其做出规律性总结，而人类对自然界的认知会上升到世界观和哲学观。正如卡尔·萨根所言，"科学不仅仅是知识，更是一种思维方式"。物理学的每一次进步，本质上都引领着人类的世界观、思维方式的升级。只有不断迭代对世界的认知，无限接近事物的真相和本质，才能让我们在工作和生活中做出科学决策和更智慧的选择，从而影响我们人生与事业结果。

比如，在过去两千多年的岁月里，人类从无比坚信"地心说"到"日心说"再到"星系说"，但对普罗大众而言毕竟没有直观映像，从而难以走出"唯我独尊"的小世界。直到1990年2月14日，当美国"旅行者1号"即将飞出太阳系之前，它回头从64亿千米外给地球拍摄了一张照片。这张"暗淡蓝点"深深地震撼了人类：正是这张照片，让许多人意识到自己的渺小，我们日常的那些"斤斤计较"，在宇宙尺度面前，完全不值一提。

时至今日，受环境及感观认识的影响，经典物理学依然是对绝大多数人影响最大的科学。经典物理学从古希腊时代开始，经过亚里士多德、开普勒、哥白尼、伽利略等历代物理学家的研究，至17世纪，由牛顿集大成于一身，一本《自然哲学之数学原理》，通过完美又大气的数学公式，量化了自然规律，解开了古老的天体运动之谜，正式建立起经典物理学的大厦，进而形成了一种统治西方思想的世界观，我们可称之为"牛顿世界观"。毫不夸张地说，没有牛顿力学，就没有后来的工业革命，就没有人类社会从近乎爬行的发展速度到工业革命开始后的突飞猛进，也就没有世界如今的模样。

因此有人总结道："瓦特（蒸汽机发明人）用一把钥匙开启了工业革命，而找到钥匙的人是牛顿。"英国著名诗人蒲柏甚至将牛顿的伟大功绩与上帝之力相提并论："自然和自然界的规律，隐藏在黑暗里。上帝说：让牛顿去吧！于是，一切成为光明。"

牛顿对人类最伟大的贡献体现在牛顿三定律和万有引力定律。正是借助万有引力定律，人类精确预测了哈雷彗星的回归时间并发现了海王星和冥王星。由此，在相当程度上将人类从千万年来的迷信困扰中解放出来。正如德国物理学家劳厄所说："的确，没有任何东西像牛顿对行星轨道计算那样，如此有力地树立起人们对物理学的尊敬。从此以后，这门自然科学成了巨大的精神王国，没有任何权威可以忽视它而不受惩罚。"

牛顿力学的研究对象，是宏观现象世界，因此，这个宏观世界的样子也反过来塑造了牛顿力学背后的世界观和思维方式。这是怎样的世界观呢？牛顿世界观的核心观点是：物质世界的运动遵循"决定论因果律"，进而，产生了机械宿命论。

什么意思？简而言之，机械宿命论就是 A 导致 B，B 造成 C，只要 A 存在了，B 就一定产生，只要 B 产生了，C 就绝对出现，万事万物的因果关系就像一条平行的直线一样简单直接，精确无差错。这就像一首英文诗的描述："钉子缺，蹄铁卸；蹄铁卸，战马蹶；战马蹶，骑士绝；骑士绝，战事折；战事折，国家灭。"

绝不要小看这个逻辑，甚至有雄心勃勃的物理学家竟用这个"简单"逻辑来推演人类命运：19 世纪，牛顿的崇拜者、法国物理学家拉普拉斯结合天体力学的思想精华，创造了牛顿力学的守护神兽——拉普拉斯兽。

拉普拉斯兽神通广大、无所不知，能记录下某一刻宇宙中每个原子确切的位置和动量，然后，它能将这些数据代入牛顿的简捷公式，瞬间就可算出宇宙的过去和未来。拉普拉斯兽当然只是其"主人"的空想，但拉普拉斯创造它的意图，就是想用最直观的方式来证明牛顿力学的世界观——当前的世界是过去的果和未来的因。

预知未来——这听起来是个好消息并极具诱惑，但再仔细推敲，却不免让人不寒而栗：如果这个想法成立，那就意味着我们从出生到死亡，说的每一句话、遇见的每个人，都不经由我们的意愿，早就在冥冥之中被安排好了。也就是说，我们的命运都是确定的，个人的努力毫无意义——代表着先进科学思想的牛顿世界观竟然推演出了这样一种机械宿命论。这显然并未给人类带来最终的光明，反而将我们引入了虚无的死胡同。

幸亏，事实并非如此。试想，即便拉普拉斯再古板、固执，他要是生活在车水马龙的今天，在过马路之前也要左顾右盼一番再做决定，从而避开一场人、车相撞的横祸而改变自己的命运。

一定的世界观，会衍生出与之相应的思维方式。

牛顿思维

牛顿世界观衍生出牛顿思维。牛顿思维的特点如下：

· **二元论**：物质和意识、心灵和肉体、波和粒子、主体和客体皆具有各自完全不同的属性和规律，是黑白分明，甚至是相互对立的。比如，少数国家政府相信"修昔底德陷阱[①]"——中国等新兴经济体的崛起正在威胁到本国的经济发展和政治影响力，因此启动贸易战、科技战、脱钩，以期打压竞争对手、保护本国利益。与之形成对比的是，中国政府相信"人类命运共同体"理念，倡导和而不同，世界各国完全可以各美其美、美美与共，建立合作共赢、共同发展的国际关系。

· **决定论**：有了公式/模型，只要加上初始状态，万事万物尽在掌握。

[①] 修昔底德陷阱：指一个新崛起的大国必然要挑战现存大国，而现存大国也必然会回应这种威胁，战争因此变得不可避免。此说法源自古希腊著名历史学家修昔底德，他认为，当一个崛起的大国与既有的统治霸主竞争时，双方面临的危险多数以战争告终。

- **宿命论**：一切都在既定轨道上运转，不可改变，不以人的意志为转移，人没有"自由意志"，不能掌握自己的命运。
- **连续性**：人、事物的发展宛如一条平滑的抛物线，环环相扣，突变的概率非常小，几乎不能发展出更多的可能性。
- **整体等于局部之和**：个体和整体之间遵守质量守恒与能量守恒定律，个体之和等于整体。
- **还原论**：将一切物质和生命全部"还原"为简单的"原子"，因而一味强调生命、人和组织的"机械性"，忽略了生命的精神性以及由此带来的"创造力"。

……

牛顿思维，来自一个看得见、摸得着的宏观现象世界。

人类自诞生以来就身处这样的世界，人类的感知能力也相应地进化为主动适应这样的世界——经由我们的"眼耳鼻舌身"等器官，我们接触到物质世界，于是我们的意识、思维方式在很大程度上就被现象世界所塑造。比如，人类为什么常用的是"十进制"而非"二十进制"或其他？

因为正常人生来就有 10 根手指头，早期没有数字的书写方式，最方便的计数方式就是掰指头，久而久之就形成了十进制；如果我们的手指头有 20 根，那么今天我们使用的就多半是二十进制了。

著名物理学家费米的妻子劳拉在一本传记中满怀深情地回忆道："费米的大拇指就是他最好的测量尺。随时随地，他只需闭上右眼，将拇指伸到左眼前面一比，一座山的海拔、一棵树的高度，甚至一只鸟的飞行速度……全都逃不过他那嗜好严格量化的神经中枢。"你我作为普通人，虽没有费米那么精密的量化能力，但在日常生活中手脑并用也是一样的道理：比如刚开始学开车时，手、脑不协调带来的是手忙脚乱，但经过反复练习，开车的行为便由潜意识指挥控制，人与车在某种程度上自然成了一体。

再比如，有人说："如果由螃蟹来设计汽车，那么多半是横着开。"哲学家费尔巴哈说："如果上帝的观念是鸟类创造的，那么上帝一定是长着羽毛的动物；假如牛能画画，那么它画出来的上帝一定是一头牛。"

这些例子虽简单，却生动而形象地显示出人类能直接感受到的宏观现象世界是如何塑造着人的思想和行为的。这样的塑造是根深蒂固的，甚至深刻到随着人类的进化，已然成为我们基因的一部分。

哲学家康德认为，所谓空间、物质根本就是人类心智的产物，因为我们恰巧属于三维物种，所以我们描绘的世界呈三维状态。假如某个物种生活在六维国度，那么在它们的物理学中，空间自然有六个维度。三维或是六维，这两套体系没有谁比谁更"客观"。

所以，不论我们承认与否，哪怕没有学习过任何一堂物理课，我们每个人身上都住着一颗牛顿的灵魂。不仅人类，动物世界也是如此：豹子在追赶猎物的过程中，同时在做着复杂的"运算"：它知道猎物的速度，也知道自己的速度。通过计算，一旦发现自己与猎物的距离越来越远，豹子就会放弃追赶行动，以便为下一次胜算更大的捕猎来保存体力。

"牛顿的灵魂"虽植根于我们的身心已久，并陪伴我们安度工业时代。然而今天，当新时代的熹微中映射出的"量子灵魂"舞动的光影正一天天变得清晰之际，我们必须主动学会让两种思维同时存在于头脑中，且各有所主、并行不悖。

基于微观世界的量子思维

当科学家们将目光从宏观世界转向微观世界时，他们惊讶地发现了一个几乎完全不同的物质世界。基于微观世界的物质观衍生出如下的新思维：

· **整体论**：也叫"一体论"。这源于"量子纠缠"——处于纠缠态的粒子能"超越时空"，无论相距多远都是一个整体，进而衍生出"万物一体"，人、世界是不二的，是能相互影响、相互作用的。

· **主动性**：在观察者加入前，量子没有一个确定的运动方式，而是存在诸多可能性。当观察者，也就是人的"意识"加入后，一个确定的结果才会出现。这是一个参与式的宇宙，正是观察者在创造着世界的面貌。

· **不确定性**：确定性只是一个"假象"和"近似"，万事万物皆具有不确定性。这种不确定性并不是因为测量仪器本身不够精密造成的，它就是世界的本来面目，这是一个"原则性"问题。

· **不连续性**：人、事物的发展并非简单的、连续的，其本质是"跃迁"的。这不仅意味着意想不到的变数，同时也意味着发展过程中往往会出现新的机会。

· **互补性**：认为在牛顿力学中无法相容的存在，在量子世界中却可并行不悖；"非黑即白""非敌即友"的泾渭分明在量子世界中不再成立，而代之以兼收并蓄的"灰度"或者"阴阳"互补。

· **整体不等于局部之和**：物理学中有一个公案——人是由原子组成，为什么没有意识的原子，会组成具有意识的人？这个公案，如果沿着还原主义的道路，永远都不可能找到答案。显然个体通过关联之后形成的整体，会具有个体简单相加所不具有的功能。

这启示我们：复杂的生命体绝不是一堆细胞功能之和，个体的能力只有在组织中才能得到更加充分的发挥，一个适合个体特点的平台，能为个体的发展创造巨大价值，进而发挥出更大的集体效应。

· **赋能论**：承认每个生命都具有无限的可能性，领导者最重要的职责就是通过赋能激发员工，去到他们从来没有去过的地方。

··············

我们将量子思维和牛顿思维以表格形式做对比，以方便进一步理解：

表 1-1 牛顿思维与量子思维

牛顿思维	量子思维
二元论：物质和意识、心灵和肉体、粒子和波、人和世界是各自孤立、相互对立的	**整体论**：在更高的维度上事物是互补的，具有兼收并蓄的"灰度"，"天地万物一体"，人、世界是不二的，能相互影响、相互作用

（续表）

牛顿思维	量子思维
宿命论/确定性：一切都在既定轨道上运转，不可改变，不以人的意志为转移，人没有"自由意志"，不能掌握自己的命运	**概率论/主动性**：在观察者加入前，量子没有一个确定的运动方式，而是存在无限可能性；当观察者加入后，一个确定的结果才会出现。这是一个参与式的宇宙，正是观察者在创造着世界的面貌
连续性：人、事物的发展宛如一条平滑的抛物线，环环相扣，突变的概率非常小，几乎不能发展出更多可能性	**不连续性**：人、事物的发展并非只有一条路径而是充满了突变，即无常；这意味着发展的过程中往往会出现新的机会
整体等于局部之和：由一个个零散的个体组成的整体，个体和整体之间遵守质量守恒与能量守恒定律，个体之和永远等于整体	**整体不等于局部之和**：个体的能力往往在不同组织中发挥程度不一。而一个适合个体特点的平台，能为个体创造更大的价值，进而发挥出更大的集体效应
还原论：将生命"还原"为简单的"原子"，一味强调人和组织的"机械性"，忽略了生命的精神性以及由此带来的各种可能性	**赋能论**：承认每个生命都具有无限的可能性，领导者最重要的职责就是通过赋能激发员工，去到他们从来没有去过的地方

可以看出，相较于牛顿思维，量子思维极大肯定了人的主体性和主观能动性，相信人的自由意志能对物质世界起作用。虽然牛顿力学成功地为我们提供了解释宏观现象世界的科学，并为人类带来一种前所未有的精密技术，但牛顿世界观不可能是完整的。因为从一开始，它就无法解释或说明白意识是什么——这是硬伤。

美国哲学家卡胡恩因此提出牛顿思维带来的"三种有害的二分法"：

- 主体与客体（精神与肉体、内在和外在）的分离；
- 个人与关系的分离；
- 人类文化世界与自然界的分离。

这样的二分法令世界出现了断层，使人类在生活的各个层面上都遭遇了疏离感。而量子思维则强调"动态关系是一切存在的基础"：人的自我意识与所处的物质世界密不可分，二者通过相互间的对话相互依存、相互创造，构成一个整体，而这样的相处方式能帮助我们建立起更加开放和多元的世界观，用崭新的思想工具去创新和创造。

正如量子力学的奠基人之一玻尔所说："（量子）物理学不告诉我们世界是什么，我们只能说观察到的世界是什么。"

需要强调的是，肯定量子思维并非否定牛顿思维，否则又会陷入二元对立的桎梏。牛顿思维和量子思维，只是适用于不同对象、不同尺度、不同领域，才产生了某些对比。比如，牛顿在推导过程中把事物的物质性纯粹表现为质量 m，计算时将其简化为质点，不考虑事物的内在结构性。在牛顿力学中，时空是分割的、绝对的……因此，它适合且只能说明物体的机械运动。

但事物，尤其是生命体，不仅具有物质性，还具有内在结构性和精神性，这些往往是看不见、摸不着的，如果再用牛顿定律来推导，注定会走入死胡同。因此，这个世界必定还有未被牛顿发现的定律！

没错，这个世界既有牛顿力学衍生出的牛顿思维，也有"量子新娘"诞下的量子思维。其中最大的挑战是二者如何兼备——正如泡利对海森堡说："如果一个人对经典物理学的完美统一性不是那么熟悉的话，他反而更容易找到一条理解量子力学之路。"

即便聪明绝顶如爱因斯坦，尽管他认识到"我们不能用制造问题的同一水平思维来解决问题"，但他依然未能躲过惯性思维的魔咒——爱因斯坦曾为量子力学的建立立下了不朽功勋，但更多时候，他扮演的是反对派角色。其实，他反对的也并不是量子力学，而是对其他人对量子现象的某些解释。他的反对固然与当时量子力学本身在理论上还有一些缺陷和不完备性有关，但根本上，还是因为受到了根深蒂固的牛顿世界观的限制。

著名物理学家费曼也不禁感叹："我年轻时注意到许多老人迂腐地抵制新思想（比如爱因斯坦抵制哥本哈根学派的量子论诠释），但当我自己也成为一个老人时，我竟然也身不由己地做起了同样的事情。"

一百多年来，一个又一个不可思议的量子现象将人们带入层层迷宫。迄今为止，量子力学的出现是科学思维遇到的最严重挑战，是人类理性遭遇的最深奥难题。量子论挑战着人类哲学思维的极限，但挑战难而正确的事必有所得。这可以作为最好的思维体操，训练我们跳出非此即彼、二元对立的思维，让我们的心灵接触到一个全新的世界，从而丰富我们认知世界的方式。

简而言之，牛顿思维对应的牛顿力学，其研究对象是宏观现象世界，而量子思维对应的量子力学则更接近于能量的本来形式，涉及能量和物质的精妙转换。进而，要了解人心、用好人心，为心赋能，量子思维则是更合适的工具。好比望远镜和显微镜都让我们看见了不同的世界，进而改变了我们的世界观一样，它们都很有用也并不矛盾。

牛顿思维支撑了伟大的工业文明时代，因为它针对宏观对象具有普适性、有序性、规律性，它使人类第一次可以根据掌握的科学知识来建造一个运转精密的世界，极大地解放了生产力，推动人类社会跃上了新的台阶；但牛顿思维追求的确定性却难以适用于看不见的微观世界，它会扼杀爱情、关系、情趣……比如说男女坠入爱河的美妙之处就在于双方沉浸在未知世界中，它充满冒险、新的发现和不确定性，而正是不确定性让我们着迷于对方的每句话、每个表情。可一旦双方关系确定下来了，浪漫之花也就常常随着这种确定性而枯萎。可以说，今天人们在工作、生活中出现大量的困惑、迷茫和痛苦，都是因为把牛顿思维用错了地方！

确定性不见得都是好事，不确定性也不一定是坏事。某种意义上，它是量子时代的基本特征，是社会进步的必然。这个复杂的世界要正常运转，既需要"红灯""绿灯"，也需要"黄灯"。

从牛顿思维到量子思维：邂逅新世界

受制于牛顿思维的人与积极拥抱量子思维的人比较，就好像生活在两个世界——就好比从"二维"的平面世界跃升到"三维"的立体空间，那些平面里曾经令人迷茫的旧世界在新空间中一目了然；在低维度里看似无解的问题，在高维度里却能轻松破解。

今天许多人的焦虑之所以盛行，很大程度上是对确定性的"迷恋"。回头看看许多生活中的"受害者"，他们紧紧抱住而不愿放下的是一个不愉快但确定的状态。要相信，这个世界的未知和不确定性，是对人类自由意志的赞美。每一刻你都有权利做出自己的判断，决定自己的人生，去和不确定性共舞。

物理学家奥本海默说："如果一个人有一种新的思考方式，为何不运用到他认为可能适用的地方呢？人们如果能够这样联想，一定非常有趣，这往往会引导我们获得新的、更深刻的认识。"

无论是工作还是生活中，比"认知盲点"更可怕的常常是"认知盲维"。因为，从越多维度观察事物，我们就越能发现问题之间的关联，从而更精准地洞见事物的本质，就能找到更多解决问题的方法。量子力学正是一门关于"可能性"的科学，是帮助我们建构"多元思维模型"的科学工具。

邂逅美丽新世界！这是量子思维很吸引人的地方，但同时我们也不能忘记——正如前文中马斯克所说——量子力学很难学。难学，主要是因为它极其违反我们的常识。而一旦突破牛顿思维给我们造成的认知壁障，开始相信那些你曾深深认为不可能、不正常的事情是有可能的、正常的——虽然很有挑战性——量子思维也就不那么难了。

当初步了解了量子思维，我们再来看看稻盛和夫的世界，才惊觉：稻盛和夫的思维是很量子式的。来看看他自成一家的语言体系：

追求实现人性的无限可能性

人人都是经营者

我想打造共同欢笑、共同流泪的企业

要为部下注入能量

倾听工作现场的"神灵之声"

"心想事成"是宇宙的法则

天堂地狱之分由心态决定

兼备事物的两极

燃烧的斗魂

能力要用将来时

不行的时候才是工作刚刚开始的时候

以跑百米的速度跑马拉松

我们接下来要做的事又是别人认为不可能的事

胸怀强烈的愿望，直到看见彩色为止

萧条是飞跃的大舞台

……

言为心声。稻盛和夫接纳并积极拥抱这个新世界的不确定性，相信人的无限可能性并持续赋能、激发，创造出人人都是经营者的参与式世界，从而在一次次困境中突围，在几乎所有人都认为不可能的情况下，以量子思维探寻一切可能性，做出了真真切切、前无古人的事功。

量子思维、稻盛和夫经营学——两者如一不二的无尽藏，等待着我们去开采。

解：量子世界寻宝记

> 构成我们学习最大障碍的是已知的东西，不是未知的东西。
> ——贝尔纳

要理解量子、拥有量子思维，从人类对微观世界运行规律的里程碑式发现中切入，也许是一条快速道。

量子与量子力学

什么是量子？

误解：量子是一种具体的、实在的细小微粒。

真相：量子并非指某种具体实物，而是一种概念。

为形象地理解"量子"的概念，我们来打个比方：人民币最小的单位是1分，这个1分，已经不能再继续往下分解成更小的单位（虽然电子交易和算利息时会用到"厘"这个单位，但现实中不会出现1厘钱），生活中人们实际使用的钱币最小只能是1分钱。这个1分钱就是人民币的"量子"。而对一个鱼群来说，每条鱼就是一个量子，不能再继续往下分为半条鱼；同样，对企业来说，每个员工就是一个量子。

由于基本粒子的运动特点与宏观物体有很大不同，用纯经典力学很难对基本粒子展开深入研究并找出其运动规律，这便促使物理学家开辟出了全新的领域，而这一套全新的理论体系，就是量子力学。

好，准备就绪！现在，我们正式进入量子世界探宝！

旧量子时代：开天辟地

不连续性：从黑体辐射到光电效应

1900年：量子力学诞生
人物：普朗克
标志性事件："黑体辐射"理论与实际不一致问题成功解决

1900年4月27日，著名物理学家开尔文勋爵在一场盛大的演讲中宣布物理大厦已经落成，所剩只是一些修饰性工作，但它美丽而晴朗的天空却被两朵乌云笼罩。其中一朵乌云是迈克尔逊—莫雷实验；而另一朵乌云，则是"黑体辐射①"理论与实际的不一致。

为解决黑体辐射问题，柏林大学教授普朗克打破常规，开始尝试不再使用传统的"连续性"的计算方法。1900年12月14日，普朗克提出了一个惊世骇俗的观点：物质的辐射或者吸收的能量不是连续的，而是一份一份进行的，只能取某个最小值的整倍数。

据此，他提出了一个公式：$\varepsilon = h\gamma$，即能量 = 普朗克常数 × 振动频率。用这个公式，人们能成功得到与实验数据完美吻合的结果。黑体辐射的难题成功破解，量子力学由此诞生。

遗憾的是，尽管"不连续性"的量子化假设令黑体辐射在理论与实践之间取得了高度一致，但当时很多人都质疑"量子化"，因为这完全不符合经典力学的规则，而普朗克本人也坚信经典力学不容颠覆。他很快便将自己的观点放到了一边。

后人回溯，量子力学的大部分发现都是科学家们在年轻时做出的，因

---

① 黑体辐射：物体中的带电粒子受热后产生加速运动，以电磁辐射形式发出能量（光），其能量波长的分布与黑体的温度有关。比如生活中我们所看到的：木炭受热后会由黑色变为红色，并随着温度的升高，逐渐变为暗红色、明亮的红色、金黄色，甚至是蓝白色。

此量子力学也称为"男孩物理学"。为什么普朗克会如此轻易动摇，而后来的爱因斯坦、玻尔、海森堡、泡利、德布罗意等人却能在空无一物的新兴领域建立起一个量子王国呢？

仅仅是因为1900年时的普朗克已是42岁的中年人，而相比起来，这群勇猛而敢于颠覆权威的男孩儿刚过青春期不久、敢想敢干、受传统思维桎梏少一些吗？

这是一个可以在阅读本书的过程中，一直思考下去的问题。

事实上，普朗克用"量子化"来解决黑体辐射问题这一事件却具有划时代的意义，其重要性就像是播下了一颗参天大树的种子。其后，在世界上最聪明的叛逆者们的相继助推下，量子力学如巨轮般不断碾压经典物理学家们曾经牢不可破的世界观，并开创出一个崭新的人类新纪元。

1905年：量子化的正确性得到确认

人物：爱因斯坦

标志性事件：成功解释了"光电效应"

虽然普朗克提出的不连续性（量子化）假设解释了黑体辐射问题，但还缺乏严密的科学论证。用严谨理论证明量子化成立的是爱因斯坦，他的切入点是"光电效应[①]"。

在阅读了五年前普朗克发表的论文后，爱因斯坦被"量子化"深深打动。受这个几乎被遗忘的理论启发，他采用普朗克的"量子化"进行论证，逻辑严密而自洽地解释了光电效应问题。

他以此提出"光量子假说"——光，由一个个"离散"的"光量子（现称为光子）"组成，这也就意味着：光具有明显的粒子性，而非当时已被普

[①] 光电效应：超过一定频率的光入射物体后，物体中的电子吸收光子，能量增加，电子被激发后射出物体表面从而产生电流。比如太阳能发电便是应用了这一原理。黑体辐射与光电效应，两者实际上都是电子与光（电磁波）之间的相互作用所产生的现象，不同之处在于因果互逆。

遍接受的"光是一种波"。

普朗克提出的"量子化"假设得到了进一步验证,并自此引起物理学界的广泛关注。

量子之树的种子,破土而出——它,萌芽了。

波粒二象性:亦波亦粒

1905、1924 年:光的波粒二象性;物质的波粒二象性
人物:爱因斯坦、德布罗意
标志性事件:"光电效应"诠释;"德布罗意方程"证明物质波

1905 年,爱因斯坦对光电效应给出解释的同时,将光描述为粒子,这一"粒子说"能解决之前光是"波"的理论所无法解释的实验现象。于是,光到底是粒子还是波?人们再次陷入了困惑。

爱因斯坦这样描述自己当时的直觉:"对于光好像有时我们必须用一套理论,有时又必须用另一套理论,有时必须两者都用。我们遇到了新的困难,这种困难迫使我们借助两种互相矛盾的观点来描述现实,两种观点单独是无法完全解释光的现象的,而合在一起便可以。"

至此,一部分物理学家开始相信:光很有可能具有波粒二象性。

1924 年,31 岁的德布罗意在博士论文中更大胆推测:既然光具有波粒二象性,那么与光子有互动效应的电子会不会也一样,不仅是粒子也同时是波呢?他大胆地提出这一假设,并用"德布罗意方程"加以严谨推导证明。德布罗意的物质波方程受到爱因斯坦的大赞,将其誉之为"揭开一幅大幕的一角"。

历史常常给我们留下精彩佳话。电子既是粒子又是波,其先后被实验证明成就了一对父子的传奇:父亲 J.J. 汤姆逊在 1897 年通过阴极射线实验证明电子是粒子而获得 1906 年的诺贝尔奖;而儿子 G.P. 汤姆逊则在 1927

年的电子衍射实验中证明电子是波而获得1937年的诺贝尔奖。

物理学家费曼认为:"电子双缝干涉实验是量子力学的心脏,包含了量子力学最深刻的奥秘。"这个奥秘就是电子的波粒二象性。

既然电子作为建造物质的基本"建筑材料"具有波粒二象性,那么物质本身是否因此而具有波粒二象性呢?

是的!不仅电子具有波粒二象性,一切物质,从粒子到水波、光波、声波,再到石头、人、太阳,可以说,世间万物全都具有波动性,只不过其波长相比其宏观尺度要小得多,波动性难以被肉眼观测到而已。

什么是"波粒二象性"?

打个比方。假如你在房间里释放一个电子,电子将以波的形式"跑"一段时间,但当它碰到墙壁时,只有一个点与墙壁相撞,粒子的属性显现无疑。

德布罗意的物质波方程是量子力学的基石之一。他提出的"物质波"概念,有两个重要前提:

1. 普朗克和爱因斯坦都初步证明光具有"波粒二象性"。
2. 玻尔的新原子模型将光子的发射与原子模型中的电子运动联系在了一起(见下节)。

能级原理:为什么产生"量子化"

1913年:"量子化"产生的原因得到初步解释

人物:玻尔

标志性事件:"玻尔量子化原子结构模型"被提出

提出新的原子结构模型时,玻尔28岁。

从小，表面温和、内心坚定的玻尔除了对学习和运动抱有强烈的热爱外，还有一个突出特点：特别喜欢琢磨事物之间的关系，并试图精确地把握它们。一旦发现有感兴趣的问题没解决，他就会专注地去找寻答案，不找到答案绝不停下来。

爱因斯坦虽成功解决了光电效应问题，但还只是解释了光电效应是怎样产生的，却并未解释为什么物质在吸收和辐射光子时，能量是以量子化而非连续的方式传递的。也就是说，爱因斯坦解决了 HOW 的问题，但还未解决 WHY 的问题。

受普朗克与爱因斯坦启发，1913 年玻尔提出：原子中的电子轨道本身就是量子化的，自然，物质在吸收光、辐射光时就会以与此相应的量子化方式进行。在此基础上，"电子跃迁"的假说也首次被提出。

玻尔的"原子模型"：原子中有一个个分离的电子轨道，每个轨道的能阶不同。电子只能从一个轨道跃迁至另一个轨道，所以，电子的能量变化也是不连续的，是一份一份的，也就是"量子化"的，而这个模型下的电子轨道能量差值，即"跃迁能量"，等于 $h\gamma$——没错，就是普朗克的量子公式 $\varepsilon=h\gamma$。

玻尔的原子模型中的电子运动，是一种不需要时间、没有空间轨迹的位移——这一点，是当时的"常识"难以接受的。

玻尔回忆当时的感受："在以往的科学中，新的现象可以用旧的理论来解释，但当研究到原子里面去了以后，我们没办法很形象地说明原子里发生的事。就像一个航海家漂流到一个荒岛，荒岛上有土著人，但由于语言不通，无法与他们进行会话……"

思想的惯性造就的所谓"常识"，是一种强大而持久的力量，只有足够的勇气和时间才能打破它。

但是，科学只接受事实。很快，玻尔提出的新原子模型便于1914年被弗兰克—赫兹实验所证实，再次印证了用量子化方式来解释基本粒子世界能够完成经典力学无法完成的任务。也因此，当时的物理学界进一步接受了量子化概念，逐渐尝试采用这种新的思维方式来研究微观世界。

普朗克、爱因斯坦的不连续性；爱因斯坦、德布罗意的波粒二象性；玻尔的能级原理构成了"旧量子论"的主要成果，为即将到来的更加硕果累累的"新量子论"打下了坚实的基础。

量子的神秘面纱被逐渐揭开，已然发芽的小树苗正茁壮成长。

新量子时代：拨云见日

矩阵力学与波动力学争霸

1925年：海森堡建立矩阵力学（粒子派）
1926年：薛定谔建立波动力学（波动派）
1926年：两种力学被证明在数学上完全等价
事件意义：两者都用数学公式描述了电子运动，出发点不同，都正确但还不完整。两种量子世界观的冲突，只不过是对同一对象的不同计算方式而已——电子具有波粒二象性在对立统一中进一步显现。

1925年，天才少年海森堡在北海边一个叫赫尔戈兰的小岛上疗养。在此之前，他已经在老师们及学长的带领下对量子力学有了深厚积淀，掌握了革命性的研究纲领和独特的研究方法。不久前，学长泡利还对他说："微观世界具有特别的、经典力学无法描述的二值特征，因此必须在（思考和研究）方法上寻求突破。"

在赫尔戈兰这个人迹罕至、寸草不生的小岛上，海森堡得以摆脱芜杂的事务、纷繁的人事和费神的学术争论。这个满怀激情又精力充沛、智商高得可怕却又纯真无比的大男孩伴着清凉的海风，在遥远寂静的星空下，静静开启了一个宏大的思想图景：他要用数学来描述电子的运动。

正是在岛上利用这不到十天的专注至极的时光，海森堡以粒子说为基础，建立起一套极其复杂的矩阵力学来解释电子运动，那一年，他24岁。次年，35岁的薛定谔在度假时灵感迸发，提出具有划时代意义的"薛定谔方程"，用一个波动方程描述电子运动，以此建立起波动力学。

颇具戏剧性的是，就在1926年，两大力学体系被证明在数学上完全等价，这表明电子确实具有"波粒二象性"。

关于海森堡、薛定谔和量子力学之间的关系，泡利曾打了一个比方：如果把量子力学比喻为一位绝美的姑娘，海森堡就是她的第一个男人，而薛定谔却是她的最爱。由此看来，真理，总是殊途同归。对立与冲突存在的意义，或许就是为了让人更加努力地不断超越自我，看到事物更加完整的面目而已。

至此，对于量子力学的认识，物理学界已从混沌的天地之初逐渐清晰起来，理论正在搭建，运动方程已经建立，真理越辩越明。尽管其中有曲折有矛盾，有倒退有停滞，但总的发展趋势，是滚滚向前的。

前方的路，正一点点明朗起来。

概率诠释：上帝就是掷骰子

1926年："概率诠释"被提出，用以解释薛定谔方程的解——波函数
提出者：玻恩
事件意义："叠加态"和"本征态"概念首次出现

薛定谔方程的解被称为"波函数"，也叫"概率波"。

为什么叫"概率波"？玻恩用当时人们熟悉的电子双缝干涉实验来解释：电子穿过两道狭缝后，便形成了明暗相间的干涉图案。一个电子究竟会出现在哪儿我们无法确定，只能预言其概率——这太匪夷所思了，完全跟我们的直觉相悖！

对这一现象，玻恩用两个新概念给出了解释：叠加态[①]和本征态[②]。

叠加态，是理解量子论的关键，也是难点。它展示出一种与宏观世界完全不同的"随机性""不确定性"，与我们习惯了几百年的"决定论因果律"和"直觉"发生了直接冲突。因此玻尔说："第一次听说量子理论而不感到震惊和困惑的人是不可能理解这个理论的。"当年让爱因斯坦喊出一句"上帝不掷骰子！"的，就是这个叠加态带来的"概率诠释"，让薛定谔想出那只"又死又活的猫"的，也是它。

那么，到底是什么因素决定了概率的分布随时间变化的规律呢？薛定谔方程对此给出了明确回答：概率波随时间的变化规律由它的能量唯一确定。也就是说，一旦给定了能量（电子所处的"能阶"确定），那么概率波随时间变化的规律就确定下来了。

玻恩的概率诠释、海森堡的"不确定性原理"以及玻尔的"互补原理"，共同构成了量子力学的三大基石，被称为"新量子论"。尽管屡遭爱因斯坦等巨头反对，它们在实验与应用中取得的巨大成功却验证了其正确性。时至今日，尽管依然存在着不太完善之处，但它们作为量子世界的"公理"，仍不断在为更多新的探索提供着强有力的支撑。

伟大的反对派之薛定谔的猫

"叠加态"的假设一出现，就引来了爱因斯坦、薛定谔等人的强烈批驳，量子力学史上"伟大的反对派"借着一只猫凶猛登场了。

这只猫的出现源于当年薛定谔对哥本哈根学派"叠加态"的无情嘲笑，他要用它来证明量子力学里只有"本征态"——猫要么死要么活，没有既死又活的叠加态！

[①] 叠加态：宏观物体在同一时刻只能处于一个位置，而微观粒子却能在同一时刻同时存在于多个位置，这一特征被称为"叠加态"。从根本上说，用来实现"量子霸权"的量子计算机也正是利用了量子比特的"叠加态"原理。

[②] 本征态：在"叠加态"下，一旦有了人的观察，电子就会立即只出现在某个确定位置，就好像电子知道你在观察它，马上就乖乖地只待在一个地方。

其实，这个思想实验是很高超的，其高超之处在于，它将看不见的微观世界与可视化的宏观世界联系了起来。薛定谔计划用宏观世界里不可能发生的事来让人们感同身受地体会哥本哈根学派论点的荒谬性。

具体来说，这个实验是这样的：

薛定谔将一只活蹦乱跳的猫放进一个不透明的盒子里。这个盒子里有一个装置，这个装置包含连在一起的放射性原子核与毒气瓶（这样的设计被薛定谔在论文里描述为"一个恶魔般的装置"）。当原子核发生衰变，毒气瓶会被打破，猫会被毒死；如果原子核没有衰变，猫就会好好活着。由于这是一个不透明的盒子，在打开盒子之前，原子核的状态是未被观测的。如果量子力学理论成立，那么未被观测的原子核只会永远处于一种衰变与未衰变的"叠加态"，而这只猫也就会随着原子核的这种叠加态而一直处于"既死又活"的叠加态。

既然在我们能感知的宏观现象世界中，猫咪是绝不会既死又活的，那就证明了量子力学是错误的！与爱因斯坦一样，薛定谔一直坚定地选择活在只有一种可能性的世界中，因此以近乎孩童般的天真，设计出了这个如恶作剧一般的思想实验。

薛定谔提出的"猫实验"，本意是要讽刺调侃新量子论的"奇谈怪论"。但很黑色幽默的是，"薛定谔的猫"无意间却成了量子力学的最佳"代言人"，量子力学被越来越多的普通人所知晓。

不确定性原理：观察者效应

1927年："不确定性原理（测不准原理）"被提出
提出者：海森堡
事件意义："观察者决定被观察者"成为量子世界的定则

为使自己建立的抽象、复杂的矩阵力学更易被理解和接受，血气方刚的海森堡又着手用更形象、直观的方式来描述他的理论。这个过程中，他又有了意外的新发现：

电子的位置与动量不可能同时被精确测定——如果电子的动量越确定，则其位置就越不确定，反之亦然。由此，海森堡提出"不确定性原理"。

费曼认为，量子力学的全部理论都取决于不确定性原理的正确性。正是不确定性原理保护了量子力学，否则量子力学就将坍塌，世界也不会是如今的模样。

费曼据此来解释为什么我们不会穿过地板往下掉——当我们行走时，鞋子中的大量原子带着自身的质量挤压着地板中的原子，当地板中的原子被挤压得更靠近一些时，原子中的电子必然就被限制在一个更狭小的位置空间中，按照不确定性原理，平均而言它们的动量将因此变得更大，这就意味着抵抗的能量变大。

为解释"不确定性原理"，海森堡引入了"波函数坍缩"概念：在被测量前，电子处于玻恩"概率诠释"中所说的"叠加态"；被测量时，叠加态坍缩为一个本征态。

简单地说：测量前，存在无数可能；测量时，得到一个确定结果。测量，就是"观察"。因此，微观世界和宏观世界的差别就是：

	微观世界	宏观世界
观察前	不确定	确定
观察一瞬间	确定	确定

关键还在于：正是观察导致微观粒子的状态被确定下来。因此，与其说是观察"发现"了粒子的状态，不如说正是观察"创造"了粒子的状态——在量子世界，观察是"因"，看到的现象是"果"。

观察，是粒子从充满可能性的叠加态到确定的本征态之间的桥梁。而量子世界的规则是：观察者决定被观察者。

牛顿力学历来认为，"客观世界的存在不以人的主观意志为转移"。物理学的研究对象是独立于"观测手段"存在的客观世界。现在，海森堡却敢如此大胆地挑战权威，突破一切"理所应当"。他的"波函数坍缩"对观测的解释，从此，观察者作为一个主观因素开始被纳入客观物质世界，从这里开始，意识和物质，两者再也无法分割。

有人根据波函数坍缩的原理编出了这样一段上帝耶和华与信徒亚伯拉罕之间的对话："如果不是我，你根本就不会存在。"耶和华得意地说。

"是的，亲爱的上帝，"亚伯拉罕恭敬地回答，"可是，如果我不存在，你根本就不会被知晓。"

物理学家约翰·惠勒将故事中的角色换成了宇宙和人。

宇宙对人类说："我是一部巨大的机器，为你的存在提供空间与时间。在我存在之前，没有之前；而我消亡之后，也将没有以后。你不过是我茫茫造物中，一颗渺小星球表面一粒再渺小不过的尘埃而已。"

人类大声回答："是的，没有你，我无法存在。然而，你作为一套宏大的系统，无非是由众多现象构成，而一切现象都依赖于观察。因此，如果没有我这样的智慧对你进行观察与记录，你还谈何存在？"

"观测导致波函数坍塌"这样的叛逆言论再次将物理学问题导向了哲学：既然主观测量引起结果的变化，那么一个纯粹的客观世界还存在吗？

理解这一点，是理解量子思维的重中之重。比如处于先热恋后失恋中的女子，看同一个男生送的玫瑰花，虽然都是玫瑰花，却因为心境（意识）迥异，看到的玫瑰花就完全不同。又比如药物研究中的"双盲实验"：实验对象服用的是真药还是无效药，自己和实验的科学家都毫不知情，这就能避免科学家将自己的主观性带入研究中，从而得出错误结论。

类似的例子在日常生活中也处处可见：公路上飞驰的汽车，有自己的位置和速度，但站在公路两侧的人、站在楼上的人、坐在车里的人，对同一辆车的感知都是不一样的，甚至，哪怕是同坐在这辆车中的紧挨着的两个人的细微感知也存在着差别。

正如一句西方谚语所说："在木匠看来，月亮也是木头做的。"人的意识千差万别、观察基准各有不同，每个人都有他自己观察和理解世界的方式，也因此正创造着每个人独一无二的世界！

互补原理：对立又统一

费曼说："量子力学一直担着风险，但仍旧是正确的。"

数百年来，无论是光的粒子说，还是波动说，两种背道而驰却彼此纠缠的学说（从大自然到心灵世界，这种对称性几乎无处不在），手上都握有能够彻底颠覆对方的致命的实验数据。这真是一件伤透脑筋的事。

在海森堡发现矩阵公式和薛定谔发现波动方程后，这种争论达到了顶峰。两者分别从粒子说和波动说出发，在理论基础上截然相反，背道而驰，似乎是天生的一对死敌，但两者在数学上却又被证明完全等价，又像一对孪生兄弟。这充分证明了粒子的波粒二象性。

基于此，玻尔提出了"互补原理"：波和粒子在同一时刻是互斥的，我们在同一时刻只能看到其中的一面。但它们在更高层次上又是统一的，作为电子的两面，它们应该被纳入一个整体概念中。就像一枚硬币有正面和反面，世间有善也有恶，两面结合才能构成一个整体。进而，玻尔指出：在没有人进行观测的时候，光是一种概率波；一旦被观测，它立刻坍缩为粒子。

如果说海森堡的研究风格是一往无前、势如破竹，那么玻尔的思维特点就是兼容并包、融通无碍。他是一个从不固守成见，也不走极端的人。他总能将矛盾双方统一，二元论应该难以出现在他睿智的头脑中。

玻尔不将问题绝对化，他一直坚持事物皆可同时包容对立的两面，而且对立两面可以相互转化，没有一方能彻底消灭另一方，事物变化的背后是对立双方的此消彼长，但绝不会是你死我活——这是一种了不起的思维方式和哲学突破。玻尔在新、旧量子论方面均有独特的建树并成为哥本哈根学派的精神领袖，多半与此有关。

量子纠缠：伟大反对派之 EPR 佯谬

同"薛定谔的猫"一样，目前全球物理界最热门的问题之一——"量子纠缠"也"意外"地出自它的反对派提出的"EPR 佯谬[①]"。

1935 年，爱因斯坦联合另外两位物理学家提出了 EPR 佯谬（以三位科学家姓氏首字母命名）：

首先，两个纠缠着的粒子：粒子 A 和粒子 B，各向相反方向飞离，彼此相距遥远。

按照哥本哈根学派的解释，在测量前，这两个粒子都处于"叠加态"，而叠加态就好似钢琴曲中的"和弦"是由多个单音组成的复音一样，此时的两个粒子都由多个状态"叠加"而成。接着，测量这两个粒子中的粒子 A。因为测量，粒子 A 的状态会马上确定为一个状态，那么，对应的粒子 B 的状态也会立即确定并与粒子 A 互补——即便它们相隔的距离以光年计算。

粒子 B 是在"瞬间"就知道了粒子 A 的状态，这就意味着，两个粒子的信息传输速度必须超越光速，这就违背了光速不可超越的狭义相对论。

爱因斯坦以他独有的"四两拨千斤"般的轻巧风格将这种不可能存在的远距离传输命名为"幽灵般的超距作用"。在爱因斯坦等人提出 EPR 佯谬后，玻尔也很快在理论上对此进行了解释：根据量子力学理论，在观测

---

① 佯谬：指的是基于一个理论的命题，推出了一个和事实不符合的结果。"佯谬"在科学领域被普遍运用并有别于"悖论"。二者的区别在于：佯谬是科学术语，悖论是哲学术语。研究佯谬，可以增强科学认识能力，活跃思维，引导人们不断深入探讨自然界的奥秘。

前，一个独立客观的世界并不存在，更不存在独立客观的两个粒子，它们本就是相互联系、相互影响的一个整体。只有在观测发生后，粒子 A 和粒子 B 才变为两个客观真实的存在。既然如此，哪里还需要什么超光速的信号传输？

天才们争论一小步，人类前进一大步

读到这里，大家一定明白了：为什么说爱因斯坦和他的"团队"是伟大的反对派。著名的爱因斯坦研究专家帕斯在《爱因斯坦曾住在这里》一书中说，就算 1925 年后（这一年，爱因斯坦发表他一生中最后两个科学成果），爱因斯坦改行钓鱼以度过余生，这对科学来说也没什么损失。但事实绝非如此。

不错，正因为很多时候在与不确定性共舞，爱因斯坦一生提出了前人从未想过的问题、进行了富有想象力的思想实验，帮助人类解开了诸多关于宇宙的深层次奥秘。

而在其职业生涯后期，爱因斯坦开始越来越多地固守确定性，尤其困扰他的便是量子力学的不确定性。在追寻确定性的过程中，爱因斯坦似乎失去了惊奇感，以及他早期工作中特有的那种无先入之见、让人惊艳不已的深刻洞见。

但是，1925 年后，虽然没有直接的科研成果产出，爱因斯坦依然在物理学领域进行着彻底而独立的思考，也正因有了爱因斯坦阵营不断的质疑和挑战，总将玻尔团队逼入绝境，才激起后者穷尽脑汁为一个个看似无解的问题找到无法反驳的解释，最后反而导致哥本哈根学派的理论更经得起逻辑的推敲和实验的检验，量子力学也甚至因为爱因斯坦等人的论点而有了新的发现——"量子纠缠"意外问世。

量子世界的一个个"宝贝"不断被挖掘的过程，本身就很"量子思维"，是"互补原理"的具体运用，也是在与"不确定性"共舞中结出的硕果。

惠勒说："没有矛盾和佯谬，就不可能有科学的进步。绚丽的思想火花往往闪现在两个同时并存的矛盾的碰撞切磋之中。"这一点，反而是玻尔看得最真切，所以他说："是爱因斯坦让量子论更加完备！"

作为一代科学巨匠，爱因斯坦的反对成了量子力学新理论出世前最好的"压力测试"，每次他提出的问题，都推动量子力学前进了一大步。爱因斯坦追求确定性的终点，便是玻尔朝着无限可能性前进的起点。这再次证明了一个真理：小成功靠朋友，大成功靠对手。

神仙"打架"，百姓不一定遭殃。天才们争论的一小步，往往是人类前进的一大步。至此，由玻尔领衔打造的哥本哈根学派的三大支柱——概率诠释、不确定性原理、互补原理——全部确立，再加上量子纠缠，量子大厦已然建成。其中概率诠释与不确定性原理摧毁了经典世界的"决定论因果律"。

经典力学的因果律代表着一种必然性，一切都在既定轨道上运转，上升到哲学层面，经典力学的世界观是：人类没有自由意志，不能决定自己的命运；而概率诠释与不确定性原理代表着无限的可能性，延伸到哲学高度，从而决定了：人类有自由意志，人性具有无限的可能性，只要有意愿并付诸行动，人可以改变自己的命运。

互补原理与不确定性原理合力否定了经典世界的绝对"客观性"。经典力学认为世界是纯粹客观的存在，人的意识绝不可能加入其中；从古希腊时代开始直至量子力学诞生前，所有科学研究全部杜绝加入人的主观性。

互补原理与不确定性原理却将人的意识（观察者）与物质世界（被观察者）进行了结合——人的主观参与能决定事情的结果，意味着"绝对客观的物质世界"被推翻，人类的主观能动性再次被提升到一个新高度。

而量子纠缠，既没有否定个体的独特性，也肯定了个体间的关联性：个体间的波函数能重叠并能纠缠在一起，进入彼此内部，进而构建起创造性的内部关系，这种关系甚至能超越时空，形成"你中有我、我中有你"的一体感，这彻底击碎了纯外部关系式的牛顿力学碰碰球般的对立思维。

1987年，随着95岁高龄的德布罗意的离世，创建量子力学的元老级人物至此全都离开了我们。由这一代地球上最聪明的人建立起的量子力学，为我们带来了丰富多彩的物质生活。在我们享受着信息时代方便快捷的生活的同时，我们中的绝大多数人虽然并不从事与量子科技相关的研究工作，但依然可以从他们的人生轨迹、不破不立的大智大勇中汲取营养，在牛顿思维之外，为自己再注入一颗"量子灵魂"，塑造出能更加顺应科技文明的新的思维方式，积极拥抱更多的可能性，创造出自己的新世界。

结语：量子思维：我命由天更由我

混沌大学创办人、崇尚哲科思维的李善友认为，"对今天所有人影响最大的人是牛顿"。他的理由是："牛顿世界观取代亚里士多德世界观，是过去500年里最重要的一件事，没有之一。"

什么是世界观？李善友认为：世，时间；界，空间。世界观就是时空观，找出人在自然界中的位置，这是作为人生存发展的基本前提。

经由对量子世界的探索，我们知道，量子世界与牛顿世界的时空观有很大不同。在量子主导的时代里，人类的思维需要进行新的升级。

具体而言，新思维包括：不确定性思维（基于测不准原理）、不连续性思维（基于量子化）、赋能性思维（基于量子跃迁）、互补性思维（基于叠加态）、整体性思维（基于量子纠缠）、主动性思维（基于观察者决定被观察者的测量效应）等。

那么何者更为关键？不妨问一个问题：人到底活在哪里？

工作与生活中的体会是：人活在自身每时每刻的念头当中。正是这些念头驱使我们去爱、去恨、去忙忙碌碌……念头虽然看不见，但却是每个人都可以觉知的存在。

我们常说"一个个念头"，听起来感觉念头像粒子；又说"一念接一念，念念相续，像奔涌的波涛一样"，这时，念头似乎又有了波动性；我们还体验到念头出没是无常的，具有不确定性；"一念天堂，一念地狱"表明念头也能瞬间发生"跃迁"；"念头"之间当然还能进行"纠缠""叠加""互补"……

念头具有典型的量子特征。当某个念头反复出现，它就会不断得到滋养和强化——就像光，通常情况下只能用来照明，但以凸透镜聚集成一点后，却可以点燃火苗——念头也同样，若能汇聚一处，由"念头"强化为信念、进入潜意识，就能"制心一处，无事不办"！

起心动念有善有恶，到底是在滋养善，还是在强化恶？人的警觉心就特别重要：就像警察与小偷，小偷如同不好的念头，"警觉心"就是警察，警察的职责正是死死盯住小偷，时时警觉、每天反省，就能将念头导正方向，形成信念，最终就会有好的结果。这些都是我们日常人生中的经验。

有人说，"我命由我不由天"；也有人说，"谋事在人，成事在天"。它们矛盾吗？这两者都在强调人的主观意识和"天（规律）"对于"结果"的决定作用。它们并不矛盾，只不过都有各自的局限性，都还没有跳出牛顿思维的二元对立。

稻盛和夫相信，人生由命运（天）与因果法则（对此"我"有主动权）共同决定。命运是经线，因果是纬线，两者交织而成人生之布。

稻盛说："否定命运的存在没任何益处。肯定命运的存在，能帮助我们充分地理解人生，也能帮助我们懂得正确度过人生的方法，这一点毫无疑问。我毕业于鹿儿岛大学工学部，特别喜欢物理、化学，也喜欢数学，就性格而言，对于不合逻辑的事情我是不认可的。我的技术都是基于科学的理论开发而来的，我认为自己正是一个最相信合理性、科学性的人。

"人确有命运，但算命却无必要。人并不能被命运所掌控，是因果在发挥作用，关键是因果报应的法则要强于命运的法则。"

那么，他自身是怎样实践因果法则的呢？追随稻盛和夫40余年、曾担任过稻盛特别秘书、被称为"稻盛哲学传教士"的大田嘉仁说："我在稻盛先生身边工作，看到过他烦恼的样子。但印象更为深刻的是，稻盛先生的包里总是放着几本哲学类图书，一有空就会拿出来阅读。他这种认真学习的姿态，更是深深地印在了我的脑海里。"

始终坚持以"正念"为导向，用持续的正念来践行因果、改造命运的稻盛，令自己的人生和经营得以变得如此不同。

既承认"命定之事"乃客观规律不容逃避，又绝不放弃自心对无常事件的转化力，坚信只要努力奋斗、提高心性，为心赋能，站在历史正确的一边，做时间的朋友，因果法则就能通过心行起作用，"改命之事"乃可为，因此，稻盛的结论似乎可以这样来表达：我命由天更由我！

这也许就是能够决定我们不同人生结果的更关键的量子思维。不走极端，没有绝对的肯定或否定，而是接纳与共存；这样的包容力绝不是自我麻醉、心灵鸡汤，而是建立在高度科学与合理逻辑推演之上的理性判断。既尊重客观规律又运用客观规律，既承认人的局限性也肯定人的无限可能性——开放、融合、广阔、自由、灵动。

稻盛和夫的经营学具有典型的量子思维特征。稻盛和夫认为"企业是经营者内心的投射"，也就是说"人心创造了现象世界"，这与量子理论极为吻合。京瓷原人事部部长、在京瓷工作了30多年的星野周回忆，在公司极为重视的年度经营报告里，他惊奇地注意到自1986年之后，稻盛几乎不再发表具体的数字目标，而开始用科学来阐释宇宙的奥秘，其中也包括量子理论。在盛和塾的多场报告里，稻盛和夫也常常用现代物理学的研究成果来解释自己的宇宙观。

"与宇宙的意志相协调"是《京瓷哲学》中的第一条，是稻盛经营学的科学根基。怪不得稻盛和夫在与不确定性共舞的过程中几乎总能将看似遥不可及的愿望变成确定的现实。我们要记住：稻盛和夫首先是科学家，学习稻盛经营学，从科学切入才能更深层次地理解他的思维方式。而这是基础中的基础。

让我们借由人类智力征程中的最高成就所打造的量子之船，划进稻盛和夫的经营学世界，一窥堂奥。

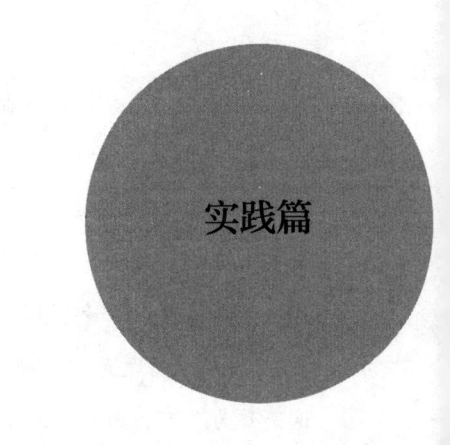

实践篇

大田嘉仁说："所谓企业，就是全体员工的意识集合体。"

"量子"是量子世界中不可再分的最小精灵；"量子化"则是指量子具有"不连续""不确定""跃迁""叠加"等神秘特性，需要用波粒二象性和概率波来描述处理。每个员工就是企业中不可再分的最小单位，其互动规律自然也体现出"量子化"特征。

"仰观宇宙之无穷，俯究万物之运动，观古今于须臾，抚四海于一瞬"。这是作为"万物之灵"的人类能够走到今天的秘密。量子世界的概率诠释、不确定性原理、互补原理和量子纠缠被逐一证明，其意义早已超越了单纯的物理学范畴，而关乎人类的认知升级、心智革命，进而是世界观、哲学观的突破，这必然影响到企业的经营。那么，坚信"人人都是经营者"的"经营之圣"稻盛和夫在企业里是如何运用这些科学规律的呢？

1. 概率诠释对应着稻盛和夫笃信的"追求实现人性无限的可能性"，其最佳路径就是"为心赋能"，充分激发每个员工的善意和潜能，去看见人生更美的风景。

2. 为消除不确定性，就需要引入更多有效信息。在纷繁复杂的信息海洋里，秉持"作为人，何谓正确？"判断基准的稻盛和夫总能迅速洞见真相，去伪存真，杀伐决断，实现"萧条中的大飞跃"。

3. 互补原理充分体现出稻盛和夫以霹雳手段显菩萨心肠、以爱为根基尊重民意的独裁者的手段与形象。"是最冷酷的人，同时也是最温暖的人"，让人又爱又怕是他度人的不二法门。

4. 量子纠缠则是从心出发，连接万物，以大家族主义开展经营，利他自利，打造"共同欢笑、共同流泪"的幸福企业。

如是，稻盛和夫的经营足迹在我们面前清晰地展开了。

第 2 章
赋能——明确事业的目的和意义

人类的努力是没有边界的,我们千差万别,不管生活看上去有多糟糕,总有你能够做的事情,并且能够成功。有生命的地方,就有希望。

——霍金

稻盛先生是我平日十分尊敬的优秀企业家之一,他在各种人生经历中悟出的人生观和经营观都被整理成一本书。全书旨在主张"相信人类所拥有的无限能力,充分发挥自己的能力,品味充实人生"。这份热情和信念让我深受感动。

——松下幸之助

一、跃迁：潜能激发

> 向着月亮进发，即使没有到达，你也会闪耀在群星之中。
> ——泰戈尔

三个建筑工人的故事

工地上有三个建筑工人，他们在共同砌一堵墙。这时，一个孩子经过，好奇地问："你们在干什么呀？"

第一个工人头也没抬，没好气地说："你连这个也不知道？我们在砌墙！"

第二个工人抬起头来告诉孩子："我们在建一幢大楼！"

第三个工人脸上的笑容像是一朵花，他热情地对孩子说："我们在建设一座城市！很快，你将会住在一个像花园一样美丽的城市。人们会在这里幸福地生活。希望你和你的爸爸妈妈也会在这里收获一生的快乐！"

表面上，三个人都在做着同样的工作，都处于相同的起点，但他们的意识却完全不同。根据霍金斯的理论：意识就是能量。不同的意识对应着不同的能量，不同的能量造就千差万别的人生。最终，是意识拉开了人与人的差距。

果然，10年后，第一个工人仍在砌墙，第二个工人成为建筑队队长，第三个工人则成长为一家大型建筑公司的老板。放在企业中，这三名建筑工人对应着哪些类型的员工呢？

第一种，把工作当成挣钱谋生的手段：既然砌墙只是为了赚钱，那卖火锅、擦皮鞋也都一样——哪里赚钱稍多一点就辞职去哪里，工作对他们而言是不得已而为之的苦差事。这是今天企业中大多数员工的意识状态。

第二种类型的员工，他们有一定的大局观、责任感，能相对主动地工作。面对困难，他们能在一定程度上坚持，但意识能量状态还不足以在很艰难的情形下成为"先付出、后得到"的奋斗者。这样的员工，在他们内心深处，已有了小小的火苗，只需更大的火炬靠近，就能迅速成长为点燃其他火苗的火炬。

而第三种人——"我们正建设一座城市！"——既脚踏实地又仰望星空，这正是稻盛眼中"自燃型"的人：对人、事物怀有巨大热情，凡事全力以赴，甚至相信工作本身就是一种修行！这样的人，哪怕跌至谷底，也能反弹，甚至可以一次次不断自我超越到达更高的巅峰。他们拥有强大心力，靠的是使命（意义）驱动。

稻盛相信：企业中这样的人越多，企业越能良性发展。当企业中到处都有被这样的人卷起的"旋涡"，企业也就充满了生机与活力。

英雄所见略同。当代西方管理学大师德鲁克讲的一个故事生动说明了其"事业理论"的含义：某天，世界500强公司 ServiceMaster 的董事长带着一众高管拜访德鲁克。德鲁克问："贵公司从事的是什么样的事业？"高管们一听，很生气：我们可是世界赫赫有名的500强大企业，你竟然不知道我们是做什么的！但因为对方是大师级学者，生气归生气，高管们看着德鲁克，还是"礼貌"地回答并有人不断补充，我们做大楼外墙清扫……对大楼进行除虫……对家居做保养……但德鲁克始终一言不发。最后，董事长站起来，谦虚地请教德鲁克："德鲁克先生，请告诉我们，我们公司是做什么的？""你们是把一群目不识丁的年轻人带到这个城市，让他们过上有尊严的生活，并从中找到生命的意义。"德鲁克这样回答。

生意＝生命的意义。东西方殊途同归，最高层次的企业经营一定会回归到充分激发人的善意与潜能、引导企业人如何度过有意义的人生上。所以，任何伟大的企业，都必须为自身所做的事情确定价值坐标，提炼出意义的崇高性，这是"事"与"事业"的重大分野，也是"商人"和"企业家"的最大区别。

大田嘉仁曾说："稻盛先生的经营要诀，经营十二条中的第一条——

明确事业的目的与意义，重要性占90%。没有这一条，其他诸条就没有根基。"

因为，这是关乎点燃生命的最关键的一条。

赋 能

美国现代最伟大的心理学家之一詹姆斯说："我们这一代最伟大的发现是，人类可以经由改变态度而改变自己的命运。"当绝大多数个体（如第一个工人）原本拥有巨大潜能也有改变命运的愿望但内心无力时，组织对个体的有效"赋能"，将在改变个体命运，以及改变组织整体的命运中，发挥极为关键的作用。

对此，阿里巴巴原参谋长曾鸣一语中的："未来组织最重要的功能是赋能，而不是管理和激励。""赋能"一词一时成为企业界的显学。什么是赋能？一般的理解是通过培训提高员工的能力。或者通过去中心化的方式实现组织结构扁平化，通过释放权力，更好地发挥员工的智慧和潜力。

真正的赋能，最早是积极心理学中的一个名词，旨在通过言行、态度、环境的改变给他人注入能量。其本质是为心赋能。企业中的赋能，是教育、引导员工提高意识层级，明确工作的目的和意义。使员工因工作而得到心灵的满足，实现自我价值，度过幸福的人生！为心赋能——这是一个需要领袖、时机、团队、仪式感，以及个人努力才能共同完成的过程，因此也大多需要依靠组织才能发生。其中，"领袖"这个因素，是关键。

一生参加过四次著名战役、冲锋陷阵、亲身体验过战争的残酷与壮烈的德国军事理论家克劳塞维茨在其巨著《战争论》里有生动的描述："什么叫领袖？领袖就是在茫茫的黑暗中，把自己的心拿出来燃烧，发出生命的微光，带领队伍走向胜利。战争打到一塌糊涂的时候，将领的作用是什么？就是用自己发出的微光，带领队伍前进。"企业领袖，遵循着同样的激励、赋能逻辑。

什么叫作使命？就是大家共同为一件事使上老命！什么叫作理想？就

是企业领袖在那里"吹牛",一群人响应,一大群人相信,大伙儿都一起朝前拱,实现了就是理想。这源于每个人都具有无限的可能性,量子论对此有科学的解释。

概率/可能性,源于粒子的本质

量子论的概率诠释:在被观察前,粒子同时处于多个位置,也就是"叠加态",每个位置都有一个出现的概率;而一旦被观察,"叠加态"立即消失,代之以"本征态"——粒子此时出现在一个确定位置。

既然宇宙中一切物质皆由基本粒子构成,那么人也理应遵循这一基本属性:粒子运动具有本质上的随机性,只是每种可能性具有不同的概率。也就是在人的意识参与前,每件事都有着不同的可能性,而一旦当人做出了选择判断,若干可能性就瞬间"坍缩"为一个"本征态"——你的每次选择判断就对应出一个确定的结果。

所以说,未来到底会怎样?答案是:具有多种可能性,这取决于每个人不同的选择。这太惊世骇俗了!爱因斯坦与玻尔曾为此发生过激烈的"互怼":

爱因斯坦:"玻尔,亲爱的上帝不掷骰子!"
玻尔:"爱因斯坦,别去指挥上帝该怎么做!"

随后的几位物理界"大咖"对此还进行了神助攻:

霍金:"上帝不但掷骰子,它还把骰子掷到我们看不见的地方去!"
惠勒:"从某种奇怪的意义上讲,这是一个参与性的世界。"
普里戈金:"无论我们称之为现实的是什么,它只有通过我们参与的积极构建才会向我们展示出来。"

后续实验证明，在量子世界里，爱因斯坦的决定论观点是错误的。量子世界里的"概率/可能性"之所以产生，是因为量子的一个本质属性——"跃迁"而导致游戏另有规则。

物质由原子组成，原子的中心是原子核，原子核由质子和中子组成。质子带正电，中子则不带电。原子核外围由带负电的电子绕着原子核运动。特别有趣的是，电子在原子中的能量并不是任意的。量子力学告诉我们：这些电子会处于一些固定的"能阶"，不同的能阶对应着不同的能量。我们可以把这些能阶想象成一些绕着原子核的"轨道"，距离原子核越远的轨道能阶越高，电子出现的概率越小；离原子核越近的轨道，电子的能阶越低，电子出现的概率就越大。

然而，电子并不会"安分"地在固定的轨道上一直待下去，它们会不停地在不同的轨道上变换自己的位置，我们把电子在不同轨道位置的变化称为"跃迁"，因为这样的变化不存在中间过程，而是一个突变。电子发生"跃迁"，是因为它吸收或释放了能量。当电子吸收了一个光子（能量）时，它便从一个较低的轨道跃迁至一个较高的轨道。同样，一个位于高轨道的电子也会透过发射一个光子而跃迁至较低的轨道。

跃迁至最好的可能

具有极为广泛应用的激光，其名字就来自"受激辐射[①]"：开始时，光子射入原子，受到光子激发，电子跃迁到受激态，自身也开始释放光子，之后跌落到较低的轨道。而这些释放出的光子，如果被镜子来回反射，就会诱发更多的电子进行受激辐射，使光的强度增加。

只要在特定的条件下应用这一原理，激光就能被制造出来。简而言之：激光来自电子被高强度地激发。而激光，则体现出了"能量"的妙用：激光中每个光子的频率、相位、方向完全一样，因而具有极高的能量密度和

---

① 受激辐射：在高能级上的粒子受到某种光子的激发，会从高能级跳到（跃迁）低能级上，这时将会辐射出与激发它的光相同性质的光。受激辐射是产生激光的必要条件。

聚合度。不仅能以很好的集聚效果发射到月球那么遥远的地方，还能在集成电路板上进行纳米级别的打孔，甚至能切割高强度的钢板。可以说，没有对量子世界的探索，激光技术就不会被发明出来。没有激光技术，由计算机和集成电路驱动的信息革命，就不会发展得这么迅猛。激光，让我们见识了小小的光子一旦条件具备，将释放出怎样强大的能量。

与之形成鲜明对比的是普通光。普通光在传播过程中，光的强度和能量会不断散失，因而射程有限、频率较低，无法完成技术要求很高的工作。原因是普通光的产生来自"自发辐射"，也就是在没有任何外界作用下，激发态电子自发地从高能级向低能级跃迁，同时辐射出光子的过程。

也就是说，没有外界能量和环境的强力"赋能"，电子只会自发地跃迁，跃迁过程只能释放出数量和动能都极为有限的光子，其能量是无法企及激光的。两者对比如下表所示：

表 2-1　激光与普通光

类别	特点	产生原因	应用
激光	·聚光效果非常好，亮度极高，为太阳光的100亿倍 ·频率高、能量大、精密度高，某些频率的激光可穿透金属，能完成小至纳米级、大至太空级的任务	受激辐射： ·电子被外界光子激发发生跃迁 ·跃迁时释放出的光子同时被人为设置的条件不断反射进而持续产生大量高能级运动的光子 ·这样产生的光子在频率、相位、偏振方向及传播方向上都具有高度一致性	工业生产、通信、信息处理、医疗卫生、军事、文化教育以及科研等方面
普通光	·不能自发聚光，极易分散，难以发射到远距离目标 ·亮度相对激光较低 ·不具有可穿透固体的能力	自发辐射： ·电子完全靠自发进行跃迁，各个电子在自发跃迁过程中是彼此无关的 ·跃迁中释放出的光子没有得到反射，无法激发出更多的跃迁 ·不同电子产生的自发辐射光在频率、相位、偏振方向及传播方向都有一定的任意性	日常照明

而激光的产生，有一个非常重要的条件：能级反转。因为受激辐射发射出的光子既有可能激发高能级的电子，也很有可能直接被低能级的电子吸收，也就不会产生激光。正常物质中，低能级的电子远远比高能级的电

子多。要创造出激光，就必须人为制造粒子数的"能级反转"，让高能级电子的数量远远多于低能级电子。此时，这块物质就像一座不稳定的雪山，一个小雪球滚下去，就会产生一次雪崩。

以常见的红色氦氖激光器为例，早期的激光笔就是用这种激光器制作的。这种激光器用氦气和氖气按大约10:1的比例混合，氖是发光的主角，氦负责制造能级反转。氦受到高压电击后，原子运动加速，此时氦原子和氖原子相碰撞，就会交换能量，从而把氖原子中的电子激发到高能级上。氦原子比氖原子多得多，所以氖原子中的电子被大量激发，一旦实现能级反转，激光就被制造出来了。

"善、恶拔河谁会赢？"被誉为"东方德蕾莎修女"的慈济基金会创办人证严上人的答案是："人多的一方会赢。"这是关于人的"能级反转"。

描述电子运动规律的薛定谔方程告诉我们，能量越高的电子，概率分布随时间变化就越快，预示着可能性愈大，机会也就愈多。

对企业，这是否是一个宝贵的启示？——电子被外界光子激发而得到能量，再加上一定的条件，就用这最开始的一点点能量，最后却迸发出极为强大的激光。

那么，如果我们对员工有效赋能呢？能量最低原理是物理学中一条极其重要、极其基本的原理。也就是说所有物理系统都最"喜欢"能量最低的状态，能量倾向于由高处流向低处。即"系统的能量最低的状态才最稳定"，也就是万物皆"懒"。同样，人也有物质性的一面，企业中绝大多数的员工都愿意待在舒适区。劳动固然是人的天性，但懒怠也是人的天性。企业必须清楚，员工奋斗的动力很少是自发产生的，它需要媒介，需要催化剂，就像原子弹需要雷管引爆产生强大的内推压力，引发核子连锁反应从而造成核爆一样。

稻盛先生说："如果用地球引力作比喻的话，人原本都是紧贴着地面的，必须让其从紧贴地面的状态变为悬浮在空中的状态。所谓悬浮在空中的状态，就是不断发出能量、克服地球引力的状态。就像飞机转动螺旋桨的状态，或是通过引擎喷射产生能量的状态。"

"我们接下来要做的事，又是别人认为我们肯定做不成的事。"京瓷一路走来，开发出新型陶瓷，把它作为新兴工业材料，将它发展成为数百万亿日元规模的新兴产业；同时还充分利用新型陶瓷的优良性能，进一步开发出多层半导体封装件。有人推算，这使美国硅谷的发展提前了十年；后来又开发出了再结晶宝石、人造骨、人造牙根等新物体，对社会做出了巨大贡献。在此之前，人们觉得这是不可能的，但因为稻盛和夫在企业里持续赋能推动能级反转，激发出员工的巨大潜能，将这些常人认为的小概率甚至根本不可能的事变成了现实。

华为的一位高层曾去海外分支机构出差，见到分支机构的领导就说："现在市场的机会窗已经到来了，如果你们到了年底目标完成情况达不到公司期望就下课，达到了就提拔。"分支机构负责人一听，就问这位高层："那公司的期望到底是多少啊？"高层说："这样吧，你在手上写一个增长率，我手上也写一个，如果你手上的增长率低于我手上的，你现在就下课。"这位负责人一听，哪里敢写少啊！一咬牙，写了个增长率120%。两人把手伸出来一看，结果这位高层手上啥也没写，他只说了句："行，就按你的办吧！"结果这位负责人一听就惊住了，心想：这一年有的忙了！

华为认为，一家公司取得成功有两个关键：方向要大致正确，组织必须充满活力。也就是企业必须有长远战略思维，战略是明确公司发展方向，但真正实现目标组织活力最关键，这是一切的基础。企业发展始终是一个不进则退的动态过程，世上没有绝对不可替代的东西，只要持续领先，速度比别人快，持续做到"人无我有，人有我优"，就相当于不可替代。

今天，越来越激烈的竞争特性决定了企业必须有意识、有步骤地制造"能级反转"，持续"赋能"员工，不给"低能级"状态留下壮大的空间，使整体处于"受激态"——组织才能充满活力和创造性。

在京瓷，"高能级"对应着"自燃型"。自燃型的员工很容易成为"旋涡的中心"，去影响带动可燃型的人。"比如，一家公司面临'今年要实现销售额翻倍'的目标。这时候，一名刚进公司不久的年轻员工对科长说：'科长，社长说今年要实现销售额翻倍。咱们大家找个时间聚聚，讨论一下具体的实现方式吧！'这么一来，他实际上就成了该项目的领导。不是为了出风头，而是出于主人翁意识。大家聚集在牵头者的周围，便形成了'旋涡'。一个课题对应一个旋涡，如果一家公司到处都有旋涡在转动，那么这家企业一定是一家充满活力和生机的企业。"这是稻盛和夫对企业中高能量状态的形象描述。

而高能级的"自燃型"员工是怎样被激发出来的呢？

一定要将能量毫无保留地灌注给部下

这是稻盛和夫一生都在践行的大事。

稻盛和夫，是一位为心赋能高手。在企业里，他永远都在竭尽全力用自身的高能量去激发、"点燃"所有愿意追随他的人。早在京瓷创建之初他就深刻意识到：仅凭自己一个人的满腔热情，是不可能经营好企业的。尤其是，当组织越来越大、员工越来越多的时候，总有他无法触及的问题和角落。只有全力以赴与全体员工实现哲学共有、价值方向统一，才能形成强大合力，共同经营好企业。

要提高全员思想高度和工作热情，其实只有一条道路可走——不断将自己的高能量灌注给部下，不断激发每个人的潜能。对此，稻盛和夫有深刻的体会："领导必须掌握部下对于工作的激情程度，如果部下缺乏激情，那就应该向其注入能量。这也是领导的一项职责。"

这，就是为心"赋能"思维。用高能激发低能，且持续不断、相互激发、形成能级反转，竟能凭借些许光子，最终在场域中创造出奇迹——激光一般同频共振的团队。

还在松风工业时期，绝缘陶瓷名义上是高科技，但实质上是个典型的3K（日文单词危险、肮脏、吃力三个词的首个发音）行业。工作现场粉尘飞扬，员工一上岗，马上就满身粉尘、汗流浃背。那时，大家一点也感觉不到这是高科技活儿，体会不到工作的意义。

为此，每天下班后，稻盛和夫就把同事们集中起来，带着满腔热情诉说:"大家日复一日,揉粉、成型、烧制、研磨,或许大家觉得这是又单调又无趣的工作,但绝非如此。没有实践,仅靠理论,无法掌握陶瓷材料的真正本质,我们现在从事的是像东京大学和京都大学这样的一流大学都无法企及的高水平研究。"

后来,为了让大家有更直观的感受,稻盛和夫直接搬来两台电视机。面对着一台播放着清晰画面,另一台满是"雪花"、画面模糊不清的电视机,稻盛告诉大家,这两台电视机所有的零部件都一样,除了显像管电子枪上的 U 型槽。而画面清晰的那台电视机上的 U 型槽就是用京瓷发明的、能够耐受 1600℃以上高温的新型绝缘陶瓷材料制成的。

"我们现在所从事的工作,对人们的美好生活做出了巨大贡献。人生宝贵,只此一回,绝不能虚度任何一天,要全力以赴地度过这一生。当他们发现了自己的工作中所包含的意义,他们就会热情高涨,最大限度地发挥出自身的潜力。"

鲜活的故事直接打动的是人心,而非头脑;触动的是人的感情,而非理性。相比理论思辨和道德说教,身边的故事更容易使听者产生效仿的情感冲动。所以,讲故事是卓越领导者在大家摇摆不定的关键时刻,影响大多数追随者心智模式的重要手段,也是一种有效的赋能方式。稻盛显然是这方面的大师。

创办京瓷以后,稻盛和夫更是频繁地通过空巴等形式,持续不断为大家赋能。"梦想就是能量。当我讲述自己的思想时,能量就发生了转移。而听了我的话,你们的脸变红了,那是因为我将能量转移到了你们身上。"他用那样激昂的表达方式热切地述说着。

稻盛说话时一定会看着对方的眼睛。他一边看着对方的眼睛,一边观察他们的反应;他一边说着"你还没明白我的话""你看起来还不懂"之类的话,一边继续深挖内容,进行更加热切的说明。他说话的时候,若对方没能露出"听明白了"的表情,对话就不会结束。在空巴上,大家也会彻底讨论,直到所有人的灵魂产生"共振"为止。人们这样感叹:"在京瓷,稻盛的灵魂已经转移到了员工的身上。"

经营者的自我赋能

作为向员工赋能的源头,稻盛和夫自然也不可避免会遭遇各种困难和挑战,那么,他的能量之源从何而来?

一个组织的最高领导者因处于特殊位置而注定"孤独"——高处不胜寒。很多时候,风浪再大也很难与外人道,更必须继续拼尽全力身先士卒、摇旗呐喊,这时,经营者该怎样自我赋能、扛过风雨、坚持到曙光再现的时刻?

1988年前后,正值中年、身体一贯强壮的稻盛患上了三叉神经痛。那几年,他的左脸经常性疼痛,甚至痛到满地打滚,而且一痛就会持续整整三个月,严重影响到工作和生活质量。稻盛患上三叉神经痛的原因主要源于巨大的精神压力——这一切,要回溯到1985年开始的一系列以打垮稻盛和京瓷为目标的利益之战。

1985年,稻盛介入日本电信改革,建立起第二电电,从此打破日本电信电话公司一家独大的垄断经营。这对日本国民来说是一件天大的好事,却因触动了部分人的奶酪而开始不断被"枪打出头鸟"。整个1985年对于稻盛和京瓷来说,几乎是在质疑、攻击、被调查和危机中度过的:先是在国会中被追究京瓷生产的IC封装用于美国的"战斧"巡航导弹,与政府的"武器出口三原则"相抵触;继而是在众议院会议上被追究由京瓷生产的"人工膝关节"无认证销售,违反了《药事法》;然后是继续被同一位众议员追究京瓷销售的无绳电话,其设计的输出功率超过了规定值,被认为违反了《电波法》,必须全部召回。

关于IC封装的质疑,经过调查证明京瓷没有过错。然而,人工膝关节和无绳电话两个事件导致的停业整顿与召回对京瓷造成了高达43亿日元的直接经济损失,更使京瓷的股票从1984年的8550日元暴跌到1985年1452日元的最低点。两项质疑能够最终成立的原因,是京瓷因快速发展而导致自身存在漏洞:出于让患者早日免除痛苦的善良动机,人工膝关节在技术和安全上虽得到了确认,但毕竟没取得证书就投入使用,使得京瓷在法律上终究站不住脚。但不论人工膝关节还是无绳电话事件，之所以持续发酵并得到媒体的推波助澜，更大程度上还是相关利益集团有意造成的恶果——稻盛做这一切的发心仅仅是单纯的造福国民，却没想到触动了他人利益而给自己和企业带来了无妄之灾。

面对《京瓷的恶劣经营术》《虚伪的经营者稻盛和夫》《被"强制"的戒烟》等铺天盖地的攻击性报道，甚至有记者藏在稻盛和夫的家门口偷拍照片，到后来完全已经走火入魔般不负责任地编造，再加上持续对京瓷造成的名誉和经济损失，稻盛却始终对员工说："由我承担所有的责任，希望你们在应对时不要动摇，实事求是地面对调查。"同时他借一个月的停业整顿要求全公司务必端正态度，并指示员工："要理解，这是上天给我们的考验。"他诚恳地在厚生省的听证会上表达歉意，将责任全部承担下来，而没有推给此前主动要求京瓷提供人工膝关节的医院方。

一向要强的他在那段时间有了一生中最密集的低头认错。又由于冲锋在前的是被收买的媒体，他连正面应战的机会都没有，有火无处发，只能强压在心里，同时还要力挽狂澜，在险恶的环境中维持住京瓷的业绩不倒，凭一己之力不断给员工和市场注入坚挺的信心——长期的焦虑、苦闷、愤慨，单方面的能量输出，再硬的男子汉也需要释放这样巨大的压力，于是压力终于通过"三叉神经痛"得以"释放"了。

病痛折磨了他很长一段时间，直到去圆福寺拜访西片担雪长老。担雪法师对他说："稻盛先生，遇到灾难是活着的证明，而且因为这场灾难，把你过去累积的业消掉了，所以这是要烧红豆糯米饭庆祝的。""消业"，这是佛法中的专用词语。我们每个人都曾在有意无意当中伤害过他人，这便是"恶业"；而宇宙的能量是平衡的，"输出"的恶业必定需要"输入"——当我们被他人伤害、遭受灾难病苦时，那些曾经被我们"输出"的坏事便"还"到了我们身上，那么从此以后我们也便因此减去了一笔债，这反而更有利于我们轻装上阵，因此担雪法师才说"要庆祝"啊！

稻盛和夫豁然开朗，烦恼是活着的证明，活着就要感谢，感谢就要创造价值！"这是为大义而战，绝对不能认输！""为降低国民的通信费用"

而进入通信行业的初心经由一系列事件的"事上磨炼"再次得到确认。于是稻盛坦然放下重担,再次轻装上阵。

转变了心念,地狱就成了天堂,坏事就成了好事。很快,京瓷和第二电电都步入正轨,污蔑和诋毁烟消云散,更让京瓷人学会了"执虚器,如执盈"的小心谨慎,为企业的稳健发展提供了必要的保障。

作为三家超级企业的"大家族长",稻盛一生所遭遇的危机实在太多,上面这段经历只是其中之一。企业生死面前,如何抉择?肩上的担子何止千钧,没有坚如磐石的信念是绝对支撑不了的。

日本政治家、稻盛的友人堺屋太一在更高的维度看到了稻盛能一路走过险滩、终得"星垂平野阔"的原动力:"使命感就是梦想,激情就是志向,而思想则会产生对现状的不满和愤慨。成功的创业者有一个共同之处,就是梦想、志向和愤慨在内心持续燃烧。稻盛先生无穷无尽的梦想、志向和愤慨有时会让组织或权力敬而远之,但只有毫不畏惧、不厌其烦地将其付诸实践,才是真正的改革者。"

当梦想、志向、愤慨在一个经营者的内心持续燃烧,使命感、激情、思想就是他为自己灌注的永不消逝的能量!堺屋太一说:"京瓷克服了文化差异,满足了客户苛刻的标准,使松下、仙童半导体、IBM这样的世界巨型企业一一成为自己的客户,看似如同莽撞蛮干的人撞上了大运,但使这一切成为可能的,正是以稻盛先生为代表的全体员工火一般的工作热情。而点燃全体员工热情的,一定是稻盛先生的思想,是他在人生与事业中一以贯之的哲学。"这种点燃全体员工对事业抱有高度热情的哲学,如果用稻盛的语言体系浓缩为一个词的话,那就是"大义名分"。

明确事业的目的和意义

"经营十二条"的第一条:明确事业的目的和意义——确立光明正大的、符合大义名分的崇高目的。

稻盛和夫说:"无论是京瓷集团、KDDI还是日本航空,都不是从最开始就能看得见成功。这些从最开始都是完全看不到任何成功迹象的事,升华成了一种'无论如何也要为造福世间的其他人而必须达成'的强烈信念,再加上无人能及的努力,才造就了如今的成功。"

他还说过:"用纯粹而强烈的愿望所带来的信念,拥有超越一切智慧、一切战略战术的力量。"在稻盛心里,事业的目的和意义从何而来?从经营者纯粹而强烈的愿望中来:无论如何也要为社会、为世人做贡献而必须达成所有目标。这,就是稻盛和夫定义的"大义名分"。

当年同几位志同道合的伙伴共同创办"京瓷"。最初的创业目的被定为"让稻盛和夫的技术问世"。在这样的思想指导下,稻盛尽管为了企业殚精竭虑、身先士卒,也不计个人得失,却仍遭遇了11位年轻员工的集体反叛:"如果不定好每年涨百分之几的工资还有发几个月的奖金,我们就集体辞职!"

说到底,这些年轻人的想法更多地来自一种"不安全感":这是稻盛你的企业,我们做的一切都只是为了帮你这个"资本家"赚钱而已——当一家企业没有提出明确的使命并真正践行,劳资关系就会因人性的弱点而天然对立,双方深陷囚徒困境,年轻员工们的想法无可非议。

在苦口婆心、舍命花大力气暂时平息了这场风波后,稻盛进行了深刻的反思,终于豁然开朗,找到了问题症结与对治方法:"如果为了追寻技术员的浪漫理想而展开经营的话,即使成功了,也不过是牺牲员工而带来的繁荣。但是,公司应该有着更重要的使命。经营公司最根本的目的就是,必须保障员工及其家人的生活,以公司员工的幸福为目标。"

自此,京瓷从以实现稻盛个人理想为目标的"利己"的公司,转变为以"利他"为经营目的的企业。将这样的经营理念彻底贯彻,员工获得的就是安全感、归属感、使命感、一体感。既然这家公司的繁荣与自己的幸福休戚相关,他们就愿意为此全力以赴。

思考至此,稻盛并未停下脚步。他仍觉不足:我的人生只是为了养活照料员工而已吗?作为社会的一员,应当有倾其一生而要承担的崇高使命。于是,他又加上了"为人类社会的进步发展做出贡献"。终于抓住了企业经营"牛鼻子"的稻盛和夫这样总结说:"这种光明正大的事业目的和意义,最能激发员工内心的共鸣,获取他们对企业长时间、全方位的协助。同时,也能让经营者可以堂堂正正,不受任何牵制,全身心地投入经营。"

后来跨界挑战,52岁创建电信业的KDDI、78岁拯救日航,稻盛每一次都必先将"大义名分"进行彻底思考并坚定地一以贯之。因之,次次都敢为天下人之不敢,成天下人所不能成。"追求实现全体员工物质和精神两方面幸福的同时,为人类社会的进步和发展做出贡献",最终演变成为稻盛和夫经营企业的大义名分——这是他所有行为的原点,也是他在强手如林的竞争中,每一次面向未知前行时的唯一灯塔,更是他向员工高效"赋能"的首要前提。

关于"赋能",稻盛和夫的案例实在不少,在此,我们就选取他在创建KDDI前身第二电电后,带领团队克服万难,作为整个赛道中唯一的弱势方,最后却完胜强者的精彩故事。

二、"挑战者"稻盛和夫：KDDI 赋能记

启程

1984 年 6 月，稻盛一手筹划下的第二电电株式会社企划（相当于第二电电株式会社筹备委员会）成立，此时，与之同时竞争的，还有：日本电电公社（NTT）、日本高速通信（TWJ）、日本电信（JT）。

表 2-2　各大入市公司实力对比

参与者	公司背景	经济实力
第二电电（DDI）	京瓷、牛尾电机、西科姆、索尼、三菱等 25 家私人企业，没有任何电信行业的经验，更无政府支持	16 亿日元
电电公社（NTT）	曾是日本唯一的国有企业，如今虽面临改制，但依然十分强大	后顾无忧的国有资本
日本高速通信（TWJ）	以建设省下属的日本道路公团为核心、以丰田公司为第一股东，具有强大的政府背景和资金实力	49 亿日元
日本电信（JT）	依托日本国铁成立，拥有全国铁路网络铺设优先权和上千位通信技术人员	20 亿日元

在通信领域，稻盛没有相关专业知识、没有经验、没有技术、没有基础设施，比起这些背景显赫、资本雄厚、人才济济的对手，可以说几乎一无所有。清醒的世人讥讽他这是"堂吉诃德挑战风车"。这是一次从零开始的挑战。

简析：

既然毫无竞争优势，稻盛又为何要下这局棋呢？因为，他有光明正大的"大义名分"这一"秘密武器"。

1969年，京瓷在美国圣地亚哥建立了美国总部。一天，来这里指导的稻盛看见一位美国干部正和一位美国东海岸的客户打很长时间的长途电话，这让一直强调"经费最小化"的稻盛十分恼火。他训斥道："说话要说重点！打这么长时间的长途，电话费可不是闹着玩儿的！"谁知，美国干部不以为然地回答："老板，电话费根本不足为虑。"原来，美国政府在20世纪70年代就开始推行通信行业自由化，市场竞争让电话费一降再降，使得美国的电话费仅为日本的1/10。

"垄断是罪恶的。"这件事给稻盛留下了深刻印象，为他十多年后建立DDI、在通信行业发起"反垄断"的挑战埋下了种子。因此，发起挑战不是为了自己或企业赚钱，只是为了打破不合理的市场垄断，建设高度信息化社会，全体国民能够以廉价的费用享受到电信科技发展的成果。不但无数国民在这些细微而持续力量中受益，日本作为国家的各项实力也会相应增强。

这绝对是一个"美好的""善良的"动机，过程肯定会崎岖不平，但一定对应着一个美好的结果。正因为已经看到了结果，稻盛果断决定：干！但同时，也因为深知过程的艰难漫长，他用长达半年的时间进行了"心斋"——在这半年的时间里，他每晚都会叩问自己的内心："我的所求是出于正当动机？还是为了出风头、金钱和哗众取宠这样充满私欲的想法？"

他为何要这样做？你既可以相信这是稻盛坚定自己发心和动机的过程，也可将此解读为：这是他要求自己以最纯粹的起点开始，以得到最纯粹结果的方法——在投入这项几乎所有人都认为"完全不可能的"事业前，他必须确认自己"动机至善、私心了无"，未来，在这项事业展开的过程中，才能不忘初心，不为任何外界动摇，最后的结果，才能如今日之所愿。

也就是：纯粹的动机 ⟶ 纯粹的坚持 ⟶ 纯粹的结果
（至善发心为起点）（毫不动摇的信念贯彻过程）（心想事成）

站在起点，稻盛有能力看见终点处的景象——这，正是他与众不同之处。这种能力并非与生俱来，而是在对"因果法则"深入理解后、在知行合一的事上磨炼中炼就出"慧眼"与定力。

道路崎岖

各家公司相继开启筹备工作。此时的第二电电已在稻盛为核心的主导下，以京瓷为第一股东，索尼、牛尾电机、西科姆、三菱为董事会成员。虽然比起另外两家新电电公司来说，资金实力不算强大，但还是有了基础保障。此前，稻盛还用他对人才的独特辨识力以及对事业独有的信心和热情，从电电公社邀请到了一位有着强烈抱负而不得志的工程师千本倖生，再经由千本，招募到了小野寺、片冈增美、种野晴夫这些同样身为电电公社工程师的各类电信人才——这群人甘愿放下稳定的工作，跟着一个在电信行业毫无基础、街道出身的"零件制造商"赤手空拳打天下，究竟是为了什么？

回忆起第一次在京瓷的迎宾馆"和轮庵"见到稻盛时的情景，小野寺依然能再次想起被稻盛"点燃"的经历：以一句充满悲愤的"日本的电话费太高了"作为开场白，稻盛口若悬河、滔滔不绝："现在是日本通信行业百年一遇的变革期，不会再有像现在这样、在这个行业从零开始的机会了。"

尽管已在社会上摸爬滚打好多年，理应宠辱不惊，然而，稻盛饱含热情的一席话还是令小野寺等人不再留恋安稳的电电精英贵族式生涯，而是如初生牛犊一般生起了想用自己掌握的通信技术闯出一片天的彩色理想。就这样，一个"自燃型"的人，点燃了一群"可燃型"的人；而这群"可燃型"的人，也很快成为"自燃型"的人。

简析：

当初被稻盛盛情邀请的人才，还不止这些人，为什么是他们成为稻盛的伙伴？又最终成为第二电电的开创者？

因为，在他们的内心深处，同样有着对社会现实的不平感——垄断带来的不公正、庞大的官僚组织往往难以善待德才兼备的人才，空怀济世之抱负却被庸常的现实挤压，眼看岁月空过，年少时的梦想毕竟成空。

稻盛和新生第二电电的出现，稻盛的初心、对美好蓝图的描画、坦率的性情、宽广的心胸、长远的视野、先进的经营理念、科学的筹策以及他对心之道、行之道的思考——这一切，都将众人即将熄灭的梦想重新点燃。

从根本上来说，这群愿意跳出舒适区，选择稻盛和前途未卜的DDI的人，是一群不甘被现实打败的人。因此，他们才勇敢地走向自己相信的那个未知，自断后路、放手一搏。

只有怀有一致信念，才能共同面对大风大浪，无论或顺或逆都能成为"共同欢笑、共同流泪"的一体团队。

52岁那年，早已功成名就的稻盛，带领十八少壮重新启航——哪怕在人们眼中已是年过半百，但知天命者，便能无所畏惧、不停不歇，开启第二次人生的探险。

当年的誓师大会上，公司上下团聚在一起，一边喝着烧酒品着美食、一边畅谈每个人对电信事业的雄心和抱负，在一言不发认真听完大家的发言后，稻盛谈起了自己对第二电电的抱负："同拥有百年技术传承及雄厚资金实力的电电公社相比，我们就是赤手空拳、家徒四壁的赌徒。我的目标是'发起日本电信事业的正当竞争、降低国民电话费用'。如果单论我对这个目标的执着程度、为此事业的无私之心，我自认不输给任何一个人。

"历史上，面对难以突破的重大困难，最终取得成功的往往并不是知识、技术、资金兼备的有能者，而是资源贫乏但志向坚定的有志之人。大家有没有信心做有志之人呢？请拿出激情来，开动脑筋，让我们去努力、去挑战、去创造！取得事业成功最重要的是我们的本心。众志成城，大家的坚持就是我们攻克难关的秘密武器！"

简析：

那一次参加了誓师大会，聆听完稻盛这番激情四射的讲话，第二电电团队成员山森当时还没有特别强烈的感触。但在两年真枪实弹的艰苦创业后，一次次的失败、一次次的咬牙坚持，以及终于还是出现的那道曙光，让山森在回忆起稻盛的这番话时，找到了自己存在的意义："我们不是这架机器中一个可有可无的零件，而是作为一个富有创意、富有热情的人被寄予厚望。这殷切的期盼就是我努力拼搏的原动力啊！"

激情，虽然看不见，但却是一种可以传染的能量，它不仅能鼓舞人心，更能经由人心的振奋创造出实实在在的物质成果。

稻盛始终是一个善于用自己的激情打造同样充满激情队伍的人。借用"空巴"这一形式，哪怕发着高烧、打着点滴，他也会竭尽全力，与全员促膝谈心，将自己的展望与构想全盘告诉员工。话说尽时，他常常感觉自己已经虚脱，似乎将全部的能量，原封不动地转移给了员工们。他把这叫作"能量转移"。

1984年6月，各小组在迅速展开了对卫星、光缆、微波等各种通信方式的可行性调研后，集中进行了一次说明和讨论，对这次的调查所得到的结果，稻盛总结道："从调查结果看，形势的确不容乐观。不过，现在这点麻烦只不过是正餐前的开胃小菜罢了。等到前方无路、山穷水尽之时，才是我们拓荒工作的真正起点。我希望大家能够不放弃、不焦躁、不妥协，再下功夫，拿出勇气，继续调研，深挖每种通信方式的可能性。"

"深挖各种可能性"——稻盛自己也是这样做的。没有沿铁路铺设光缆的权利，那就试试与国铁沟通，寻求他们的支持？哪怕在对方看来这只是异想天开，也要大胆一试！机会往往就是这样出现的！于是，稻盛亲自上门拜访了竞争对手——国铁总裁仁杉严。

当稻盛提出"国铁在沿新干线铺设光缆的时候能顺带帮我们铺一条吗？"这一请求后，仁杉严顿时目瞪口呆、不敢相信。他反问道："你知道你在说什么吗？"稻盛并不放弃，继而慷慨陈词，对当年68岁的仁杉严陈述垄断的不公平性，独占国家和公共财产，日本 Telecom（JT）是在进行不正当竞争。最后，仁杉严还是同情又无奈地给出了他的答案："这不是明摆着没有可能性的事吗？你说的是在现实中没有可能的事啊，稻盛君！如果实在没有构建通信网的方法，也没有必要非钻这个牛角尖不可。在企划阶段就放弃了吧！"

简析：

在此，牛顿思维与量子思维正面相遇了。

仁杉严严格按照日本社会沿袭已久的做法，于是毫不犹豫地肯定DDI希望国铁顺带帮助铺设一条光缆的请求是"在现实中没有可能的事"。我们或许可以推断，所谓封闭的"老人"世界，是一个由传统和权威早已决定妥当的世界。每个人的命运早已注定，在这个世界中遵守各自需要遵守的规矩就好。现实中没有的事，也是绝无任何可能"无中生有"的。

而在稻盛看来，去找仁杉严争取支持，得到肯定答复的概率并不大。但他相信：去尝试，就总有可能；不去，就完全没可能。也就是说，稻盛看见了世界的实相：每一件事情背后，都必然存在"可能性"，只是"概率"不同而已。只要去做，自己想要得到的那个结果的概率只是一个高低，但至少不会为0；不做，那就一点机会都没有。

仁杉严与稻盛和夫，时年68岁和52岁的两位经营者，年龄并不悬殊，但对世界的看法却有着本质的区别。看来，年龄并非勇气和信念的决定性条件。与时俱进的思维方式与旺盛的生命力可以出现在任何时代、任何年龄的人身上。同时，从此事中我们也可以清楚看到：稻盛确实是一位"自燃型"、身先士卒式的领袖人物。在激励团队伙伴"不放弃、不焦躁、不妥协"，竭尽全力"深挖各种可能性"的同时，他自己也毫不懈怠、率先垂范，明知被拒绝的概率极大，却还是放下脸面，无所畏惧地在大人物面前说出自己的请求，以及这请求背后的理由。

那时，他一手打造的京瓷已经功成名就，或许在仁杉严这样的人物面前可能也不算什么，但能放得下52岁的大丈夫身，非"大义名分"加持而不可为。由此亦可知，难行能行、难忍能忍，要做到一般人做不到的事，心中就必须装着更多人的幸福。

正当寻求线路铺设方式屡战屡败、第二电电的工作陷入僵局之时，将JT、JWT和第二电电三社一体化的呼声开始出现并很快愈演愈烈，一旦变为现实，这就意味着当时最弱小的第二电电出局，这是稻盛等人坚决不愿接受的。

此时此刻，绝境似乎开始步步逼近。这样的情况，令京瓷副社长，也是这次稻盛创建第二电电的左右手森山信吾都绝望了："没戏了，真的没戏了！"

"现在说这话还为时过早，一切才刚刚开始。"虽然心中也毫无头绪，稻盛还是依然坚定地相信、坚持着。很快，这年9月，出于对有效实现民营化和自身利益考量，电电公社总裁真藤恒主动出手，帮助第二电电破冰，用"东京大阪间尚有一条富余线路"为第二电电打开了微波通信的大门。

简析：

第一次，在艰苦努力和耐心的等待后，第二电电迎来了转机。在这个转机出现之前，当面临极大困境、前方似乎无路可走的时候，作为领头羊的稻盛，保持了难得的笃定。

因为他深知一旦自己乱了阵脚，其他人自然瞬间军心涣散，所以哪怕自己心里也没底，但至少表面上也要做出"毫不畏惧"的模样。这是当时的情况下，他对伙伴们最好的保护。不难想象，焦虑和压力在如何煎熬着他的内心，但表面上他却不动声色，不断激励着大家。

正如他在讲解"燃烧的斗魂"时所说："没有这种气概，经营者就不可能得到员工们由衷的信赖。这种英勇的气概，来自强烈的责任感——无论如何也要保护企业、保护员工。这种担当，使经营者勇敢而坚定，哪怕粉身碎骨也在所不惜。"

无论如何也要保护企业、保护员工——这就是"大义名分"的具体体现。不顾自己，只想着他人，哪怕粉身碎骨也在所不惜，能令经营者自己勇敢坚定，也能让这些被经营者保护着的人更加信赖他，坚定地守护在他的身边。

以命护命，以心换心——这，就是顶级的"赋能"。

三个难题的破解

1985 年 4 月，第二电电株式会社正式成立。在随后铺设微波网络，建立微波基站的过程中，全体成员都在不断经受着考验。他们一起想办法、共渡难关，用巨大的耐心同各种意想不到的胶着局面打交道。在大伙的合力下，1986 年 10 月，专用电话网络即将投入使用。

此时，却出现了另一个难题：专用电话的客源问题。不同于国铁所辖的 JT 和建设省与丰田公司为首的 JWT——日本有名的零件、原材料、服务大买家，它们广大的贸易关系网络使其形成封闭性，也自然成了第二电电的销售壁垒，有意无意阻断了大大小小的客源。激烈的交锋中，第二电电节节败退。

很快，稻盛就想到了解决方案：抓住本质，从根本上解决问题。"本质"是什么？"根本"到底是什么？于是，稻盛再次将大家带回发心创建第二电电的那个原点——发起电信事业的正当竞争，打破垄断，降低国民电话费用。既然如此，那么就从这里开始推导：

原点	发起电信事业的正当竞争，打破垄断，降低国民电话费用
销售对象	绝大多数因价格原因还未享受到电信便利的个人消费者
销售策略	用一年时间实现销售目标的转变： ·从目前以企业客户(to B)为目标的专有线路销售转变为以个人、家庭和小商店为主(to C)的长途电话业务并在一年内达成高目标 ·对 to B 和 to C 两个市场的情况，稻盛专门研究过——专有线路服务的市场规模每年只有 400 亿日元，而个人服务可以达到 8000 亿日元

具体措施	・成立专门面向 to C 的长话业务销售部，投入一半销售人员 ・在"全国电话安装业者协会"的帮助下，取得了电话安装公司的名单，挨家挨户登门拜访，盛情邀请合作 ・作为主要代理商，各家电话安装公司开始帮助推销 DDI 的电话业务。电话安装公司在中小企业和个人用户中有极大的影响力 ・将销售电脑器材的 OA 销售商也纳入代理商范围，同样一家一户地进行诚恳交流 ・与商场、超市合作，在商场内设立可当面受理长途电话申请的服务柜台

稻盛一再强调：第二电电绝不能像 JT 和 JWT 这样的"有产者"一样，如果由他们来做，很有可能把长途电话业务这样覆盖域广的业务代理交给某个在全国范围内拥有销售网点的公司。但第二电电不同，必须完全依靠自身力量、亲力亲为，赤手空拳打开市场。只有如此，这样的市场才是真正属于自己的市场，这样赢得的消费者才能紧密地与自己联系在一起，主动权才能牢固地掌握在自己手中。

简析：

稻盛坚持让第二电电依靠自身力量打开市场，这也是一种赋能——既是对员工的赋能，也是对消费者的赋能。

稻盛说过，赋能，就是一种"能量转移"。让员工靠自己的努力和思考去打开市场，在这个过程中，他们会直面消费者。为获取对方的信任甚至信赖，他们必然会用创办第二电电的"大义名分"去感动消费者，而要感动别人，必先感动自己。这样一来，他们就需要持续地为自己赋能。

而当直接接触到这些全力践行第二电电理念的销售和技术人员时，消费者们也一定会被他们身上充溢的激情、高度的专业以及由"大义名分"而生发出的真实幸福感所感染，能量便在不知不觉中传递。稻盛和夫一个人的能量，就这样通过无数一线员工被转移到了广大的消费者身上。

而以这种方式建立起来的市场，比起把销售交给外包商而建立的市场具有无法比拟的"结合能"，企业与消费者之间的连接极其牢固，很难被外力打破。

在第二电电率先展开长途电话营业体系搭建的过程中，稻盛又未雨绸缪，着手打造一个能吸引消费者的独特卖点：适配器。

稻盛预见到一个客户痛点：当时，在拨打长途电话前，用户必须首先输入政府分别为三家新电电公社配置的四位数的识别号码（第二电电抽到了还不错的 0077），然后才能拨打自己的号码，这无疑增加了用户使用时的麻烦，用现在的话来说，就是降低了用户体验。

想要用独特的卖点吸引消费者，找到能够自动接通、免去识别号码步骤的适配器成了第二电电的当务之急。最初，当时正年轻的孙正义创立软银不久，他主动找到稻盛，自荐能提供适配器。很快，孙正义拿出了令稻盛一方十分满意的成果，但双方在"使用费"问题上产生了不可调和的分歧——第二电电坚持一次性买断，而孙正义则要求每年缴纳使用费。

技术员出身的稻盛不愿受制于人，他当机立断：自主研发适配器！就算只剩 9 个月时间，也要拿下！适配器开发团队火速成立，六位工程师节假日无休、每天不知疲倦地干到深夜，加上营销团队好消息连连、工作热情不断高涨，整个第二电电里，洋溢着忘我的澎湃气氛。

适配器很快研发成功，接下来的问题就是怎么把这个机器卖出去：如果价格过高，就没法普及；但如果价格过低，会让第二电电元气大伤。公司内部为此议论纷纷，而在听取了所有方案后，稻盛闭着眼睛想了一会儿，说出一句令所有人都吃惊的话："我们免费提供这个适配器吧！"

"啊！公司会因此而垮掉的！"——这是当时很多人的第一反应，大家实在无法理解稻盛的这一想法。然而，后来的事实很快证明，稻盛的决定是万分正确的：正是这个"免费适配器"的出现为第二电电迅速打开了局面，使之一跃成为新兴军团的领头羊。

利他才是最大的利己！在稻盛和夫"利他/自利"这一对立又统一的量子思维指导下，首先从消费者立场出发，自己先毫不犹豫地全然"放下"，看似短期吃亏，却能成就长远的"双赢"未来。

然而，还有第三个难题：电电公社要求的附加费问题。

由于三家新电电公司的长途线路都只有连接到电电公社的本地线路后，企业和终端消费者才能使用他们提供的业务。所以初期，新电电都与电电公社达成协议：只要新电电的电话费用定价合理，处于不会对电电公社构成市场威胁的价位，电电公社便不会向他们收取使用附加费。

但就在临近正式运营几个月时，电电公社又推翻了自己的承诺，强硬要求新电电要向其交纳使用费。而一旦交纳使用费，将对第二电电造成极大的运营压力。

受稻盛派遣，社长森山不断与电电公社就此进行交涉，但对方态度一直非常坚决，绝不松口。每一次，当森山向稻盛汇报情况时，电话那头的稻盛总是同样的风格："继续跟他们磨，一定要把他们给磨过来。""不要管别人怎么说，总之不要放弃、继续交涉就对了。你忘了'等到前方无路时，才是拓荒工作的真正起点'。"其实，当时的稻盛与森山一样无奈、失望，但他依然鼓励着伙伴，使其保持着必胜信念。

一个突如其来的消息，瞬间解决了所有暗淡：电电公社决定，维持之前与新电电已经达成的协议，不再收取使用费！如此意外的好消息，除了电电公社的人为因素，这不能不说，是来自上天的相助！

挑战成功

1987年9月3日，长途电话业务开通前一日，三家新电电公司的负责人在东京一家饭店召开新闻发布会。其间，三家公司公布了各自的用户数：JT公司：27万，JWT公司：15万，第二电电：45万！

第二电电以压倒性优势后来居上，从"绝对的弱者"一举跃居榜首，让所有人见证了"奇迹"的诞生。

在阐述第二电电领先的理由时，稻盛和夫说："因为完全是从零开始，而且只能赤手空拳地开始，所以我没有被以往的常识所束缚，而是拿出智慧，创意创新，全公司团结一致，在逆境中求强大，努力地拼搏着。"

在庆祝酒会上，看着克服各种艰难险阻、扭转了乾坤的稻盛和夫，索尼创始人盛田昭夫说："在艰难的情况下，取得了如此的成果，亲身躬行创造了成功的奇迹，此举非稻盛先生不可。"

正是当年受稻盛"如果日本的通信事业持续被电电公社垄断，那么日本经济的百年大计将彻底无法实现"的大义名分所感召，盛田决定索尼投资成为新电信事业的发起人之一。受盛田昭夫钦点，在由索尼调去支援第二电电并出任营业本部长的栖原常荣看来，第二电电成立初期，来自不同企业的思想各异的员工之所以能够团结一心，就是因为稻盛和夫提出了"要降低日本的电话费""为此就要向改变日本的通信事业这个百年大计发起挑战""动机至善、私心了无"等理念。这种理念和大义名分，让一家初出茅庐的通信公司汇成了一股强大的力量。如果没有这种理念和大义名分，大家在一起只是一群乌合之众。

当年，几乎所有人都觉得"新电电中，第二电电最有可能经营不下去"。结局却是完全不同。再后来，为真正打破垄断、实现与NTT分庭抗礼，稻盛和夫说服IDO和KDD的最大股东丰田进行合并。但到底是"对等合并"还是"吸收合并"？基于"为消费者提供优质的产品和服务才是企业经营的根本"的原理原则，稻盛强调，为减少内耗，必须明确新公司的经营主体责任，他主张由三个公司中经营业绩最好、管理基础最扎实的DDI执掌主导权。丰田汽车的体量与影响力远大于京瓷，这个说服工作并不容易，但稻盛最终以热情和诚意打动了丰田的奥田硕会长，合并案顺利谈妥。2001年，由DDI、KDD、IDO三家公司合并后的KDDI株式会社进入了世界500强。

这，就是当年"无产者"第二电电传奇般的成长史。

结语：敬天爱人的真义

深信"心"具有无穷力量的稻盛和夫，从不受困于既定现状，他总在突破、突破、再突破，总在创造"无中生有"的故事。

无：看不见的能量。有：看得见的物质。"无"如何成为"有"？为"心"赋能！提升追随者"心之力"，这是最高层次的赋能。这在企业经营上就体现为：明确事业的目的与意义——确立正大光明、符合大义名分的崇高目的。稻盛和夫说："事业的目的和意义还是尽可能以高层次、高水准为好。"

量子力学是一门关于"可能性"的科学。虽然核外电子出现在高能阶的概率极小，但并非全无可能，一旦电子被赋予更高能量，它就能发生向上"跃迁"。当更多的电子被激发到高能态，实现能级反转，威力无比的激光便会被创造出来。

基辛格说："领导者就是要带领人们，从现在的地方到达他们还没有去过的地方。"成功的道路其实并不拥挤，因为能持续保持高能量的人很少。"以跑百米的速度跑马拉松"——这是稻盛和夫的坚定信念和贯穿其企业人生的持续实践。看似不可能的事，因为有持续不断的赋能而终成奇迹。

赋能员工，点燃生命——这既是企业家的使命，又是宿命。这，也是稻盛和夫将"敬天爱人"作为京瓷最高经营原则的核心要义。

敬天爱人，通常的理解是要尊重规律，用仁爱之心爱人。而在稻盛和夫看来，敬天爱人还有更深切的内涵：敬畏和爱护每一位员工无限的潜能并将其激发出来。

2300年前,亚里士多德曾说:"世人不分男女,都以追求幸福为人生最高目标。"什么是幸福?真正的幸福,最愉悦的时刻通常发生在一个人为了某项挑战性任务而100%专注投入,把体能与智力都发挥到极致的时候。

这正是"稻盛流"经营的核心:每次挑战高目标,通过赋能激发员工潜能,就是一次"追求实现全体员工物质和精神双幸福"的良机。这才是真正的、大写的"爱人"。

第 3 章
观察 / 判断基准——作为人，何谓正确？

此心光明，亦复何言！

——王阳明

如果被私心杂念所束缚，就看不到问题的本质。反过来说，提高心性、达到纯粹的精神状态，就不会产生错误的判断。

——稻盛和夫

一、不确定与确定：世界的变与不变

两次改变历史的判断

1941 年，二战正处于白热化阶段。德国约 430 万大军兵临莫斯科，斯大林在欧洲已无兵可派，想调回远在西伯利亚中苏边境驻扎着的约 60 万大军。斯大林一直在揣度德国盟友日本人的心思，日本人究竟是选择北上夹击苏联，还是南下挑战美国？

彼时，弄清日军动向，就成了当时在日本本土执行任务的苏联间谍佐尔格的首要任务。这是一项极其重要和艰巨的任务。按佐尔格作为苏联驻日记者身份，几乎不可能直接从日本政府那里获取有效信息。当时，有人甚至建议佐尔格从日军的军装配备来判断他们是北上寒冷的西伯利亚还是南下温暖的东南亚。

1941 年 9 月，佐尔格还是根据从日本首相身边获得的情报以及来自日本军方的消息，经综合分析，得出了最终判断，并将"日本将南下"发给了莫斯科。斯大林迅速决断，于是，约 60 万为防范日军而镇守远东的苏联红军被调去增援莫斯科，成功粉碎了希特勒的企图，历史就此发生了大转折。

一次判断，决定了世界的命运。五个字的信息，字字价值千金！

同样是二战。在英国和德国的空战中，英军的轰炸机和飞行员战损率一度超过 50%，当时英国军部研究的一大课题就是找出轰炸机的哪个部位最易受到攻击，然后在此安装装甲加固，以提高飞机的防御能力。英国军方在研究了那些从空战中成功飞回来的轰炸机后发现：飞机上被打到的弹孔主要集中在机翼、机身和尾翼，因此研究人员提议在这些弹孔最密集的部分用装甲加固。

这一建议却被统计学家、"数学战士"瓦尔德否决。瓦尔德连写了八篇研究报告，指出这些千疮百孔的轰炸机是从战场上成功飞回来的"幸存者"，因此它们身上的弹孔对于飞机来说算不上致命。

要想挽救那些轰炸机及其飞行员，更正确的方法应该是：去研究那些被打中并坠毁的轰炸机——只有研究那些没有成功返航的"倒霉蛋"的中弹部位，那里才是真正需要加强的地方。

在敌后方找到那些坠毁的飞机很难、很危险，但并非毫无办法。瓦尔德反其道而行之，通过研究那些中弹后返航的"幸存者"，并对其没有中弹的部位——飞机座舱和机尾部位进行加固。

死人不会说话，而恰恰是那些没说出的话才隐藏着更关键的信息——这便是"幸存者偏差"。瓦尔德的建议很快被采纳。事实证明这一建议完全正确，它成功挽救了成千上万飞行员的生命，极大减少了英国有生军力的损耗。

二战中两段真实历史告诉我们，基于准确信息基础之上的正确判断能够消除不确定性，决定战争成败。

从不确定性原理到施普伦三角

1927年，海森堡提出"不确定性原理（测不准原理）"：人类无法同时测准一个粒子的"位置"和"速度/动量"。如果其"位置"越确定，则"速度/动量"就越不确定；反之亦然。这是粒子的内在属性，是一个"原则性"问题，与测量仪器精密度无关。

为解释"不确定性原理"的发生机制，海森堡进一步提出"波函数坍缩"：在测量/观察前，我们完全无法知道一个运动着的粒子到底在哪里，它弥散在整个空间，没有固定的位置；当观察/测量一旦发生，粒子瞬间就固定在了某一位置，此时，我们才能确切地知道它在哪里。

这被概括为观察者决定被观察者。观察者，也可以说是人的意识。这告诉我们：人的意识参与了对现实的创造，我们每个人对世界到底成为什么模样都负有责任。因此，怎样从日益复杂、易变又不确定的环境中一举抓出隐藏着事物真相的信息，进而做出正确的选择判断就成了解决问题的关键。

瑞士物理学家施普伦提出"施普伦三角"模型：完成一件事需要消耗时间、能量和信息三种资源。其中能量和时间之间是相互代偿关系。如果时间资源消耗多，那么能量资源消耗就少，反之亦然。比如愚公移山，有了这样的时间长度，能量与信息要求就不高；而在"没有谁比谁傻5秒钟"（马化腾语）的移动互联网时代，成事时间被极大压缩，就需要消耗更多能量、获取更精准的信息。所以互联网公司的"996"工作制某种程度上便难以避免。

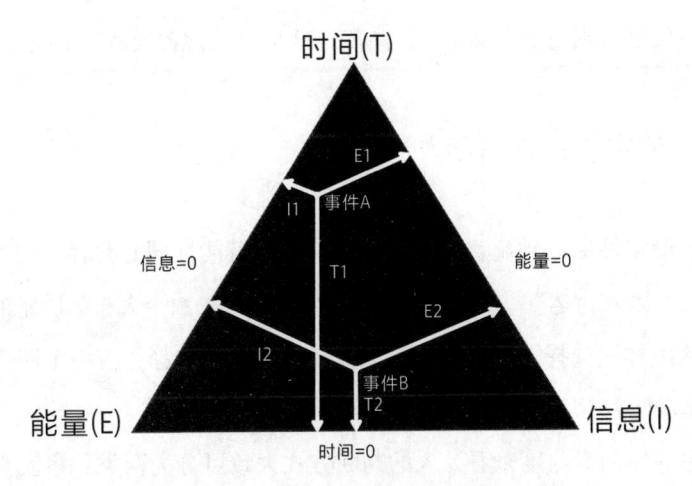

图 3-1 施普伦三角

因为，施普伦三角中，时间、能量是一对共轭量①，同样遵循着不确定性原理。我们可以用不确定性原理中的动量对应施普伦三角中的能量，位置则对应着时间。即：动量—能量、位置—时间。

如何解决事件推进过程中结果的确定性呢？根据施普伦三角，应对不确定性，在时间有限、能量一定的前提下，最关键是靠引入有效信息。正如前述极大影响二战战局的两个案例，信息发挥了决定性作用。

"信息论之父"香农将信息定义为："用来消除随机不确定性的东西""信息是不确定性的辨析度"。信息不是物质，也不是能量。信息的本质作用是降低能量损耗，提高能量的使用效率。在这个时代，无论是个人、企业还是国家，谁率先破解了相关信息，谁就占据了制高点，谁就更有可能胜出。这就涉及在很多未知的情况下，如何筛选出有效信息，选择判断基准就成为关键。

身为企业经营者，企业经营的每一天都是"现场直播"，如何"在线"做出正确判断？如何使每一次判断成为企业进阶的有力保障？如何在信息爆炸的时代里实现与"不确定性"共舞？这是对经营者的最大挑战。

判断的本质：去芜存菁

从不确定性原理到施普伦三角，从"各种可能性同时并存"到"一花一世界，一人一命运"。如果"命运"很大程度上是由个人自己决定的，那我们应该怎样"选择"才能心想事成呢？这样的"选择"有一个明确统一的判断基准吗？

从主观性的参与度来看，人的判断方式大致可分为两类：事实判断和

---

① 共轭量：指在量子力学中其算符不对易的物理量。比如位置和速度，时间和能量就是一对共轭量，人们能对一对共轭量之一进行测量，但不能同时测得另一个与之共轭的量，比如对位置进行测量的同时，破坏了对速度进行测量的可能性。共轭量满足"不确定性原理"。

价值判断[1]。对事物本身事实的描述和指陈判断称为事实判断，如"这朵花儿是红色的"；对主客体之间价值关系的肯定或否定性判断称为价值判断，如"这朵花儿很美"。

对于事实判断，人们相对容易达成一致：计算公式、事实，数据就摆在那里，是就是，不是就不是。而价值判断就不一样了：我说东北菜好吃，你说粤菜更好，各有各的口味，谁也代替不了谁，自然谁也说服不了谁。

为什么呢？因为事实判断和价值判断之间存在一条鸿沟：事实判断在最大程度上排除了个体主观意志的参与，比如对科学的研究风格可能会有不同，但科学是对客观规律的认识，真理只有一个，不存在东方科学、西方科学，因此标准几乎是单一的；价值判断则是由个体的自由意志做出，而每个人的自由意志、三观又是千差万别的。

虽然从究竟的意义上说，事实判断与价值判断之间的划分只具有相对意义——按照量子论对世界的解释，事实本身也是由于"观察者"的参与才发生的，所以，事实也因为观察者的存在而具有了某种"主观性"，也就是说，哪怕是"客观事实"，也存在着"价值判断"。因此在这里，我们暂且站在便于理解的角度，用"事实判断"和"价值判断"的简化概念来切入需要解决的核心问题：判断基准。

当我们厘清事实判断和价值判断的基本概念后，就很容易明白：在企业里，事实判断可理解为结果。但达成结果的过程却需要一刻接一刻的价值判断，因为不同的价值判断会导致员工做出不同的选择。因此，只有建立高度同向的价值判断基准，全员才能达成"共识"，有了共识才会有"共创"，有了共创才会有"共幸福"。因此，达成共识是企业的最高成本！

关于事实判断和价值判断，执着探索事物本质的稻盛也曾专门以"心灵结构"为主题进行过详细分析。

基于对哲学和佛学的深厚积淀与深刻思考，稻盛认为"人的心灵呈现多

---

[1] 事实判断和价值判断：这是两个哲学概念，并在逻辑学、法学等领域也有应用。各种流派对两者的解读也各有不同，历代哲学家对此的争论令人望而生畏。本文为了简化理解的过程，以方便读者上达需要解决的中心问题，在此便不做繁复的论证，仅以两个概念直接切入对判断基准的探求。

重结构，由多个同心圆组成"。同心圆包含的五种心灵作用从外至内依次是：

知性——后天掌握的知识、道理、逻辑。

感性——主宰五感及感情等精神活动的心。

本能——维持肉体所需要的欲望等。

灵魂——裹在真我外层的、现世的经验与业障。

真我——位于心灵中心的内核，充满真善美。

图3-2 心灵结构

每种心灵作用外化为不同的判断。其中：

"知性"对应着"逻辑判断"。

"感性"对应着"好恶判断"。

"本能"对应着"得失判断"。

"灵魂"对应着"经验/潜意识判断"。

"真我"对应着"是非善恶、天理良知判断"。

知性，也就是一个人通过学习和积累，在后天掌握知识基础上的逻辑推理、实验验证，大多可归于事实判断，是相对统一的。而感性、本能、灵魂和真我都属于价值判断。其中"真我"属于最高层级的价值判断，进入到了佛家讲的"开悟"阶段。

对于"真我"，稻盛是这样解读的："所谓真我，是形成心灵核心的'芯'，是'真的意识'。佛教称之为'智慧'。一旦达到真我境界，'就能通晓贯穿于宇宙的一切真理'。真我'就是宇宙的睿智本身，就是万物的真理，一切事物的本质。这样的真我存在于我们心灵的正中央，它充满着爱、真诚以及和谐，兼备真、善、美'。"

稻盛说："所谓磨炼心志，就是从心的外侧向着内侧，像研磨镜片一样，一层层磨掉位于真我外侧的障碍。首先磨去最外层的知性到达感性，感性磨去之后到达本能，再磨掉本能……到最后真我完全展露，这种从外向内彻底的心灵磨炼就是修行。所谓开悟，就是指磨炼心志到达真我的状态。然而，普通人最后也到不了开悟的境地，凡人磨炼心志要达到真我的程度几乎是不可能的。"

对此，大哲学家苏格拉底也曾幽怨地说："只要我们不脱离肉体，我们的灵魂就会被不完美的肉体所玷污，我们就会迷失在对真理的追求中。"

看来，作为人，我们都面临着同样的挑战。有办法解决吗？稻盛的方法是：运用理性和良心来抑制感性和本能，努力去控制它们，也是一种有效的接近真我的路径。在经营企业的过程中，稻盛和夫也曾为"到底以什么作为判断的基准"而苦恼不已："只是觉得仅仅依靠出自'本能'的损益算计，或仅凭'感觉''感情'，乃至'理性'来判断事物、做出决定仍是不够的。最终必须以藏在'灵魂'深处的'是非对错、好坏善恶'作为判断基准。这就是原则，是从小父母、老师教导过我的最朴实的道理。想明白怎样做出判断后，从此，我不拿'赚还是亏'做基准，也不拿'赚钱多或少'做基准，而是用'作为人，何谓正确？'也就是'利他'这一原则作判断基准，从这一点出发去经营企业、去应对和解决一切问题。"

无独有偶，大科学家爱因斯坦也有过类似的观点。20世纪60年代，普林斯顿大学校报的一名学生记者去采访爱因斯坦。这个年轻人问："作为当代最伟大的科学家，您觉得什么是这个时代最重要的科学问题？"

爱因斯坦回答说："年轻人，如果真有什么关于最重要的科学问题，我想就是：这个世界是善良的还是邪恶的？"

这个年轻人追问："先生，这难道不是一个宗教问题吗？"

爱因斯坦说："这不是。因为如果一个科学家相信这个世界是邪恶的，他将终其一生去发明武器、创造壁垒，创造伤害人的东西；他会把人隔得越来越远。但如果一个科学家相信这个世界是善良的，他就会用尽一生去发明联系、创造连接，去做那些能把人们联系得越来越紧密的事情。"

爱因斯坦这个回答于次日刊登了出来，影响了很多人。

稻盛和夫说："人的心中，存在'慈悲'和'爱'这样的'善心'，同时，也存在着为欲所迷、只顾自己的'恶心'，善恶在我们心中同居。抑恶扬善，是我们每个人应该努力做到的。这样，我们面临的许多问题就能迎刃而解。"

价值判断归根结底又可分为"利他"和"利己"两类。

什么是人格？人格 = 利他 / 利己

在稻盛看来，利他和利己的比例即人格。稻盛和夫是人不是神，他的人生，就是一个在判断事物前，坚持以"作为人，何谓正确？"这样一个问句与自己的内心对话中，不断提高"利他"、减少"利己"比例的过程，最终锤炼出了"心纯见真"的本领。

经由不断的事上磨炼，稻盛说："我意识到，或许正是在思考时摒除自我，这才使得我总是可以保持宽广的视野。当我们凡事都不离'自我'时，就会把自身封闭进一个非常狭隘的世界。反之，如果我们能够超越'自我'，那么我们的世界观和宇宙观就会自然地发生改变。我的感觉是，超越'自我'反而能够获益，而一旦执着于'自我'，则必会迷失在世界当中。"

"学会用最基本的道理来判断最复杂的事物。"——这既是稻盛和夫的肺腑之言，更是他身体力行的不懈修炼。

因此，价值判断，稻盛所说的"最基本的道理"，就是"作为人，何谓正确？"。这一判断基准充满了人类穿越千年的智慧，代表着与宇宙的意志相协调，代表着选择站在人类历史正确的一边，代表着作为人共有的良知，代表着做时间的朋友……其本质就是在纷繁复杂、眼花缭乱的信息海洋中能够迅速去芜存菁，减少我们的能量损耗，提高我们能量的使用效率。

利他就是最大利己的科学证明

"囚徒困境"与"纳什均衡"

作为相信科学论证的现代人，我们就从科学的角度入手，来推导一下"利己"和"利他"到底是哪一个更好地推动了人类社会的发展。

1994年提出了"纳什均衡"的约翰·纳什获得了诺贝尔经济学奖。纳什获奖的原因是用数学语言证明了"利他＝利己"。

要理解"纳什均衡"，最通俗简易的方式，就是从著名的博弈论模型——"囚徒困境"说起：假设有两个小偷A和B联合犯事被警察抓住。警方将两个人分别置于两个不同房间内进行单独审讯，对每个犯罪嫌疑人，警方给出的政策都是：坦白从宽、抗拒从严。

- 如果一个嫌犯坦白，交出了赃物，于是证据确凿，两个人都被判有罪。
- 如果另一个嫌犯也作了坦白，则两个人各被判刑8年。
- 如果另一个嫌犯没有坦白而是抵赖，则以妨碍公务罪（因已有证据表明其有罪）再加刑2年，而坦白者有功被减刑8年，立即释放。
- 如果两个人都抵赖，则警方因证据不足不能判两个人的偷窃罪，但可以私入民宅的罪名将两个人各判入狱1年。

表3-1 囚徒困境博弈

A\B	坦白	拒供
坦白	8,8	0,10
拒供	10,0	1,1

最通常发生的情况是：A和B是隔离的，从心理上说，两个人都会怀疑对方出卖自己以求自保，于是都会从利己的目的出发进行选择：假如他坦白，我抵赖，得坐10年牢，而我坦白最多才8年；假如他抵赖，我坦白，

那我可以被释放。

所以，不管他坦白与否，对我而言都是坦白了划算。最终结果是什么？是两人都动这样的脑筋，两个人都选择了坦白，两个人都被判8年，结果是"双输"——为自我利益的最大考量换来的却是自我利益的最大损失！

这种判断的动机和选择方法正是亚当·斯密在《国富论》中说的"看不见的手"。他认为，市场中如果每个人事事都以自己的利益最大化为出发点，那么到了最后，这种普遍的利己之心就会形成一股无形的强大力量来影响市场，这种力量被他称为"看不见的手"，这只"看不见的手"能使整个市场乃至全社会自然变得更好而最终实现"利他"。这就是斯密的"利己＝利他"理论。

而纳什却恰恰发现了"这只手"的问题，他找到了斯密的漏洞：在"看不见的手"发挥作用之前，市场中的每个人首先会用"看不见的小心思"盘算自我得失："囚徒困境"中为什么警察几乎每次都能赢？就缘于犯罪嫌疑人都有一个"小我"而无视另一人的得失。

纳什通过严谨的科学恰恰证明了"利己≠利他"：如果我们都从自己"小我"利益最大化目的出发，那么最终的结果只会是"损人不利己"。

幸运的是，在"囚徒困境"中，A和B还拥有选择的余地。如果两个人都为对方考虑，他们就会这样思考：假如我抵赖，他坦白，他将无罪释放；假如我抵赖，他也抵赖，那谁也抓不住把柄，最多判一年；可是如果我坦白了，那么不管他怎样，他都会至少被判八年以上。最终结果是什么？如果两人都这样想，那么两人都选择了抵赖，两人都只判1年——综合利益达到最大化。

通过"纳什均衡"，用数学证明在困境中博弈双方的最佳选择就是：不论对方怎么选，自身若都坚持用利他心来选，最终帮到的还是自己。也就是说，纳什用严谨的数学证明了救赎全人类的唯一途径是"爱"，或者更通俗一点说，是"利他"。

当然，我们都清楚地看到，进行偷窃的行为和这种行为背后的价值观是错误的，但这个案例希望说明的问题在全人类范围却是普适的：地球的资源是有限的——这就像是警察开出的条件，似乎只要你得到了，我就只能失去——为了让自身得以生存和发展，争夺资源会激发出人与人之间的"小我"之争而伤害他人最终也伤到自己。比如气候变化问题。

所以，人类的共同命运如何，取决于我们的判断基准：如果每个人都坚持利他，最终自己也将无罪释放；只要有一个人坦白有罪，那么包括这个坦白的人在内，所有人依旧身处地狱。

这样看来，我们全人类的命运其实是紧紧连在一起的，我们每时每刻的思想和行动是"利己"还是"利他"，都会对整体带来影响。这一结论的有效性既适合两个人、企业里的一群人，也同样适用于70亿人，这便是"人类命运共同体"的科学基础。

二、男子汉的美学：从拯救日航看"判断基准"

2013 年 3 月 19 日，刚过 81 岁生日不久的稻盛和夫宣布将于 3 月底辞去日航董事职务，完全退出经营一线，并笑称此举是"男子汉的美学"。

时间回到 2010 年 1 月。当时，规模亚洲第一、世界第三的日本航空公司正式申请破产保护，消息一出，全日本哗然。这意味着一家服务了日本国民近 60 年的超大型航空公司即将消失，近 5 万人面临失业。

为拯救日航，日本政府再三邀请有"经营之圣"之称的稻盛和夫出任日航会长，稻盛最终以当时 78 岁高龄接任。在他的领导下，日航实施一系列重建计划后，四个月就实现了扭亏为盈；仅仅一年，就创造了 60 年历史上的利润最高纪录——1884 亿日元。2012 年 9 月 19 日，日航在宣布破产后仅仅两年零八个月就重新上市。稻盛和夫掌舵日航的 1155 天，重建的日航创造了六项第一，分别是：利润历史第一、利润总额世界第一、利润率世界第一、准点率世界第一、重新上市速度日本第一和政府注入资本回收金额日本第一。

稻盛和夫拯救日航的整个壮举，都洋溢着十足的"美学"——其中包含着动人心魄的简约美、力量美、智慧美、人心美，真是优美至极的"男子汉的美学"！

要理解日航是如何复活的，我们首先要了解日航是如何"坠落"的。

错误判断的叠加：日航破产的根源

对于申请破产前的日航，一个被极高频率使用的、在日本国内达成了普遍共识的形容词是：官僚主义。那么日航的官僚主义是如何产生的？

成立于20世纪50年代的日航，最初是一家"国策企业"，即由政府主导的半官半民体制的企业。这样的企业，自然受政府的扶持，也同样在很大程度上受政府牵制。从某种意义上说，日航由于先天的体制因素为后来的赤字埋下了种子：依赖性极强、缺乏奋斗精神、以自我为中心的"国企意识"等。也就是，体制基因导致了思想上的自大、苟且和惰性。

刚诞生时，日航倒还像个身强力壮、筋肉坚实的年轻人。借着20世纪50—80年代全球经济复苏的时代大势，日航一路狂奔，迅速崛起为行业利润世界第一的国际型企业，成为日本国民的骄傲。

然而，也正是由于这种快速而封闭、同时极度依赖外界环境的发展模式，不知不觉中，日航还是不可免俗地逐渐变成了一个疯狂扩张、体量肥胖、行动迟缓、懒于思考、傲慢自大的油腻中年人。同时，日航还深陷政界、官场、工会之间的纠葛，各既得利益集团钩心斗角、相互倾轧，都在有意无意伤害着日航的品质；进入20世纪90年代，国际政治环境急剧变化，经济形势日趋恶劣，不可避免会引起石油价格和出行人数的剧烈波动。又由于管理上的混乱、意识上的傲慢，逐渐导致日航对外失去顾客信任，对内得不到员工的支持。

人心尽失的日本航空！终于，2008年的金融危机及其引发的全球经济衰退成了压垮骆驼的最后一根稻草。2010年1月19日，奄奄一息的日航终于宣布以高达2兆3221亿日元的负债破产，申请重建。

官僚主义的背后，最根源的还是"人心"问题——正由于是"国策企业"，日航高层领导的任免皆由政府出面，这让那些没有在真实市场中真正经历过摔打，只因出身高贵便能走捷径的人成了日航的领导者。

不可否认，这样的人具有一定的管理能力，在竞争不激烈、经济发展良好、企业规模还不庞大的情况下，也许可以应付；然而，一旦社会经济状况突变、组织规模膨胀、管理跟不上发展速度，这种极度缺乏实战经验的经营者没有坚定信念、丧失正确"判断基准"、遇事随波逐流，注定无法掌控企业航向，最终难逃一败涂地的结局。

作为稻盛，何谓正确：舍生取义，向日本传达"遗言"

收到日本政府"拯救日航"的邀请后，稻盛和夫经过慎重思考，最终决定接受这项艰巨的任务。这个决定基于"三条大义"：

第一，按照破产更生法，日航将裁掉近两万名员工，所以无论如何也要保护剩下的这 3.2 万人的就业。

第二，此举是为了避免全日空（ANA）在日本航空业里一家独大，进而形成缺乏健全市场竞争的垄断局面。

第三，必须遏制日本航空重建失败对日本经济造成的不良影响。

而在心底更深处，稻盛和夫有比这三条大义还要远大的目标：此举真正的目的，是稻盛向日本这个国家传达自己身为企业经营者的最后信息，也就是"遗言"——"全日本都闻到了日航腐烂的臭气。所以当时很多人都认为重建是不可能的。我当时想：如果我能成功让'腐烂的日本航空重新站起来'，那么很多因为不景气而受苦的企业看到这一幕就会想：'既然烂到不能再烂的日本航空都能够东山再起，那么我们也能做到。'他们自然会加倍努力、奋发图强、冲破困境。我就是想通过这种方式改变日本。"

是的，"改变日本"。如果说"遗言"这样的形容让稻盛和夫此次赴汤蹈火之举有了一层壮怀激烈的英雄色彩，那么"改变日本"这一想法，则令这一举动更多地富有了"必定能凯旋"的乐观主义信念。这才是稻盛真正与众不同的超绝之处：通过成功重建一家在全国乃至全球都极具影响力的大型企业，向整个国家传递信心和力量。稻盛想要的，永远都不仅仅是肉眼可见的、物质上的、有限的成功，他想要的，是无形无相无限的感召力。

　　这一次,他想要的是在一个被资本主义严重败坏的时代,创造一次挽救人心的机会。稻盛的心性,早已超越了时代,抵达了绝大多数人无法企及的高度。从此事的缘起开始,稻盛的判断基准就是明确而坚定的"利他",而"利他"的对象,已不仅仅局限于企业的全体员工、合作伙伴和股东,而是清晰地被定位于"日本全体国民",以及那些他认识或不认识的、"因为不景气而受苦的"日本企业。

　　厚德载物——心量有多大,心中装着多少人,成就的事业就会有多大。

　　至于为何一直坚信"利他"的力量,稻盛在书中曾有这样的记述:"我生于现代,又是理工科出身,所以,为了让自己信服,凡事我都经历采用科学的合理性为基轴的思考方法……现代物理学认为,宇宙的形成开始于150亿年前[①]基本粒子团块的大爆炸。在宇宙大爆炸时,数个基本粒子结合成质子、中子,质子和中子结合形成了原子核,在原子核的周边还有电子围绕,这就形成了氢原子,这些氢原子互相结合引起核聚变反应,进而形成氦原子;这种核聚变接二连三反复进行,由此产生了更大的原子、产生了现在元素周期表上各种各样的元素,构成了现在的宇宙。现代物理学就是这么解释这一宇宙形成的过程。我想,可以称之为'进化'……那么,究竟为什么会发生这样的进化呢?经过大爆炸,基本粒子不再保持原状,而是结合成质子、中子——这是为什么呢?这些粒子又为什么会结合成原子核?而原子核的周围又为什么非得有一个电子围绕形成氢原子?氢原子又为什么发生核聚变而生成氦原子,然后生出各种各样的元素呢?

　　"我的理解是:与其说宇宙存在这样的法则,不如说宇宙间有一种潮流,它让森罗万象、一切事物不是维持现状,而是促使一切事物不断进化。换言之,比起'无机物的法则'这一说法,不如认为宇宙间存在一种'意志',即促使万事万物生长发展,促进其进化的'意志'。

　　"无机物的进化、生物的进化,宇宙间一切事物的进化,都是在促使万

---

① 关于"宇宙的年龄":目前科学界还未达成一致共识,有 137 亿年、138 亿年、150 亿年、180 亿年等不同说法。这里保留稻盛先生原文中的数据。

事万物生长、发展、进化的宇宙的法则、宇宙的意志的作用下完成的。

"也就是说,一切的事物中都存在着'爱'——宇宙的意志……慈悲、关爱万物,使万物变得更美好——这便是流淌在宇宙中的意志。这与'只顾自己利益'的自私之心是完全对立的。因此,我们心中也应该抱有'希望宇宙中的万事万物都向着好的方向发展'的想法,从而与宇宙的关爱之心实现和谐与同步。

"有的企业家或许有'就算排挤他人、破坏他人利益,也要自己飞黄腾达、赚得盆满钵满'的想法,但这种思想因为与宇宙的意志背道而驰,所以经营事业不可能长久顺利;而如果企业家的心中充满爱,那么他的思想就与'宇宙的意志'同步了,经营事业就一定能一帆风顺。"

将"利他心"分析透彻,认识到"利他"是顺应"宇宙的意志",也就是顺应"天道",当然也就看得见"利他才是最大的利己",最终就是对自己好,剩下的便是心无旁骛地去践行而已。

事事回归本质,一切都从原点出发进行思考和判断的稻盛和夫,对"利他"的剖析是建立在科学与哲学的高度统一、人类经年积累的智慧基础之上,信念因而坚如磐石。

冒着在外界看来"身败名裂"的风险,面对企业家生涯中的"最后一战",胸怀"大义名分"的稻盛和夫义无反顾。他又出发了!

作为日航人,何谓正确:重新感受到"活着的力量"

2010年2月1日,稻盛和夫正式就任破产重建的日航会长。稻盛说:"在日航就任伊始,我第一个想到的就是,努力传递我在京瓷和KDDI的经营实践中得来的'思维方式',由此促进日航全体员工意识的改革。一着落定,满盘皆活。"

稻盛和夫一切行动的原点,就是要让人回归正确的"活法"。要拯救日航,就要让这里的每一个人都重新感到"活着的力量"。他深知:来到日航,自己的使命不是修理飞机,他要"唤醒"的是人,是剩下的3.2万个活生生的人。这一判断基点，从一开始就决定了他的着力点在哪里。

如果说企业再生支援机构对日航进行的处理，即彻底清洗日航历史中沉积下来的既得利益和遗留成本问题，从而让市场机制正常发挥作用是一种"治标"的"外科手术"的话，那么稻盛和夫的举措就宛如"治本"的"内科调理"一般，将从发病的原因：思想意识、行为习惯、数字目标等方面，进行一次彻底转变。

或者说，日航这个"病人"生病了，是因为原本一个充满生机的人在各种合力之下不知不觉异化成了一台机器，那么稻盛和夫开的处方，就是要让这位"病人"重新感受到"活着的力量"，要像"人"一样活着。企业中的每个人就必须从灵魂深处去探索自我与组织之间的关系，去找到工作的意义和自身的价值，以"作为人，何谓正确？"的基准叩问自己，带着一颗颗热乎乎跳动的"心"，共同打造出热火朝天、生机勃勃的工作现场。

稻盛和夫对日航的改造主要分三方面进行：

- 赋能核心干部：作为航空业门外汉，稻盛和夫首先与100多位子公司负责人一一沟通，同时通过有步骤的意识教育唤醒和激活日航52位核心干部，大家心在一起之后，拯救日航就真正开始了。
- 统一判断基准：编写《日航哲学手册》，开启全员意识教育统一方向。
- 看着仪表开飞机：通过各阿米巴每月的业绩发表会来赛马，彻底破除官僚气息，指导干部们活用经营数据，把准经营之舵。

其中，意识教育分三步走：

（1）领导人教育：为提升全员共同的判断基准，必须先从意识改变最难、影响力最大的核心干部开始。为此稻盛和夫亲自操刀，在接管日航4个月时便排除万难，开始了针对52位核心干部的意识教育（其中稻盛先生亲自讲了5次。每次课程结束后立即举办空巴，分享学习心得、深化彼此的感情）。

（2）编写《日航哲学手册》：由稻盛助理大田嘉仁组织并进行专业指导，以若干日航接受了领导人教育的干部为核心班底，涵盖日航不同层次与不同岗位的相关人员，建立起编写"日本航空哲学"小组。以《京瓷哲学》为蓝本，走进日航一线开展深入案例调查，最后制定出《日航哲学手册》。

（3）全员开展意识教育：稻盛和夫经常亲临一线，以自身的真诚、激情和乐观的精神面貌重建各线员工对工作的热情，组织全员学习日航哲学，举办哲学体验发表会，创设"日本航空奖"，阿米巴经营也在这个过程中深入推进，全员经营的氛围得以形成。

下表是2010年6月开启的"日航首届干部教育"的概况，从中可以一瞥稻盛和夫的意识教育思路。

表3-2 日航首届干部教育流程（2010年）

序号	日期		开始	结束	科目	形式	主题
1	6月1日	周二	18:00	21:00	领导论	稻盛会长讲演+空巴	《领导者的资质》
2	6月4日	周五	8:00	10:00	会计学（实学）	DVD视频+解说	《会计七原则》
3	6月5日	周六	9:00	11:00	领导论	嘉宾讲演	《日航、奇迹的V字恢复》
4	6月7日	周一	18:00	21:00	经营十二条	稻盛会长讲演+空巴	《经营十二条》1~3
5	6月9日	周三	8:00	10:00	会计学（实学）	DVD视频+解说	《会计七原则》
6	6月11日	周五	8:00	10:00	会计学（实学）	DVD视频+解说	《会计七原则》
7	6月12日	周六	9:00	11:00	领导论	嘉宾讲演	《实践体验发表》（盛和塾）
8	6月15日	周二	8:00	10:00	领导论	嘉宾讲演	《自我提升和培养下属的方法》
9	6月16日	周三	18:00	21:00	经营十二条	稻盛会长讲演+空巴	《经营十二条》4~5

(续表)

序号	日期	开始	结束	科目	形式	主题
10	6月18日 周五	18:00	20:00	阿米巴经营	森田会长助理讲演	《提高经营能力的阿米巴经营》
11	6月19日 周六	9:00	11:00	阿米巴经营	嘉宾讲演	《阿米巴经营中的领导角色》
12	6月22日 周二	18:00	20:00	领导论	嘉宾讲演	《转心,传递理念》
13	6月23日 周三	18:00	21:00	经营十二条	稻盛会长讲演＋空巴	《经营十二条》6~8
14	6月26日 周六	14:00	---	酒店集训总结	分组讨论	总结
15	6月29日 周二	18:00	20:00	领导论	嘉宾讲演	《稻盛先生和DDI/KDDI的经营》
16	6月30日 周三	18:00	21:00	经营十二条	稻盛会长讲演＋空巴	《经营十二条》9~12
17	7月7日 周三	18:00	21:00	六项精进	DVD视频＋表决心	《六项精进》

意识教育起作用并非立竿见影,稻盛和夫被日航高级干部真正接纳,是在意识教育进行到中间阶段的6月中旬。也是从那时开始,这群最初质疑、冷淡、疏远甚至排斥稻盛及其团队的"精英"们迅速发生转变,他们回馈给稻盛和夫的,是最后全然地打开——信赖、服气、谦逊、支持,以及大家庭中亲人般的氛围。意识教育前后的日航,风气为之一变,仿佛"等待死亡"的危重病人转眼间重获元气。

因为有了更高维度的正确"判断基准",日航人被重新注入了灵魂。

作为日航,何谓正确:回归经营的本质

日航到底可不可以赢利?在旧日航,充斥着各种带有强烈"日本航空色彩"的关于经营的论调和作风:

· 各部门要从公司获得尽可能多的预算,哪怕一日元也要争,因为只

要预算比其他部门高，就说明地位也比其他人高；而争取到手的预算就要全部用光，否则下次的预算就会被削减，就会丢面子，在升职竞争中也会失败。

· 管理会议并不是用来讨论预算执行案的金额或方案的决策会议，它只不过是一个过场而已。

· 每个月的经营实绩数字都要到几个月后才知道，而且还是概算的数字；除了财务部门之外，只有一部分干部知道这些数字。

· 日航之所以破产，干部们的说法是：是工会经常闹事，员工们不听指挥造成的。而普通员工的感受是：是总部干部们敷衍塞责、马虎经营才导致了公司破产。

· 经营数字只要干部知道就行了，如果相信员工，让他们看到经营数字，他们就有可能将这些数字泄露给其他公司，从而带来很大的问题。

……

其中，最让人感到匪夷所思，也最能反映出日航干部们认知偏差的是："日航作为公共交通机构，不盈利是理所当然的，甚至不以赢利为目标才是正确的。稻盛先生说要提高营业利润率、要赢利，这根本就是错误的。"

这当中自有逻辑：当账上有黑字、产生利润时，国土交通省就会要求"降低机票价格"，工会就会要求"涨工资"，政治家就会要求"开设新的航线"。他们都不会理会盈亏。所以，要尽可能避免做出利润。

看起来还是有他们的苦衷。但只要根据经营的本质和规律来分析，这在任何情况下都绝不能成为日航不赢利的理由。经营的本质是什么？只要是企业，就必须赢利，而且是用正确的方法尽可能多地赢利。赢利是任何企业持续发展的前提。

与稻盛和夫"回到原点看问题"形成对比的是，日航干部代代沿袭的诸多错误观点，其实都源于停留在表象、懒于思考、因循守旧、傲慢自负、自私利己、脱离实际的工作作风。这不仅解决不了问题，反而让问题越来越复杂化。

玻尔的学生伽莫夫曾讲过这样一个故事：在艰苦的科研之余，玻尔和他的学生们都喜欢看好莱坞西部片来"调剂"。玻尔注意到，尽管这些电影中的反面人物总是先拔枪，但好人仍然总能做到先射击并干掉坏蛋。玻尔很好奇这背后的原因，他提出一个理论说："先拔枪的反面人物需要思索，这会让他的行动变慢，而正面人物总是想都不用想，只是不自觉地、反射式地行动，因此动作更快。伽莫夫和他的同学们都半信半疑。第二天，伽莫夫到玩具店买了两支西部风格的玩具手枪和两副枪套，坚持要玻尔用实验来验证他的理论。"伽莫夫说："我们和玻尔互相射击，他演英雄，结果他把所有的学生都'干掉'了。"

简单化、回归本质——被玻尔的实验所证实的，也正是稻盛历来主张的行事准则："我们往往有一种倾向，就是把事情考虑得过于复杂。但为了把握事物的本质，有必要把复杂现象简单化。把事情看得越简单，就越接近事物的本来面目，也就是说，越接近真理……只有把复杂事物解释得浅显易懂的人，才是真正的智者。"

将事物简单化，时时回归本质，在判断时就不用被起伏不定的表面现象所迷惑——"化繁为简"的原则让稻盛和夫这个航空业门外汉在情况极为复杂的环境中总能迅速抓住问题关键，很快便能在日航管理会议中，从各部门提交的一大堆数据里，能够迅速看出问题所在，就能在与高级干部的问答中通过言行举止准确判断出对方思维方式的症结，解决问题常常一招致命。

也因为这种删繁就简的能力，尽管繁忙芜杂的工作接连不断，稻盛和夫却依然可以有条不紊，经营能力和领导力都让日航干部心服口服。日航也因此很快回归到经营的正途。

作为联盟，何谓正确：信义第一

天合联盟还是寰宇一家？这本不是稻盛和夫提出的问题。因为在他的心中，这根本就不是个问题。这场"转移风波"只是日航高级干部提出来的问题。

天合联盟和寰宇一家都是全世界主要的航空公司联盟。日航本是寰宇一家的成员，但在破产之前，日航就试图通过寻求与天合联盟展开资本合作以找到解决自身问题的方法。在日航宣布破产，法定清算的具体方案正式公布后，天合联盟又主动提出合作事宜，日航的管理层便再一次考虑这个问题。

作为全球最大的航空公司联盟，天合联盟财大气粗，表示如果日航能选择他们，则会在重建过程中得到全面协助。当时，日航甚至与政府的国土交通部在这个问题上都几乎达成了共识："航空联盟最主要的是规模，应该加入天合联盟。"

最开始，稻盛和夫对这一问题没有表现出一点兴趣，但当他逐渐意识到这是一个对日航相当重要的问题后，还是决定同两家航空联盟的领导人见面。

首先，天合联盟所属的达美公司进行实力展示，带来了数十人的律师和顾问团，开出的条件也十分丰厚诱人："如加入天合联盟，日航将获得以下益处。""转移到我们天合联盟需要支付很大一笔费用，但我们可以替贵公司负担这笔费用。"

接下来，寰宇一家所属的美国航空公司 CEO 阿佩一行与日航举行了会谈。相比天合联盟，寰宇一家明显处于劣势：规模和实力都远不及天合联盟，无法提供具有竞争力的优厚条件——看起来，对手获胜已是人心所向。尽管胜负似乎已定，但阿佩依然真诚地表示："日航在重建工作中一定会遇到很多困难，我们想全面协助日航的重建工作。"

在听完两个阵营的合作计划后，稻盛和夫得出结论："留在寰宇一家。"面对莫名惊诧的日航高层，稻盛和夫这样解释道："首先，转移是一件非常麻烦的事，而现在日航最紧要的任务是全力进行重建工作，不能因为转移而分散精力。其次，一旦转移联盟，那些现在还依然选择日航的客户就会因为这次转移而失去寰宇一家提供的优惠。当我们面临如此巨大的困难时，这些客户都没抛弃我们，我们又怎么可以因为自己的利益而做出损害他们的事呢？

"最重要的是，因为是航空业的门外汉，专业的东西我确实不太懂。通过会谈，我主要观察了两家公司领导人的为人。此外，日航加入天合联盟对双方来说确实是双赢，却无异于对寰宇一家是一个沉重打击；寰宇一家并没有做什么对不起日航的事，如果我们仅仅因为利益就放弃他们，这虽然也是一个合乎理性的行为，但却有违信义。阿佩先生是一个值得信赖的人，我没有以利害得失作为出发点，而是从我的人性出发做出了这个决定。"

"这场转移风波纯粹是我们从自身利益考虑而出现的产物。"稻盛和夫最后这样总结。

不以利害得失作为出发点，而是从人性善恶出发做出决定。这就是稻盛和夫的判断基准。这样的判断带来了什么结果呢？通过"留下"，日航收获的是全员集中注意力去稳步推进重建、是乘客的尊重支持和寰宇一家所属的美国航空公司的感激和信赖。出于真挚的感谢，阿佩不仅将稻盛和夫的著作《活法》英译本发给了公司的数十位干部，还盛情邀请他去到美国达拉斯总部进行演讲。这些"善"的影响不仅在当时留下了印迹，更对日航的长远发展产生了不可磨灭的影响。

实际上，从人性而非利益出发的判断基准，也同时是一种回归事物本质、化繁为简的判断方法，这能够让人超越单纯的"小我"利益羁绊，实现更广泛的人心连接。这样的判断基准也是千变万化中唯一不变的，因此总能直达真相，减少纠结、勘破虚妄假象，利他自利，得道多助、心想事成。因此，稻盛和夫基于"善恶""良知"的判断基准，也真可谓极致的简约之美、智慧之美、人心之美！

结语：以"确定的判断基准"应对"不确定的世界"

今天，在科技革命、移动互联网浪潮、疫情冲击、经济危机、地区冲突、单边主义等因素的共同作用下，全人类进入一个乌卡时代［VUCA，指的是易变（Volatile）、不确定（Uncertain）、复杂（Complex）、模糊（Ambiguous）］。身在其中的任何生物与人类组织都必须努力提高利用资源的效率和效能，以保证自身的生存和发展。

在信息时代，当唯一不变就是变化的时候，唯一可以确定的，就是你对未来的强大信念。而在湍急信息洪流中执掌企业经营之舵的经营者们所能够依靠的，只能是坚定的使命、愿景和价值观。

稻盛和夫就是这样的卓越典范，他之所以有今天如此了不起的成就，简而言之就是他在企业经营中做出正确判断的速度比我们快，数量比我们多，质量比我们高。所谓企业、人生的经营结果，不就是一次次选择和判断的叠加吗？

根据"施普伦三角"，在能量一定的情况下，我们掌握有效信息越多，能量使用效率就越高，单位时间内创造的价值就越高。在纷繁复杂的世界里如何提高信息素养，减少信息干扰，规避"信息流行病[①]"？

首先要逐步找到一个有意义的、终其一生的目标，这才是人生之锚。人的意识系统同样需要秩序，念头过多而无序时，人必然会焦躁而无谓损

[①] 信息流行病：世卫组织诠释：在海量信息轰炸之下，人们真假难辨，而这些亦真亦假的信息通过社交媒体传播的速度比病毒快得多，这让人们普遍"信息过载"。而在真正有需要时，人们却很难找到可靠的信源和专业指导。

耗能量。一旦找到一个能长久地吸引自己注意力的目标，在面对众多信息时便有了归依。

其次要增加科学和理性思维。企业家要从微博、微信，包括头条以及众多公众号之中把自己适当解放出来，"触网"但不"迷网"。对时间和精力都相当宝贵的企业家，尤其要有一套自己理性的、靠谱的、系统的信息获取通道和方式。

稻盛和夫对"人到底为什么而活"有了笃定的答案，剩下的不过就是事上磨炼和刻意练习：将"作为人，何谓正确？"作为事物的唯一判断基准并渗透进潜意识，形成判断事物的某种"直觉"乃至"信念"，最终锻造出能够穿越复杂表象、迅速洞见事物本质的本领，就像玻尔和学生们的"枪击实验"所证明的一样。

"以不变应万变""万变不离其宗"是中国老祖宗的智慧。这也是科学的追求，正如康德所说："理论自然科学的最终目标，就是去发现自然现象的最后的和不再变化的原因。"东西方再次殊途同归。在一个不确定性愈发困扰人心的时代，"定"是我们内心的结构与期许，是行为的旨归与确认。当真正清楚自己的信念是什么的时候，其他所有事情都是干扰项。

第 4 章
互补——兼备事物的两极

远观与近看同一主题的能力是一个人成长所必需的能力。

——陈春花

既不能在员工中丧失威信,也不能让员工闻之色变:作为企业家,一定要同时具备两方面的性格特征。这样的要求似乎自相矛盾,但只有具备这两种矛盾特质,且又感觉不到矛盾的人,才是真正的天才。

——稻盛和夫

一、互补：对立统一促发展

是天使还是魔鬼：埃舍尔的版画

埃舍尔是 20 世纪伟大的艺术家。他的画非常特别。

埃舍尔的版画将数学、科学与绘画艺术进行了完美的结合，其作品多表现出他对人类历史上各种经典原理和悖论的理解，其中，《天使与魔鬼》是他最为经典的作品之一：在世人眼中，天使与魔鬼是完全对立的存在，宛如水火一般互不相容。而埃舍尔却不仅安排两者同时出现，甚至还互为对方的组成部分——缺了天使，魔鬼便不复存在；魔鬼消灭，即无天使。

科学家在这幅画中很可能看到的是数学的对称、化学的晶体结构，而对普通人而言，看到的或许是某种矛盾与荒谬。埃舍尔眼中的世界是：矛盾双方并没有截然对立，它们既相互斗争，又彼此依存甚至可以互相转化。

是啊，如果世上如此众多的矛盾只会单纯地不停消解对方，最终很可能导致共同消亡。那么，新生事物又何以被创造，人类又凭什么延续？世界难道不正以这样的方式在运作吗？

基督教中，人由神性与魔性组成，人一生都在这两种势力中挣扎，神性战胜魔性的人上升，魔性战胜神性的人下坠；道家思想总结出的宇宙大道，就是"阴阳相生""祸福相倚"。这种转化，在自然界和人类社会中都存在；佛教则指明一切众生皆有佛性，但人心中善恶同居，要诸恶莫作，众善奉行。利他即是自利，害人实是自害。

而物理学对"色度"的研究则通过对颜色的划分证明了物质世界是黑

与白的交融体——从黑到白，中间共有 256 级灰度——所以灰色才是世界的常态。

任正非提出的灰度理论，避免了牛顿思维"非黑即白"的两极对抗，而中间地带的无限可能性拓展了选择的自由度与宽广度。这是不落两边的中庸之道，是极高的管理智慧。

"既不能在员工中丧失威信，也不能让员工闻之色变。作为企业家，一定要同时具备两方面的性格特征。这样的要求似乎自相矛盾，但只有具备这两种矛盾特质，且又感觉不到矛盾的人，才是真正的天才。"这是稻盛和夫对经营者能力的一种概括。

虽然所在的领域不同，人中一流之人似乎总能殊途同归。埃舍尔以手中神来之笔描绘出他眼中直击心灵的世界；稻盛和夫和任正非对企业经营的体悟大道相通；而玻尔则以科学为基础，用深邃的哲学思想洞穿了人们僵化、对立的思维——"互补原理"横空出世。

波粒二象性：不仅是知识，更是智慧

为什么说"波粒二象性"的发现是智慧甚于知识？

近代西方科学诞生数百年来，牛顿力学长时间的统治地位导致人们认知的世界里：粒子就是粒子，波就是波，二者泾渭分明；而在量子论看来，物质既是粒子又是波，具有波粒二象性，是事物的一体两面。人类在这一认知升级旅程中，其中新知识量并未增加，但智慧却升维了——从传统的"非此即彼"二元对立提升到了"既此又彼"的一元论整体思维。

基于"波粒二象性"发展出的"互补原理"，超越了科学的范畴，上升为哲学思想。

互补原理是怎么来的？

1926 年，在物理学界仍不能对波粒二象性给出更深层的解读之时，玻尔认为，薛定谔方程（基于波动论推导）和矩阵力学（基于粒子论推导）两种理论分别表达出不同的观点，但既然它们在数学上完全等价，为更好地解释波粒二象性，最明智的办法就是这两种观点被同时接纳。1927年年初，长期思考量子力学问题的玻尔在挪威欢度滑雪假期时灵光乍现，提出"互补原理"：量子现象无法用单独一种物理图景来展现，而必须应用互补的方式才能完整地描述。只有采用互补原理这一更宽广的思维框架包容这些互相矛盾的性质，才能完整地描述量子现象。

事物具有"二元性"甚至"多元性"，但并非一定得"二元对立"。互补的智慧有着极为宽广的应用。比如"修昔底德陷阱"与"人类命运共同体"就是完全不同的境界。

新冠肺炎疫情肆虐下，公众健康与经济发展两者都可以有。甚至，我们在生活中也真没必要有那么多争吵，因为大多数时候只是彼此看问题的视角不同而已，执其一端是无法看清真相、提升境界格局的。

企业里，任正非管理中的"灰度"、稻盛和夫经营上"兼备事物的两极"的智慧都是互补原理的妙用。

太极族徽：玻尔的"传家宝"

1937年，玻尔来到中国访学。当时，身在北平的玻尔表示想看京剧，于是物理学家周培源便陪他一起看《封神演义》。当玻尔看到姜子牙指挥天下英豪及各路神仙、出示号令、打出一面带有太极图的令旗时，立刻指着那幅太极图大加赞叹，兴奋地告诉身边人：他苦苦思索的基本粒子和波粒二象性等都可以用太极图作为基本模型来阐释。

1947年，丹麦政府为了表彰玻尔的功绩而封他为"骑象勋爵"。为配合此次授勋，玻尔亲自设计了族徽样式，采用的居然是中国的太极图，只不过将传统的黑白变成了红黑二色。看来，玻尔对太极图的喜爱已超越常情：没有信仰的坚持和热爱，又怎能将一种异国文化作为家族传承的荣耀标志？

玻尔到底在太极图里发现了什么？

太极图，是中国易学对世界观、宇宙观的表达，其思想渊源可以上溯到原始时代的阴阳观念。易学的"易",就是迁流变化的意思。按照易学的观点,万物的生长规律无不包含阴阳五行,而阴阳五行又在永不停歇地相互转化过程中生生灭灭。

太极图中,黑白二色代表阴阳两方、天地两部;黑白两方的界线就是划分天地阴阳两界的人部;白中黑点表示阳中有阴,黑中白点表示阴中有阳。"太",有"至"的意思,"极"表"极限"之义。所谓"太极",即是"至极之理",也就是"最终极的规则和规律",就是至于极限的道理,是究竟的真理;同时也指至大至小的时空极限——"放之则弥六合,卷之退藏于无":可以大于任意量而不能超越圆周和空间,也可以小于任意量而不等于零或无。

易学经典《道德经》中,有"道生一,一生二,二生三,三生万物"之句,也就是无极生太极,太极生两仪(阴阳即为两仪),阴阳化合而生万物。

阴阳化合而生万物——这便是太极图的核心思想。它告诉我们:宇宙万事万物——大到恒星、行星、黑洞、星系,小至细胞、粒子、夸克,包括人体身心——无一例外,都是在阴阳两面的共同作用下而"成住坏空";阴阳两极的相互作用推动着宇宙世界向前发展,谁能学会同时包容并按其发展趋势平衡好其中的关系,谁就能紧紧把握住前进的方向。

普里戈金说:"中国文化是欧洲科学的灵感源泉。"在科学界的共识中,已经把杨振宁的贡献与牛顿、麦克斯韦、爱因斯坦等物理学历史上最伟大的几位科学家的贡献相提并论、等量齐观。杨振宁能取得如此伟大的成就,有人总结,是因为他了解中国和西方世界的智慧,受过东方和西方两种教育。

仅是一次访问,就被震慑,一定是太极图用最简单而又深邃的内涵概括出了玻尔自己或许很久都无法向他人说明的领悟("族徽"上的拉丁文意为"互斥即互补")。在以简洁为大美的西方科学传统中,这样极致的简洁美强烈地触动了玻尔,他认为太极图是对量子力学最完美的解释。玻尔因此而惊叹,将之作为对自己一生思想精华的高度概括,纳为"传家宝"。

玻尔是公认的不世出天才，他能在第一眼见到太极图时便立即领悟到其中的真谛。而我们虽然常常看见并能意识到外在世界的生灭变化，甚至十分清楚造就这些变化的各种对立和矛盾，却极少发现阴阳两方在我们的自心以及人性上产生的作用。更多的时候，我们还是被传统思维禁锢，将人性的阴阳——善与恶，以及其他矛盾双方——看作泾渭分明的对立存在，非此即彼，非彼即此，不可包容。世间的诸多争执便由此而来。然而，世界的真面目就隐藏在太极图上黑白两界的交界处：人性具有两面性。人，是灰色地带的存在。

二、领袖气质：捉摸不透的大英雄

最好的领导者应具有怎样的气质？稻盛和夫曾这样说："人们会这样评价这种领导者：'性格温润善良，有时却会毫不留情地当场辞退员工。''看似爱较真的理性主义者，却又是个感情丰富的性情中人。'胆大与心细、温情与冷酷、理性与感性——要让这些对立的性格特征在同一个体上相互交错、融会贯通、灵活转变——这是企业家必须具备的素质之一。"

在旁人看来，这样的领导者让人捉摸不透，又爱、又敬、又畏，但又不由自主会听从他、信任他、跟随他、支持他。因为不论他以怎样的面目出现，都能给人以安全感，而这安全感来自他身上的那股强大的正义和力量。稻盛和夫就是一个让人捉摸不透的大英雄。

关于领导者的多重面目，以及如何调和这些看似对立的矛盾性格，让自己心安，也让他人心安，稻盛在一开始经营企业时也对此深感困惑并进行了深入、持续而彻底的思考："企业家在工作中经常会显露出两种截然相反的性格，有时甚至会担心自己是否具有双重人格。事实上，如果做不到这点，反而无法经营企业。我自身也有这种两面性的性格……类似自我分裂的矛盾，曾让我苦恼不已，有时我不知道究竟哪个才是真实的自己。我曾苦苦思索这个问题，却一直无法得出结论，于是变得越来越不相信自己。在如此的迷惘中，美国作家菲茨杰拉德的一句话给了我启示：一流知性之人同时拥有两种相互对立的思维方式，却能使其各自正常发挥作用。换言之，必须让两种对立的思维方式各司其职、正常运作。从此，我终于明白了，拥有相互对立的性格特征，原来并不是自我矛盾的啊！"

他为此还经常提醒盛和塾的经营者：培养这种"互为两极"的能力难度颇高，大型企业的经营者具有强大实力，可以寻找到在性格和能力上同时能够成为与自己互补的合作者，而中小企业经营者由于经济能力局限，就更多只能靠自己的完善来做到这点。

虽然现实就是如此残酷，但不论有多么艰苦，经营者都必须做到。

人格魅力：理性与感性的互补

稻盛在《京瓷哲学》中谈道："所谓'均衡的人格'，一方面，对待事情都要问一个'为什么？'。讲究逻辑和理性，彻底追求和探明事情的真相。另一方面，又要富于人情味，与任何人都能友好相处。仅凭卓越的分析能力和理性的行动能力，并不能获得周围人由衷的协助。反过来，只是被大家认为的老好人，也不能有力地推进工作。换言之，科学严谨的理性与丰富活跃的感性缺一不可，且两者不可有所偏颇，必须保持均衡。"

理工科出身的稻盛受过系统的科学训练，科学理论的严谨和科学实践的亲证，都让稻盛坚信：企业活动必须纳入严谨而理性的轨道，如果不合逻辑，问题便无从解决。所以在京瓷初期开会时，他经常会对员工大声怒喝："说什么蠢话！没有什么是不能用科学道理来解决的！"

而稻盛初到日航，以前松懈惯了的高级干部们也生平第一次对真正的科学精神有了切实的领教。稻盛就任日航会长几个月后，在日航总部的一次管理会议上，一位执行委员在说明总金额10亿日元的预算划拨计划时被稻盛当即打断："别说是10亿日元了，一分钱也不能交给你管理啊！"

"可是会长，话虽如此，这个方案此前已获得过批准。"

"因为有了预算，所以就一定能拿到钱，这种想法是错误的！"稻盛大怒，他的气势让人感觉他随时都会举起巴掌往桌子拍下去。

"你以为那10亿日元是谁的钱？公司的钱？不对！那是还在困境中挣扎的公司全体员工拼了命为公司赚回来的利益！你没有使用那笔钱的资格。下去吧！"

在稻盛看来，大多数企业采用的预算制度存在很大漏洞。看起来，这种制度有助于计划性地开展业务，但很难应对经营中的不确定性——即使没有达到预期销售目标，也会不知不觉地用尽预算经费，导致核算情况急剧恶化。更甚的是，还有年前拼命争取预算、年底突击花完预算等激发人性之恶的现象存在。而京瓷每年通过制定总体年度计划，明确目标值，其所需的经费是根据各项实际需要而决定的，所以才实现了杜绝浪费现象的高收益经营。

接下来近一周的会议中，那位被勒令"下去"的干部十分详细地说明了"为什么我们需要用到10亿日元"，稻盛才批准了他的计划。在旁见证了整个过程的部分干部表示："我们觉得稻盛会长在乎的不是金额的多寡，而是他想让我们对任何事情都不要疏忽，一定要以绝对认真的态度对待工作。"

稻盛几个月就跑遍日航上下，并对航空业和日航情况得以全面了解，所以依他的洞察力不可能不明白这位干部的方案是可行的，但如果仅用一个"预算"就能轻易获得这笔钱，所有人就会养成大而化之的工作习惯。只有把一个笼统的"预算"变为条理清晰、规划合理的"计划"，让人明白做出这个计划的人是如何安排资金、进度和相关事务，这个计划才能被赋予强大的责任感和执行力。

语言背后是相应的思维方式，这才是稻盛为一个词较真的原因。从此，日航所有公文里的"预算"一词都被替换为"计划"。与"预算"相似的词还有：莫名其妙、一头雾水、粗略、大概等，这些与精确完全相对立的词都被列于稻盛最讨厌的词汇表里。

如果有人向稻盛报告时说："粗略估计，需要50亿日元。"

稻盛会追问："粗略是什么意思？"

那人会说："就是说，我对这个数字有大概八成的把握。"

稻盛："'大概'怎么行！"

为何旧日航干部们总会不时出现这些典型的"官僚式用语"？对于这群高级干部来说，制订一个看起来很好的工作计划就意味着自己工作的完成，他们对之后的执行、检查、改进等环节漠不关心。而当事情没有按照计划发展时，他们又总能找出五花八门的外部因素把这个结果美化和粉饰起来。如果事后数据跟计划中的不一样，而只要用"粗略""大概"等词汇，也不会有人说他撒了谎；如果实在出现了较大偏差，就把这个月应计的金额推到下个月来掩饰。他们已普遍形成了这样的工作习惯。

而日航破产的原因之一，就是这样的习惯导致各种问题不断累积，量变终于发生了质变。稻盛深明其中原因，因此用极为强势的手段来贯彻并渗透科学精神。

科学精神——理性的本质是什么？是将工作做到极致，杜绝一切玩忽职守、不求甚解、自以为是、得过且过导致的失败。不仅自己这样做，更要训练出企业全员拥有这样的习惯。只有这样，企业才能将日积月累的严谨细致汇聚为整体的胜利。这是从不确定性到确定性之间的桥梁。

但是，不论京瓷员工还是日航干部，毕竟都是成年人，被如此当众呵斥，即使自己真的错了，可也还是有自尊心的啊！不会就这么结束了吧？所以，这就需要人情味——感性的功能。

几乎每次训斥结束后，稻盛的语调就会有180度的大转变："你小子，要加油啊！"或者在会议结束后主动去跟此君说话、拍肩膀甚至开玩笑，或者在空巴上主动敬酒——工作如同战斗，如果不毫不留情，就很可能全军覆没；但工作结束后，人与人的关系却必须处于另一种状态：毕竟是人啊！人是理性和感性的混合体，需要被鞭策，也需要被尊重、被鼓励。

因此，"为了实现目标，在制订具体计划的时候必须进行彻底的逻辑性思考，而在达成目标的过程中，又需要领导者卓越的人格魅力把周围的人们裹挟进来。"工作之外，经营者要让自己做回一个性情中人，用深厚情谊打造出团队高度的凝聚力。

杀伐决断：大胆与细心的互补

稻盛是这么思考"大胆"和"细心"的："大胆与细心这两者看起来相

互矛盾，但这两个极端必须同时具备，才能把工作做得完美。""尤其是企业家，有时必须当机立断、勇敢抉择；有时又必须小心翼翼、谨慎判断。要让'大胆'和'细心'像织布时的'经纬线'一样相得益彰、互为贯通。而且，我所说的'胆大心细'是涵盖人性与品格的广义概念。"

很能说明稻盛"胆大"魄力和"心细"能力的，是20世纪70年代京瓷在产业多元化探索的道路上进行的"再结晶宝石"开发一事。当时，以半导体多层陶瓷封装为核心的电子工业利用陶瓷制品飞速发展，但如果事业侧重于某一特定行业，业绩就会受到该行业景气冷热的影响而忽上忽下，主动性历来很强的稻盛实在不愿受制于人。

为兼顾企业的稳定与发展，稻盛决定走多元化之路：于是，他大胆提出了开展多种业务，进军海外市场的多元化发展方针。其实，多元化不仅仅有有利于企业的一面，也同时存在着极大的风险。一旦失败，很容易导致全军覆没——稻盛自己就目睹过某大型企业不断进军完全不同的行业，轰轰烈烈开展多元化，结果导致力量分散，在所有领域里都惨遭失败的悲剧。多元化看似可以取得暂时的成功，但要想长期在竞争中战胜专业领域的对手是极其困难的。

尽管如此，他依旧认为："为了企业的发展，多元化是企业经营的不二选择。左右都是一场恶仗，我想尽可能发挥自己的长处，运用积累起来的陶瓷技术和结晶技术进军其他行业和领域，就可以降低盲目多元化带来的风险。"

在既有技术的延长线上开展相关多元化经营，是稻盛选择的道路。当时，稻盛一方面听说祖母绿的上等原石正在逐渐枯竭，而需求量依然旺盛；另一方面，考虑到宝石和陶瓷同属矿物结晶，也是京瓷的专业领域，稻盛自信可以在这一领域大展拳脚，便决定尝试用京瓷已有的成熟技术来制造高品质的祖母绿再结晶宝石。再结晶宝石，其实就是同天然宝石结构与品质完全一样的人造宝石，唯一不同的，就是用人为的科学方法来替代天然。

几个人组成的研发团队很快开始夜以继日地投入研究，却总找不到培育结晶的适合条件，研发工作如坠雾中。稻盛也经常去研究室询问进展，通过显微镜观察，最终勉强看到了还不能称之为宝石的微小结晶体。可是大家左等右等，结晶就是不会变大。于是，稻盛对年轻的技术人员说："如果实在不行的话，就放弃吧！"可技术员们却请求："再让我们试试吧！"

如此三番五次，结晶变大的速度还是相当缓慢。即便如此，稻盛还是会继续鼓励大家："虽然现在可能造不出更大的结晶，但人的能力是无限的。要用长远发展的眼光来认识自己的能力，要相信自己会一直进步。如果能够制成再结晶宝石的话，这将是世界上史无前例的革命性研究成果。"

结晶在一点点变大，但在变到红豆般大小的时候，突然就停止了。为打破瓶颈，并没有直接参与研发的稻盛忍不住给了技术员们几条建议：比如，在祖母绿的制造过程中，要在原料溶液里放入作为结晶核的天然祖母绿的种子结晶体，再放入炉中慢慢冷却；还建议他们将加入种子结晶体的时机控制在溶液温度下降，即将结晶化（析出）之前，这样可能会促进结晶的形成。

虽然在实际操作时，加入种子结晶体的时机很难把握，但在反复失败后，不服输的他们终于找到了最佳时机，培育出了质地优良的结晶。京瓷最终研制出直径 1 厘米、长约 1.5 厘米的六棱柱形结晶。从中提取出的绿色透明部分，有着和天然宝石一样的结晶构造，而且，和天然祖母绿相比，无论亮度、色泽等都是最好的品质。再结晶祖母绿宝石终于成功了！

从 1970 年启动研发工作到 1975 年春天获得成功，被媒体称为"日本的首次创举"的"人造祖母绿"从孕育到诞生用去了整整五年时间。五年时间里，资金、心力的投入都是不小的累积，能坚持下来，这样的耐力就是胆大和勇气的体现。

而稻盛在研发过程中时刻保持对团队和研发进度的关注，以专业技术对研发结果和人员心智同时保持细致的观察和思考，并提出具有关键意义的指导建议——没有对实验各环节以及人心变化在实验进程中的细心留意，是绝对做不到的。

商业精神，本质上是冒险精神与创新精神；科学精神，则要靠实事求是、严谨细致的逻辑思维支撑。

比起很多人，稻盛的成功似乎容易了那么一点点，可很多人未曾意识到：正因为反复在事上磨炼，通过思考—实践—再思考—再实践，他才能在纷繁复杂的世相百态中训练出自己的辨识力、决断力和行动力，直达事物本质。学习稻盛，不是模仿他的成功，而是了解他成功背后的原因。

雌雄同体：霹雳手段与菩萨心肠的互补

在《京瓷哲学》里，稻盛写下过这样的话："不少企业家具有这种'温情和冷酷并存'的两面性。平时心里想着员工、珍视人才；一旦发现员工消极怠工或敷衍塞责，则当场辞退。对于这样的做法，有时连自己都觉得纳闷：平时总把'珍惜员工'挂在嘴边，可当时却当场开掉了那名员工，是不是有点不正常？"

五六岁时候的隐蔽拜佛，十二岁时因患上肺结核而接触宗教，从小时候起稻盛便在宗教"向善"理念的引导下决心永远以一颗温良之心善待他人。创建京瓷后，却不可避免地需要批评、斥责员工，原本一心想要善待员工的稻盛一度怀疑自己"是不是自我意识在作祟？"。

"我是否违背原来的人生观？""这是否是我邪恶本性的显露？"严于律己的稻盛陷入了自我斗争。在实践与思索中，稻盛找到了问题的答案："真正的爱，是指无论何事，都要认真想清楚是否确实有利于对方。"其中最关键的是发心。

- 我们常常错解爱的含义：强加的不是爱；纵容作恶不是爱。
- 时刻观察自心，看见并承认自己的真实动机。
- 做到"换位思考"，知道对方需要什么，而不是他想要什么。
- ……

小善乃大恶，大善似无情——这是稻盛最后笃定的答案。"我希望成为充满斗魂的僧人，能揪住不靠谱的人的尾巴，大喝'你在干什么！'，以此呵斥他们、激励他们。"事实上，不管是使霹雳手段的稻盛，还是行菩萨心肠的稻盛，归根结底，他都是一个"敬天爱人"的人。

京瓷创业第 8 年时在东京办事处发生的一件事颇有深意。1965 年，同稻盛一起创立京瓷的冈川建一出任京瓷东京办事处负责人。一直以来，作为深受稻盛"付出不亚于任何人的努力"理念影响的冈川也是个不折不扣的工作狂。常常带着一批年轻人工作到凌晨的他一心一意扑在事业上，也相信所有人的情绪和想法与自己都一样。可对于加班这件事，年轻人们不满压抑，时间长了，终于还是爆发了。

那是 1967 年的一个晚上。深夜 10 点回到事务所的冈川刚好碰上准备下班的中川隆正："部长，我先走了。"

"等等，你这就准备回去了吗？"

中川脸色陡然一变，反驳道："什么叫'这就准备回去了'？正想跟部长好好谈一谈呢，要不就趁今天这个机会吧！"于是众人将刚进门的冈川团团围住："部长，请看看外面，银座这么多高楼，有几间到现在还亮着灯？部长自己喜欢拼命工作，那你怎么看我们呢？我们比部长年轻，想出去玩，想去喝酒。我们是大活人，没办法像部长一样一天到晚只忙工作！"

那时的冈川刚过而立之年，这群年轻人只有二十二三岁，他们的说法好像也有道理。面对这看似突如其来，实则"蓄谋已久"的"叛乱"，冈川内心天翻地覆，胃痉挛的老毛病瞬间发作，疼痛难忍，额头上冒出细密的汗珠。他用尽全身力气对下属们说："抱歉，今天大家先回去吧，有什么话明天再说。这件事会有个说法。"说完他就想乘出租车回公寓。

"不行，今天吵架今天了结！"其中一个人说。于是一群人又涌向冈川的公寓。谈了一夜也谈不拢，冈川忍着胃痛在凌晨给稻盛打了电话："对不起，情况不太好……"稻盛立即从京都赶来。

稻盛先把冈川支去一楼的咖啡馆，召集众人："有什么不满意，有什么委屈，冈川哪里做得不对，尽管提！"于是，一、二、三，掰着手指头数了三条。

"还有吗？"

"就这么多了。"

话音未落，稻盛哪哪哪地敲着桌子，火冒三丈："只有三条？人有七罪，你们那么多人凑起来也就才提了三条？那还不乖乖听冈川的？不乐意的话全都辞职，从哪儿来回哪儿去！有两三个毛病就不服，那谁来还不是一样？你们是集体辞职还是服从冈川？选一个！"稻盛的气势令全场为之一震。肃静半响，众人纷纷表示："明白了，服从！"于是稻盛又哒哒哒地来到一楼，怒气冲冲地对无精打采的冈川说道："混蛋！他们在我面前一条、两条、三条地数落你的罪状，这么挑你的毛病，你还有什么威信可言？混蛋！连最基本的信任都得不到，还当什么领导？这样下去还怎么工作？你干脆也别干了，根本靠不住！常言说：'鞍上无人，鞍下无马。'高明的大将，既不会随意驱使马，也不会听任马跑。你去和大家重新解释！"

于是，冈川来到事务所面对众人："我以为你们信任我，只是业务上还没有找到门路，我也没有时间来揣测大家的心思，这一点我做得很不到位。俗话说'江山易改，本性难移'，我没有信心将之前的处理方式全部改变，恐怕以后还会像之前那样做，但有什么话请一定告诉我，我一定洗耳恭听。"

"叛乱"就这样得以收场，但以此为契机，却开启了冈川崭新的领导风格——之前他只会不停地追问下属"有没有进一步向客户确认？""那份合同怎么样了？"，只是三番五次、简单地紧盯这些事情的结果，却从不去了解事情的来龙去脉。而当对方的回答不合他意，他又从不给对方说明的余地。打从这件事开始，他意识到：作为领导者，当下属的工作"卡壳"时，自己必须主动去了解任务没有完成的缘由，以便向下属提供及时的支持。

而且，他不光继续和部下们一起起早贪黑地工作，还开始同他们一起喝酒、一起打弹子球，喝酒的时候也只谈工作相关的事，绝不涉及女人以及其他闲扯的话题——这些都与稻盛的做法如出一辙。

经此，冈川茅塞顿开。马并不会心甘情愿地伏于鞍下，除了严格要求，经营者还需要关爱、具备同理心。这才是领导之姿。只有"霸气"和菩萨心肠兼具的经营者才有资格带着一群人朝着目标坚定前行。

在某次采访中，冈川建一被作家城山三郎要求用一句话来描述稻盛和夫时，冈川回答道："他是最冷酷的人，同时也是最温暖的人。"稻盛深知，过于严厉，员工就会拘谨，主动性就不够，乃至人人各扫门前雪，造成的后果是人情味的丧失甚至人才流失；过于仁慈，员工就容易散漫懈怠、得过且过，意愿得不到满足时还会理直气壮地"抗议""吐槽"，成了不知感恩的索取者。

这就像一个家庭里被疏远或是被过度溺爱的孩子——企业经营者只有"严父"的一面，员工就感受不到温暖；只有"慈母"的一面，员工又很容易缺乏担当和挑战精神。只有"严""慈"相济，孩子才能形成均衡人格。

大善，就是经营者发心"拼命去守护员工的幸福"，但持久的幸福是"逼着"员工不断成长。经营者"雌雄同体"，霹雳手段与菩萨心肠兼具，企业中既有压力也有温暖，才能激发出员工最大的善意与潜能。

心想事成：乐观与悲观的互补

要说稻盛是一位"心理学家"，这也很贴切。他对人心起伏变化的拿捏、对能量的妙用，确实已修炼到很高的境界。仅将"乐观"与"悲观"这两种人类常见心态各自的优、劣势善用到企业经营中，他的干法就是教科书级别的。

以下为稻盛在《京瓷哲学》中有关此部分内容的节选。

·乐观构思

在第二电电创立后不久，经日本邮政厅批准，取消了移动电话的前身——车载电话行业的垄断保护政策，允许各企业自由参与竞争。

京瓷公司作为世界级的集成电路供应商，使我得以有机会目睹了集成电路的发展过程，因此早在那时我就确信："照这个势头发展下去，总有一天，人类能把笨重的信号接收器做得很小，小到可以装在通话器内部，这样一来，移动电话势必能得以普及。几年后，每个人都会有自己的电话号码，随时随地可以与任何人通电话的时代必将来临。"因此当我得知车载电话事业"解禁"的消息后，便立刻行动，第二电电成了第一个宣布加入移动电话竞争的企业。……可董事们却一致反对我的意见："您这样的想法实在没有可行性，就算是日本NTT和美国的电信公司，它们的车载电话的业务也是连年亏损。"他们抛出一个又一个悲观消极的意见，"第二电电才刚起步，公司业务还未走上正轨，您却又要进军车载电话行业，这也太有勇无谋了吧。"

然而，就是在如此激烈的反对声中，有一个人却说："不，会长说得对，（进军车载电话行业）是一件有意思的事。"他看起来态度乐观，虽然似乎并未完全理解我的意思，但却当场支持我，赞同我的提议。

面对他这个"援军"，我欢欣不已，于是对他说："说得好！大家都反对也无妨，咱们两个人一起做这件事。"因此，说起第二电电的移动电话事业，最初发起者就只有我和他两个人。

如果按照"少数服从多数"的表决方式，那我的提案恐怕早就被否决了。当然，一旦付诸实践，光靠一开始举手支持我的"乐天派"还不够，所以我还是让最初反对我的董事也提供协助，大家一起推进该项事业。

所以说，想要成就新事业，首先要抱有"非这样不可"的梦想与希望，超乐观地寻找可能性、设定目标，这比什么都重要。

·悲观计划

以前的京瓷公司既无尖端技术也无先进设备，可却一直对客户吹牛皮："我们什么都能做。"

"我们公司拥有优秀的技术实力，凡是制造新型真空管所需的绝缘材料，我们都能做出来。"

"业内的知名供应商都做不出来的东西，你们公司真的能做？"

"是的，这正是我们公司所擅长的领域。"

其实这全是谎话。靠当时京瓷的条件根本做不出来，但我还是用撒谎硬着头皮拿到了订单。接下来，我会马上召集公司里的"帮腔者"。

如果是陶瓷领域的专家，就能够大致明白客户的要求有多高、成功有多难，于是就会打退堂鼓："这不可能做到。"可这样一来，一切都无法从零开始，所以，"帮腔者"们必须抱有乐观的想法："应该能行。"他们的作用是通过"帮腔"以达到鼓舞士气的目的。

但如果把艰巨的任务全权交给上述那种"头脑一般，一味乐观开朗"的人，则是最危险的。因此，只要在初始阶段营造出干劲十足的积极氛围，他们的使命就算是完成了，而要让事业真正取得成功，在接下来的"制订详细计划"阶段，就必须换上处事冷静、善于批判的"选手"上场。

我说："公司已经决定做这个了。"于是他们说道："这实在太胡来了，咱们公司可没有相应的技术和设备。"于是，他们列出了一个又一个不利因素，而我则顺水推舟，要求他们全面预估可能出现的所有负面情况和欠缺条件。我一边听他们的发言，一边把相关信息牢牢记在脑中："我明白了。原来有这么多的问题要解决，之前我还真没想到。"在这样的过程中，我充分理解了所要面临的困难，于是便在此基础上重新制订计划。

·乐观实施

在详细了解了问题和困难的来源、性质和种类后，就需要再次换上积极乐观的"选手"来实施计划。如果让"制订详细计划"阶段的那批"选手"去实行计划，一旦在过程中发生问题，他们就会消极悲观，于是计划就会搁浅。反之，如果让乐观积极的"选手"去执行计划，那么即便产生问题，他们也会乐观对待。也就是说，要乐观构思、悲观计划、乐观实行：脑中一旦有了点子，就不要先去深入思考具体细节，而应该立刻下决心；紧接着把会导致失败的问题点全部列出；最后横下一条心："事已至此，了无退路。"然后便是乐观开朗地面对一切困难，把计划执行到底。

根据"施普伦三角",为应对不确定性,除了能量,关键就是引入有效信息。能量越高、信息越精准,完成目标所需的时间也就越短。

从稻盛对"乐观"与"悲观"的描述来看,他实际上是在"能量"和"信息"之间做到了很好的互补和平衡:乐观构思就是注入希望,在高能量状态下,积极探寻多维度的可能性;悲观计划,则是穷尽相关信息。如芒格所说:"要是知道我会死在哪里就好啦,我将永远不去那个地方。"相较于乐观者,悲观者的优势在于他们总能精准快速地找出事物的短板或劣势,从反面补足必要的信息。乐观实施,本质又回到能量。旨在提升团队信心,点燃斗志,克服前进中必然遭遇的困难。

要成事,乐观与悲观都不可或缺,关键还是在哪个阶段用哪一种心态。而且,对稻盛来说,悲观不是一种情绪,而是科学理性做事的方法论。

企业经营中,从可能性到确定性,稻盛深明其中的因果关系:

不是因为有了市场才去开拓,而是因为开拓才有市场;

不是因为突破了才去挑战,而是因为挑战才有突破;

不是因为成长了才敢承担,而是因为承担了才有成长;

不是因为会了才去做,而是因为做了才会;

……

正因了达因果,稻盛更明白此间"转化"的秘密,因此他说:"能力要用将来时。"

社会公民:济世利人与斗争心的互补

很多人都知道稻盛创立了被誉为"亚洲诺贝尔奖"的"京都奖",但很多人忽视了他创立京都奖的同时在做些什么。这是一个非常值得玩味的时间点,也是了解稻盛内心的切入点。

京都奖是一个表彰对人类科学和文明做出突出贡献的国际奖项,由稻盛财团每年颁发一次,分为"先进技术""基础科学""思想和艺术"三大奖项。"京都奖"奖金与诺贝尔奖相近,设定为1亿日元(约合人民币660万元)。

同时,稻盛财团对"京都奖"的获奖人在道德品质上也有明确要求和严格考察:必须为人谦虚,能付出成倍于常人的努力,为追求真理而孜孜不倦,且有自知之明,对伟大事物抱有虔诚之心。此外,其成果能为世界文明、科学和思想做出重大贡献。

稻盛设立"京都奖"的发心,就是希望从物质和精神两方面回报社会、促进社会的进步和发展。然而,他绝不会因为心怀慈悲、普利众生而忘记自己作为经营者该有的另一面。

所以值得注意的是,当年着手设立"京都奖"的同时,已经功成名就的稻盛再次尝试做一个勇敢的"挑战者":创建第二电电。这样的情景,在常人看来似乎形成了一种不可思议的鲜明对比:一方面慈眉善目、如菩萨一般济世利人;另一方面,却像是好斗善战的阿修罗[①],总在不停征战,而且所到之处,不成功决不罢休。

常人常常很难理解。对此,稻盛的结论却是:"企业经营不是慈善事业,既然是商业,就一定要赢。"他曾详细解读过这一观点:"有的人埋头钻研佛法,倾向于形而上学及宗教的领域,最后把这样的思维带到了企业经营当中。据说有的经营顾问会推崇极端的博爱主义,在我看来,这非常荒谬——虽然在我的企业经营理论中也强调利他的重要性,但那是以严谨的现实合理性为基础的。在商战中,经营者要当个彻头彻尾的理性主义者,在其他时候,则要奉行浪漫主义,了解形而上学的领域。只有两者兼顾、不偏不倚,才能成为一流的企业家。"

那么,他的斗争心是怎样的呢?"斗争心"深植稻盛骨髓,哪怕是在企业经营之外,只要符合事物的本质,稻盛也会凡事认真、绝不含糊:据

[①] 阿修罗:佛教中的六道之一,信奉佛法,是佛教护法神"天龙八部"之一。阿修罗男身形丑陋,阿修罗女端正美貌,但易怒好斗、骁勇善战。作为两个群体,阿修罗与帝释天相互嫉妒、时常争战,故俗称战场为"修罗场"。

稻盛在第二电电的下属小野寺回忆，每次观看由京瓷赞助的J联赛球队"京都不死鸟"的比赛，稻盛都充满了激情。如果看到有人在比赛中不用心而失误，他就一定会毫不留情地在看台上大声斥责。

稻盛在《心法之贰：燃烧的斗魂》中曾谈过这么一次京瓷同韦尔奇领导下的美国通用电气（GE）之间的竞争："精密陶瓷的市场竞争不只限于日本国内，GE也曾一度加入进来，但后来跟进的GE无法扩大市场占有率，不久就撤出了精密陶瓷领域。大约十年前在东京举办了题为'世界经营者会议'的讲演会，当时我和GE的CEO韦尔奇先生在一起。韦尔奇提出了'选择和集中'的战略——除了在行业领域内占据第一、第二位的事业之外，统统撤退。当时，正是这一战略奏效、大受追捧的时期。就是这位韦尔奇先生，当时一边用手指着我一边说道：'我也犯了一个错误。今天有幸见到稻盛名誉会长，让我想起了在参与精密陶瓷竞争的时候，我们像一只小苍蝇一样被京瓷轰跑了。'他苦笑着说了这段话。我认为，在商业世界取胜，首要的就是斗魂，就是'无论如何也要取胜''不管怎样也必须成功'的一种气势；就是摸爬滚打、不顾一切、奋勇向前的一股冲劲。激起'燃烧的斗魂'、付出'不亚于任何人的努力'的人生存，没有斗魂、不肯努力的人则灭亡。结果只能如此。"

稻盛如何让自己和团队拥有"燃烧的斗魂"并"付出不亚于任何人的努力"？要让自己赢得竞争，稻盛采用的手段不是打压对手，而是尽一切可能壮大自身：

用最热情最真诚的眼睛去主动发现客户需求，做客户的仆人；

用最拼命最忘我的努力去开发别人开发不出来的产品；

用最细致最科学的复盘反省经营活动，及时调整、快速进步；

……

稻盛相信"进化论"，但他相信的是其中的"优胜劣汰、适者生存"，而不是"弱肉强食、丛林法则"。

他曾留意过路旁的花草树木："它们为了在自然竞争中求生存，一直在拼命努力。为了获得更多的阳光而努力伸展枝叶，努力进行光合作用，努力积蓄养分，努力度过寒冬，等待下一个春天的到来。哪怕是不起眼的杂草，也在拼命地生长。花草树木绝对没有'要打垮周边植物'的意志，它们只是一心一意地吸取养分、为生存而奋斗。"

如果有生物稍微没有努力，会发生什么呢？比如，当一棵树为了生存而抓住一切机会和资源拼命生长的时候，它一旁的另一棵树却没邻居那么拼命。就这样，慢慢地，每次都会懈怠一点点的那棵树生长得越来越缓慢，而拼命成长的那一棵日渐枝繁叶茂。它的树荫自然而然遮蔽了那棵发育不良的树，后者便因营养不足日渐凋亡。生生死死就是如此：一刻不停、毫不留情地向前发生着，但生命力更强，并不等价于去伤害。

稻盛的斗争心，就是这样通过正大光明的"建设自我"而非"破坏对方"来显现的。稻盛常对盛和塾的企业家们讲："压倒一切的气势和斗魂，是经营者所需要的。"一旦要求自己成为赛场上唯一的胜者，自然就会持续爆发出这种压倒一切的气势和斗魂。相反，只要没给自己设立绝对性的高目标，经营者必然会自留余地，于是因缺乏信念而时常懈怠、轻易动摇、软弱乏力，绝不可能拥有强大的气场去影响和塑造燃烧斗魂的团队。

这样再看稻盛的济世利人和斗争心，才明白：原来，他对人间的爱，是那么深沉，深沉到用浅薄的世情是根本无法参透的。

他不过是在通过经营和抵达成功的过程，向员工，更向参与到竞争中的全体"对手"、全日本社会，乃至一切有机会接触到他思想的人们传达无上甚深、又微妙至极的真义：在奋斗中激发自性所具有的智慧、勇猛和慈悲，在奋斗中认识人到底为什么而活，在奋斗中解决一切困惑、一切无力、一切痛苦。

他，就是个不断修炼菩萨心肠的斗士。

磨炼灵魂：活法与死法的互补

生与死：对这个问题的思考，或许才是稻盛思想的终极原点。古来一切贤圣伟人都无一例外地对"生与死"进行过沉思，稻盛也是如此。而只有明白了生死的本质与两者之间的关系，才能更高维度看世界。

1944年，12岁的稻盛升学考试失利，曾一心想上鹿儿岛最好的"一中"的他只好进了一所普通中学。看着昨天还是手下喽啰的那些小子，还有天敌似的富家子弟都穿着"一中"的制服神气活现，这一幕，让自尊心极强的稻盛心里难受极了。那种惨痛的失败感，导致当时的稻盛心灵脆弱。于是，病菌乘虚而入。那年年底，回国休假的叔叔携带了虱子，稻盛受到叮咬，也发热病倒，后来去医院检查，被诊断为"肺浸润"，属于肺结核的初期症状。

大叔父、大叔母都因患肺结核而死，如今小叔父也染上这病而整天吐血，在稻盛家的偏房休养。稻盛忍不住想：稻盛家系与当时的不治之症肺结核一定是结下了难解之缘。

"那么，我也将瘦得皮包骨头而死去吧！"曾经的顽皮大王变得意志消沉。可能是求生心切，经由热心邻居帮助，稻盛阅读到一本宗教书籍《生命的实相》，稻盛读到其中一句话："灾难是由自己的心态招致的。"

稻盛便对照起当时的自己：那时，本来没事的他总是躲着在偏房里养病的小叔，不但不愿意照顾他，每次在不得不经过叔父房间时，还一定会很早就捂住自己的嘴鼻、屏住呼吸跑过去，如此"防护"，可最后还是感染了。而从不避讳叔父的父亲和哥哥呢？他们细心照顾小叔父起居，也没做什么防护，却一直好好的。

"对啊！"稻盛猛然醒悟：越是一心想逃离灾难，就越是被灾难困扰。正是软弱胆小、患得患失的心态才招来了结核病的侵扰。也就从那时起，稻盛开始思考人心应有的理想状态，并给予他此后的人生以莫大的影响。

上大学后，他又学到了热力学第一定律（能量守恒定律）："构成宇宙的能量的总和既不增加也不减少，是恒定不变的……因为能量的总和不变，所以无机物也罢，有机物也罢，全都是构成宇宙不可或缺的元素……缺少了哪怕数百兆分之一克的微量物质，宇宙的平衡也会因此而被打破。"

在别人眼里只是单纯的科学定律，而对稻盛来说，却成了思考"活法"的起点：他并未止步于科学本身，而是继续上行，把科学升维到哲学。

"所以没有不必要的存在,既然存在,就是构成宇宙的必要之物,或者说,是必然性的存在。反过来说,世上没有多余的东西。同时宇宙中的存在,并不是某种东西可以孤立存在,所有一切都在相互关联中存在。进一步说,因为有了其他东西的存在才有了自己的存在,因为自己的存在,才有其他东西的存在。一切都在相互关系中存在着。

"一切存在绝非偶然,都因必要而存在。我们降生于世,生存于世,都是必然的,存在本身就是有价值。而人的存在应该具备超越存在的伟大价值。我认为,这种价值就在于人能够为社会、为世人做出贡献。"

人们常常赞叹稻盛凭借宽阔的心胸和远大的抱负活出了精彩的一生,原来,这一切的思考原点,就是"竖穷三际,横遍十方"的无垠宇宙啊。

经历与死神的擦肩而过,加之后来学到的科学知识,再叠加彻底思考。由此,稻盛学会用不同于常人的思维方式来看待生与死。

"人生不如意事十有八九。有时我们甚至怨恨神佛,为何只让我经历那么多苦难?但正是这些苦难才能磨炼我们的灵魂。把苦难看作考验,我们需要这样来思考问题。"

"在人生这幕戏中,自己积极充当主角、积极书写自己所希望的剧本的人,与那些缺乏目标意识、懒散庸碌、随波逐流的人,他们的命运会有天壤之别。"

这是一种"灰度",一种"互补",一种"混沌"的高维思考方式。拥有这样思维的人,就不会面临绝境:生生死死,死死生生,向死而生,置之死地而后生。

面对生死,稻盛早已通透:"按照我的观点,死亡只是意识体的重新启程。少年时代患肺结核时我不愿死,有求生的欲望。但到了50岁时,对于死亡,我再也没有惶恐不安的情绪了。我认为,让自己的灵魂得到不断的修炼,这才是最重要的事。"

超越了生死,企业就不过是修炼灵魂的道场。如此,稻盛和夫眼前的企业经营之路怎能不是通途!

结语：一阴一阳之谓道

"一阴一阳之谓道"语出《易经·系辞上》。这是中国易学表述矛盾法则的命题。认为事物都有阴阳两个方面、两种力量，相反相成，相互推移，不可偏废，构成事物的本性及其运动的法则。即这个世界无论自然、人、事有多复杂多变，但衍生世界的这一根本之"道"是不变的。

量子力学则认为，物质既有粒子性，也有波性，两者是互斥的，站在更高维度看又是互补的，是事物的一体两面。波粒二象性是一切存在的基础，是事物最基本的特性。量子"材料"拥有的波粒二象性必然也作用和影响到人最基本的身心关系，进而站在生命体高度洞见到人的精神和肉体，人性中善与恶互补的两面。因此，阴阳也是对生命本质的最基本概括。

企业管理的认知升级也遵循了这一逻辑。过去110年的西方管理思想史大致可分为三个阶段：

第一阶段叫最佳实践（1910—1960年前后）：认为世间存在某种最优的管理理论和方法，可以放之四海而皆准，根本不需考虑具体的情境。比如，泰勒的车间管理、韦伯的科层制等。

第二个阶段是权变理论阶段（1970—2000年前后）：管理学者逐渐意识到根本没有所谓的普适"管理规律"。每种管理理论或者实践是否有效在很大程度上依赖于诸多内外环境因素。只有当两者很好地匹配时，才能达到比较理想的效果。

第三个阶段就是悖论整合阶段（2000年之后到现在）：管理学者意识到组织管理中充满各种悖论，例如，短期VS长期、分权VS集权、技术驱动 VS 客户驱动、前线 VS 后台、制度 VS 活力、英雄主义 VS 集体主义、利益驱动 VS 社会责任等。越是大企业，越是高层的管理者不是在非黑即白、非此即彼之间进行简单的选择，而是把诸多矛盾和悖论，以一种动态和整体的方式整合在一起，相互依存，共同推动企业的持续发展。

对立中有统一，对称中有破缺，这是万物生长的秘密。企业是一个生命体，管理学的演化发展也是一个越来越接近本质规律的过程。

作为科学家出身的稻盛和夫在天性的加持下，承应天道，理解人道，体会事道。秉持"敬天爱人"的经营理念，牢牢把握住人性中"善""恶"相对的两种力量，扬善抑恶，利他自利，修己度人，在经营企业时极度理想又极度现实；在经营人心时极度感性又极度理性；在实施具体事项时极度乐观又极度悲观，左手显微镜、右手望远镜，紧紧抓住危机中稍纵即逝的机会，打造出筋肉坚实的高收益企业，实现员工物心幸福、客户感动并为社会的进步和发展做出了贡献。

稻盛真可谓是"万物得其本者生，百事得其道者成"的大实践家。

第5章
纠缠——世间万物，始于心，终于心

牛顿的理论只是一种近似，在任何尺度上世界都是量子的。

——维德拉尔

什么是最好的管理模式？并非一定要追求美国模式或日本模式，只要人性化模式就行。就是说，不管在哪个国家，领导人以身作则，与大家打成一片，上下同甘共苦，就是最好的模式。

——稻盛和夫

一、无问西东，方可共同闪耀

萤火虫创造的震撼

1935 年，来自华盛顿的生物学家休·史密斯教授在东南亚雨林深处开展研究工作。一天夜晚，在这片神秘幽静、潮湿黑暗、郁郁葱葱的红树林里，他抬头看着一棵树。突然间，这棵树的整个树冠闪闪发光。不是因为这棵树被闪电击中，而是从树上射出了一道"闪电"。紧接着一片漆黑，他眼前的画面变得模糊了。

随后，亮光马上再次出现，同平时所见的闪电一样。于是整棵树再次闪闪发光，3 秒钟后又是一片黑暗。接下来，在这个离奇的时刻，河流沿岸所有的树木突然一齐发光。是的，在长达 1000 英尺的河流一侧，当其中的一棵树突然发出强烈的光芒后，所有树木便开始步调一致地同时散发光芒，又同时陷入黑暗。

只有身临其境，人们才能感受到那种神奇而壮观的震撼。当史密斯最终从震撼中平静下来时，他发现：实际上，并不是这些树在发光，而是树上布满了会发光的萤火虫，所有的萤火虫几乎都在同一时间发光。

以当时的研究水平，史密斯亲眼看到的这一切不论是从自然法则层面上、数学层面上，还是生物层面来解释，对于远离原始森林的科学家们来说，都是不可能的。那时，没人相信史密斯。

如今，多亏了现代科学，我们终于知道了这些萤火虫是如何做到同时发光，以及它们这样做的原因是什么。事实证明，萤火虫这种令人费解的行为实际上是为了自身的繁衍进化。

若一只雄性萤火虫在某个时刻发光,那么,一只在红树林黑暗深处的雌性萤火虫对这只雄性萤火虫做出回应的概率是3%。但如果雄性萤火虫"一起"发光,雌性萤火虫回应的概率则高达82%。当雄性萤火虫形成一个相互联系的群体而不是以个体的形式存在时,这个群体共同发光,它们成功吸引雌性萤火虫的概率就增加了79%。

研究进一步发现:萤火虫可以计算出另一只萤火虫的发光时间,准确率惊人(甚至可以精确到毫秒),这就使得它们能够与其他萤火虫完美区分开来,从而避免了竞争。萤火虫是如何做到这一点的呢?尤其是在黑夜能见度降低和视野变窄的情况下,它们是如何与其他同伴完美配合,发出亮光的呢?

原来,这些萤火虫不需要观察就能够和其他伙伴保持一致,只要一组萤火虫不完全在另一组萤火虫的视线之外,两组萤火虫就能够保持相同的发光频率。也就是说,仅仅需要几个亮光点,整个系统便会实现质的转变——这样的生物系统,被称为"积极系统"。

在这个有趣的故事背后,还有最后一个重要的细节:探索雨林的生物学家们发现,红树林中散发出来的亮光在几英里之外仍然可见,这意味着,其他萤火虫能够更容易地汇聚——光越是明亮,就有越多新来的萤火虫加入这支大军,从而使其光芒更加闪耀。

当一个个只能发出微光的小小萤火虫团结起来、相互成就,它们便创造出原始森林中"萤火虫光团"的壮丽景象。这一幕,不禁让人联想起量子世界中那个同样令人叹为观止的现象——量子纠缠。

天地万物同"奇点"

"量子纠缠"概念的提出迄今已有86年,是量子物理中最难理解的现象之一,也是当下研究与应用的热点。

量子纠缠,是指当几个粒子在相互作用后,由于各个粒子所拥有的特性已综合成为整体性质，此时已无法单独描述单个粒子的性质，只能描述整体系统的性质。因此，当人们对其中一个量子进行测量的时候，另一个无论相距多远的量子居然也可瞬时被关联地测量。

也就是说，相互纠缠的量子不管相距多远，它们都不再是独立事件。纠缠系统中的一个粒子的状态直接影响着其他粒子的状态。

由基本粒子构成的各类生命体中，当隐藏着这一秘密：候鸟迁徙几千千米，靠什么记住迁徙路线？蚂蚁、蜜蜂如何协同工作？以及本章开头提到的热带雨林里的那片萤火虫……就能强烈感受到相互关联、相互影响那不可思议的魔力，而这远不是经典物理学所能解释的。

那么，量子之间为何会产生纠缠？对这一疑问，虽至今尚未找到一个公认的答案，但很多物理学家都相信这来自"宇宙大爆炸"：138亿年前那个体积无限小、质量无限致密、温度无限高、时空曲率无穷大的"奇点"发生了大爆炸，正是这个奇点的大爆炸产生了我们的宇宙。

在宇宙起源瞬间，也就是在大爆炸的那一刻，这个奇点分裂为无数基本粒子，从那时起，这些"本是同根生"的各种粒子就开始了相互纠缠。而宇宙中包括我们人在内的一切又都由这些粒子构成，因此我们人类也和身边的事物有了纠缠关系，比如说，树与人、动物与人、人与人，甚至是星星与人、河流与人……

也就是说，世上那些貌似不关联的东西本质上都是关联的。我们的祖先从心灵与天地的对话中悟出"天地万物为一体"的宇宙观，这与西方文明在100多年前用科学的方式逐渐揭晓这一世界真相相比，是一条从哲学契入天道本质的路径，两者殊途同归。这提醒我们在工作与生活中要善于发现事物内在的相关性，并在需要时打通它。

那么，"量子纠缠"在生命体中到底是如何起作用的？在量子生物学研究领域也进行了超前研究布局的施一公大胆假设："这样一个简单的现象既然存在于客观世界，那么它一定会无处不在，也包括存在于我们的人体里。"

在施一公看来，目前的神经科学、化学都在证实量子纠缠的道路上持续推进，研究结果所达到的数量级不断提高，也就是说，神经学和化学等非物理学科在证明量子物理时不断获得成功，量子纠缠已成为一个普适现象。继续下去，或许终有一天人类会证明这样一个奇异又激动人心的事实：我们——全人类——只不过由同一个源头而来。我们看似独立而相异，但实质上都是共处于复杂量子纠缠体系中的一个共同体。

施一公进一步推论：不仅限于物质层面，或许我们还可以证实，量子纠缠也存在于人类的认知世界、存在于我们的大脑里。也就是说，量子纠缠起作用，是借由我们的每一个念头、每一次思考、每一句话语、每一种行为，这一切都能通过时空的震荡与宇宙万物形成"纠缠"，对他者造成影响，而这样的影响也同样因为"纠缠"原理，最终会以不同的面貌反馈回我们身上。所以，"量子纠缠"并不遥远，也不抽象，它时时都在发生，发生在我们每个人的当下，也结果于每个人的当下。

在回顾自己性格成因时，稻盛和夫说："我的父亲畦市是一个做事本分严谨的人，不愿意背上债务。我自身在从事企业经营时，也将谨慎行事作为最重要方针，并且我也不愿意向外借债。在这些方面我相信是受到了父亲的影响。与父亲的性格截然相反，我的母亲是一个开朗外向的人。也正是由于母亲这种性格的影响，我不管身处任何困境，都依然会保持乐观向上的态度。""必须额头流汗，必须靠自己辛苦努力去赚钱。"稻盛始终记得父母小时候对自己的教导。

在原生家庭中，父母对孩子无可忽视的影响是否是某种"纠缠"呢？更进一步，在工作、生活中，我们也常常有这样的体验：与我们长期接触、关系紧密的人——亲人、朋友、工作伙伴、合作对象、社团组织成员——虽性格各不相同，但共识却往往更容易达成。正应了那句老话：物以类聚，人以群分。

这，或许就是量子纠缠在人类这里产生的效应之一。所以，推而广之，本质上世界乃是所有人共业所感。大洪水来袭之前，没有一滴水认为自己有罪；雪崩时，没有一片雪花无辜。你我都是世界的一部分，世界亦是你我的一部分。

因此，天体物理学家卡尔·萨根提醒人类：地球是一个有机的整体。如果人类乃至一切生命仍要相互对立、用掠夺的方式来获取生存权，那么受到惩处的将是我们每一个人。

诗人约翰·多恩写道：

没有人是一座与世隔绝的孤岛 / 每一个人都是广袤大陆的一部分 / 如果海浪冲掉了一块岩石 / 欧洲就减少 / 如同一个海岬失掉一角 / 如同你的朋友或者你自己的领地失掉一块 / 每个人的死亡都是我的哀伤 / 因为我是人类的一员 / 所以，不要问丧钟为谁而鸣 / 它为我，也为你

海明威因此说：所有人都是一个整体，他人的不幸就是你的不幸。而只有那些真心诚意爱护他人、给予其他生命生存与发展空间的人，才能收获万物回馈给他们的礼物——感谢、帮助、支持、信赖，也就是正能量的无限循环。

其实，我们每个人都在以自心为原点，创造着属于自己的世界。量子纠缠不会凭空发生，一个人能主动与多少其他生命产生"纠缠"，就一定能收到多少生命与生命间的回应。当我们只关注个人得失时，我们或许终其一生，就只能实现养活自己的小目标；当我们心里装着一家人、一个企业甚至整个社会时，我们的境界、格局、智慧和能量便提升，"纠缠"范围扩大，结果就不同了。

回顾自己的企业人生，稻盛说："刚开始对于经营一窍不通的我，就不得不思考这样的问题——要经营好企业，究竟应该以什么为基准才对呢？由于没有经验，我想到了小时候父母的教诲，还有学校老师们的教导，就是'作为人，本来应该是怎样的？'。从那以后，直到今天，我始终将此作为经营的根本。不管是紧急状态下的判断，还是技术上的开拓，抑或是组织上的调整，基准都是'作为人，何谓正确？'。"

企业是由人组成的集合体，从人人都共有的"奇点"出发，自然会产生更广范围、更深层次的"纠缠"。这个"奇点"，稻盛发现就是人人共有

的"心"。虽然人心易变,人心难测,但同时,一旦心心相连,就没有任何东西能像人心一样可靠,在任何逆境中都牢不可破。

确定了"以心为本"的经营方针后,稻盛意识到:"如果要求他人具备美好心灵,首先自己必须具备美好的心灵,否则,哪怕具备美好心灵的人,也不会向我靠拢。"

为心赋能,就是稻盛和夫经营企业的核心密码。

二、通心：大义名分的力量

在某期《对话》节目中，TCL集团董事长李东生当着稻盛和夫和两千多名经营者的面自我剖析："这么多年下来，虽然企业经营业绩有好有坏，但我一直秉持着一个很真诚的心态、一个超越金钱以外的目标去经营企业的。从这个动机来讲，我觉得我可以给自己打比较高的分，但从实际的结果来说，我又不能给自己打很高的分。特别是在对照了稻盛先生以后——您能够把您的经营思想非常好地贯彻到企业里的每一位员工那里，贯彻到企业经营的每一个环节，这是我努力想做而没有做到的。"

李东生的感慨也是很多学习稻盛经营学的企业家共同的纠结：明明感觉自己在工作中已经非常利他了，明明已不再是为一己之私而经营企业了，为何员工还未对经营者产生足够的信赖？未能爆发出同频共振的力量？问题到底出在哪里呢？

结合亲身经历，也是回答包括李东生在内有共同困惑的经营者，稻盛说："正如你所说，想要价值观共有非常困难。为此，我就把员工们可能都关心的'大义名分'放到了价值观的首位，那也正是确立了我们公司的经营目的，这目的就是实现公司员工物质和精神两方面的幸福，而不是什么提高股东利益，也不是什么提高客户利益，把这些都放在一边。一定要把追求公司员工物质和精神两方面的幸福放在绝对首位。为了实现这一目的，就必须有这样的价值观。就是说，不树立这种价值观，公司就无法取得优异的业绩，而优异的业绩，是实现员工幸福的必要条件。当我这么说时，员工们就能接受：'啊，原来是这样！你说的是为了我们才需要这种价值观。嗯，现在我们能理解了！'"

稻盛的话往往很平实，从语言文字上理解并不难。但正因言简意赅，真正要读懂他语言文字背后蕴藏的深刻道理并落地实践，却又完全成了另一个维度的事。

上面这番话所表达的最核心、最关键、最本质的是什么？是真正的"为员工"——这才是稻盛经营学的原点，也是他取得所有成功的最大法宝。李东生等企业家为什么感慨，根本原因是经营者与员工没有真正"心通"，中间还有不少"堵点"，员工还没有收到。

稻盛经营学中有清晰的因果逻辑链（见图5-1）：

"稻盛经营学"的因果链

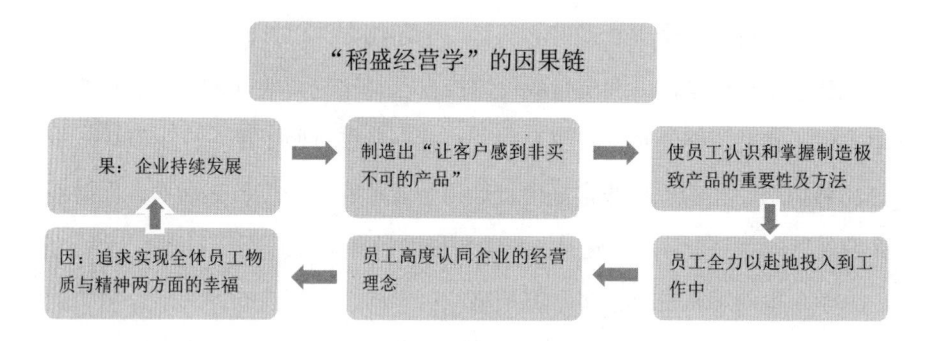

果：企业持续发展 ← 制造出"让客户感到非买不可的产品" → 使员工认识和掌握制造极致产品的重要性及方法

因：追求实现全体员工物质与精神两方面的幸福 ← 员工高度认同企业的经营理念 ← 员工全力以赴地投入到工作中

图5-1 稻盛经营学的"因思维"

既然认识到员工才是企业一切的"因"，那么稻盛就必然竭尽全力与员工发生深度"纠缠"，为员工铸魂赋能。

牛津大学量子信息学教授维德拉尔说："牛顿的理论只是一种近似，在任何尺度上世界都是量子的。"当然，在宏观世界中，量子纠缠产生的效应只有达到一定量级才能被感知。量级，就是强度、持续时间。

稻盛紧紧抓住企业里"人"这个第一因，毫不动摇地坚持"员工第一"（人们常常纠结于到底是"员工第一"还是"客户第一"，这就陷入了二元对立的牛顿思维。当全员形成了心与心的连接，产生了一体感，作为一个整体面对外部客户时，企业才能实现真正的"客户第一"。对内的"员工第一"是因，对外的"客户第一"是果。坚持"员工第一"的稻盛反复强调京瓷人"要做客户的仆人""要取悦顾客"，两者相辅相成）。

然而，由于性格不同、成长背景各异、职位差别，通常经营者和员工之间只是"雇佣型"这种极其微弱的"纠缠"，仅凭这种量级的纠缠，无法形成牢固而强大的凝聚力。这就必然要求处于强势一方的经营者主动出击，身先士卒、以身作则，形成旋涡的中心，将量子之间的相互作用变得强烈起来，企业里，大伙"一条心"的场域才能真正建立。

在京瓷干部大会上，稻盛强调："京瓷所有的部门都应该揭示自己部门的大义名分。"他说，京瓷这个企业，有大义名分，有"追求全体员工物质和精神两方面的幸福"的经营理念。同样，各位干部，你们在各自负责的事业部门也应该树立大义名分。这样的话，你们的部下就会觉得"为了实现如此崇高的目的，为了这项事业的发展，哪怕粉身碎骨，我们也在所不辞"。他们就会发挥自己的积极性和创造性，主动把事情办好。

所谓"大义"，在词典中的定义是"人应该奉行的重大的道义"。如果是这样，"大义"就必须是脱离"私"、追求"公"的行为。而"实现全体员工物质和精神两方面的幸福"这样的企业目的，就超越了经营者个人的私利私欲，是为了员工，这就体现了"公"，这正是"大义"之所在。"大义"这个东西具有连接、鼓动人心的巨大力量。

在企业里，"大义名分"就是对员工最好的赋能，是实现包括经营者在内的全体员工深度"纠缠"的必由之路。

这就像激光一样：实现"能级反转"的大量电子处于高能量激发态，释放出的所有光子都频率一致、相位一致、偏振方向一致、传播方向一致，这众多"一致"，使得激光就像是一支纪律严明、行动高度一致的光子部队，有着极强的"战斗力"。

迭代：从"机械组织"到"量子组织"

稻盛经营的三家企业，都是几万人的超大型企业，却都具有强大的组织能力、抗压能力、创新能力，以及从萧条中迅速反弹的能力。按照"常识"，组织越大其复杂度倍增，发展到最后，往往出现管理混乱、结构臃肿、人心涣散等大企业病，最终跟不上时代，轰然倒下。

凭什么稻盛就能打破这个常识？因为他已建起了一种新的组织形式，我们不妨称其为"量子组织"。

既然称为新组织，那么就有一个"旧的组织"形式与之对应，这种旧的组织形式，就是"机械组织"。机械组织源于18世纪的工业革命。工业时代早期的人们，深受牛顿世界观的影响。法国数学家、物理学家拉普拉斯断言：整个宇宙就是一台巨大的时钟，按照准确的机械规律运行；法国物理学家梅特里在1748年宣称：人本身就是一部机器；而英国经济学家斯密则认为经济是一个系统，而系统"在很多方面与机器很相似"；《美国宪法》本身就像大钟的内部结构，充满了"制动机和平衡轮"，美国国父之一杰斐逊也提到过"政府机械"一词。

在这样的环境之下，企业自然也会延续同样的底层逻辑：企业就是一部机器，身处其中的每个人就是构成机器的零件，零件只需按既定规则去运行即可。

"机械组织"在工业时代曾极大地促进了生产力发展、社会的文明进步。然而，随着信息时代来临，新的文明和新的社会结构强烈呼唤着新的组织形式，"机械组织"被更加先进的"量子组织"迭代，将是经济社会发展的必然结果。

信息时代，以下变化正在悄然发生：

· 人工智能正悄无声息地大量取代人力，人们需要寻找并发展出自身永远无法被机器替代的功能，而这样的功能，只能在人的思想与情感相关中去寻找；

· 发达的交通工具足以让人"说走就走"。企业员工稳定性大大减弱；

· "信息不对称"极大被消解，一切变得越来越透明，权力被分散，每个人都被信息和算力极大赋能，整个世界"离散化"和"去中心化"；

· 借助计算机和其他先进工具，产品制造由大规模的批量生产到定制化、柔性生产——生产要求的多变性呼唤着组织形式的灵活性；

· 世界正变得越来越失去"连续性"，大量涌现出"跃迁""混沌""不确定"等量子现象，并且力度还会越来越大；

……

那么，企业到底如何应对？

所谓万变不离其宗，以不变应万变。到底什么才是经营的"不变"？经营者可依赖的根本力量到底是什么？经反复思考，稻盛和夫得出的答案是"人心"——人心虽然易变，但一旦凝聚，就没有比这更强大的力量。因此，京瓷、KDDI、日航——无一例外，本质上都是以心为本、深度纠缠、能自我进化的"量子式组织"。

那么，"量子组织"为何能消解大企业病，顺应快速变化的时代呢？

三、连接：人·人

"量子组织"和"机械组织"究竟有何不同？

表 5-1 机械组织与量子组织

	机械组织	量子组织
时空观	绝对空间，绝对时间，绝对的确定性，强调稳定性	时空都是相对的，万物也是相对的，世界是不确定的，时刻处于变化中
人事物的运作方式	世界以连续性和线性的方式运转，只要方法正确，一切就可尽在掌握	世界充满了跃迁、突变和复杂性，以及突然涌入混沌的情形
主观性/客观性	"我"只是一个零件、被动的参与者，对世间力量毫无掌控	"我"作为有意识的观察者/主体参与了对现实的创造，我们对自身和世界都负有责任
人与世界的关系	机械唯物主义观：每一个独立的部分像零件组合成机器一样被绑在一起，各人只需自扫门前雪，按既定模式运转即可	万物互联式宇宙观：事物是"纠缠"的，不论远近，所有事物都微妙地相互联系、相互影响。"利他"才是最佳生存策略

《庄子·秋水》中说："以道观物，物无贵贱；以物观物，则自贵而相贱。""机械组织"重视有形的"以物观物"，而"量子组织"则更看重"以道观物"形成的无形连接。

从上表对比中不难看出："量子组织"打破了组织对人不必要的束缚，给人自由，尊重人的创造力，从而赋能予人，在人与人的深度"纠缠"中激发潜能，实现对自身和组织的价值创造。

企业本质上是一个生命体、能量体。部门与部门之间，员工与员工之间，员工与客户之间除了有形的连接，更重要的还有无形的关系。而能量的流动就发生在无形的关系中。

那么，稻盛是如何打造出"稻盛流"式的"量子组织"呢？

俗话说"三岁看大，七岁看老"。这一切可以从他的青少年时代说起。小时候是孩子王，除了能力过硬（那时的"能力"就是打架够狠、有战术、能赢、脑子好使反应快），稻盛还具有先人后己的天性。在那个物资短缺的年代，每天下午放学后母亲都会在家坚持为"稻盛团"准备红薯或点心，"大哥"稻盛总是让小伙伴们先选，最后大家挑剩的才是自己的，也因此，他收获了不少"铁杆粉丝"，大家都忠于这位讲义气的首领。

工作后，尽管在松风工业的工资不高，还经常迟发，稻盛坚持将每月工资在寄一部分给父母后，他还想尽办法自掏腰包，在辛苦工作一天后的夜晚带着与他共同工作的伙伴们去吃面喝酒，热议工作，畅谈人生。做这些，稻盛不是为了自己积聚人气，而是当时松风工业处于破产边缘，员工经常罢工，单纯地为了提振团队士气、顺利开展工作罢了。

创业后，稻盛陆续吸引了许多血气方刚、对事业和人生充满抱负的年轻人来到他的身边，并忠诚地团结在他的周围。

让这些人愿意追随稻盛去拼搏的原因，除了先人后己的品质之外，还在于稻盛具有一种"点石成金"的魔力，他总是不遗余力去发现人才、培养人才。稻盛独特的"本事"之一就是，将本是二、三流的"人才"赋能成为一流的"豪杰"。

赋能分身

稻盛认为，招聘进来的员工必须足够了解公司的情况才行，否则，即便被糊里糊涂地招进公司，他们也会很快离开。于是从1965年开始，京瓷采取了一边和应聘者共进晚餐一边饮酒的方式进行面试，就像是空巴的实习生版。京瓷借着这样的面试方式去观察和判断出具有与京瓷相同或相似价值观的员工。就这样，陆续吸引了一些社会上的优秀人才加盟。

但京瓷是个要求非常严格的公司，当时规模尚小，社会影响力也不够。

在当初的空巴中也有很多员工无法吐露真心，正式进入公司后终究不愿"统一思想，形成合力"，最后还是选择了离开。

稻盛对此也从不妥协："不能与京瓷的哲学产生共鸣，不能和我'心心相印'的人可以辞职，或者说，是我希望他辞职。因为这样的人即便留下，也会留下隐患。"稻盛的这个想法从未改变。

当年京瓷的离职率很高，但那些留下来和稻盛一条心的员工都有着很高的职业道德。当被问到录用新人时最看重的是什么，稻盛会不假思索地回答："人品！"若再问到是否会参考应聘者大学时所学的专业时，稻盛会强调："人品，我们只看这一点。"

那么对于更高层领导者的选拔呢？"挑选大学毕业、能言善辩的员工当董事，公司就真的能顺利发展吗？还是应该选择了解商业本质的员工呢？"

无论什么岗位，稻盛总是严格地将"人格"作为选人的第一标准。选好人之后，在培养人才时，稻盛是甘为伯乐、毫无私心、知人善任、慷慨大度。

早在松风工业时期，负责特瓷科的稻盛就坚持独立招聘人才。那时被他揽入麾下的浜本昭市、伊藤谦介、德永秀雄等人，后来他们分别成长为京瓷专务董事、京瓷社长、京瓷常务董事。

浜本高中毕业，从小在田间地头的劳作中得到了锻炼，肌肉发达、十分健壮。此人少言寡语，不喜欢抛头露面，但在工作上的细致缜密却令周围的人赞叹不已。

同样高中毕业的伊藤与浜本一样，沉默寡言又很能忍耐。在工作上，他是那种踏实、拼命、注重细节又极能吃苦的人。当年求学心旺盛的伊藤进入公司后就开始读夜校，而稻盛却对他说："没有必要再去读大学了吧？我会教你很多东西。"

在稻盛看来，那时的伊藤等人品德良好，专业上虽暂时还是外行，但却能自由思考，对事物常抱有疑问。因为缺乏经验，在公司里反而会充满危机感和饥渴感，只要加强学习和实践，完全能在未来大展拳脚。

稻盛很早就开始总结应从何处下手，尽快培养出得力的分身。当然也有不尽如人意的两难时刻。从 1964 年开始，充满危机感的稻盛就决心攻下正日益扩大的海外市场，在各种与海外贸易有关的场合中，他都带上了一位重要助手：上西阿沙。

上西年长稻盛 11 岁，在海外长大、毕业于京都大学的他出类拔萃，擅长英语，海外贸易经验丰富，是稻盛当年在松风工业时的同事，职位和资历都比稻盛高，这对当时规模尚小的京瓷来说，确实是不可多得的人才。

但两个人的磨合过程并不顺利。第一次与上西去国外时，两人就因想法不同起了争执。稻盛是一个激情四射的人，推销业务不顺时，他会抱头哀叹："今天又白干了，公司的宝贵经费又打水漂了！"看着稻盛仰天长叹、流下眼泪的模样，深受西方教育熏染的上西表现出难以置信的表情，继而，他异常冷静地回应："努力了也拿不到订单，这也是常有的事（有什么好自责的）。"

"这样下去公司会倒闭的，我请你上西一起来，就是为了拿到订单！"

"拿不到的东西就是拿不到嘛！事情总要一个一个地解决！"

"我想打造一个能共同欢笑，共同流泪的企业！"

…………

两个人你一言我一语，话不投机，最后竟然发展到边哭边吵。从那时起，稻盛就感觉自己与上西不合拍，两人仿佛型号配对错误的一组齿轮一般，始终咬合不上。

后来又发生过好几次在业务洽谈现场的争论：业务对象高谈阔论，甚至讲一些非常离谱的话题，一门心思都在事业上的稻盛无法容忍，要求通过上西的翻译来表达对对方的不满，可上西却认为太过失礼，不愿翻译。终于，在屡次沟通无效的情况下，稻盛在一次洽谈现场愤然离席。

稻盛认为，公司领导不该为争论而争论。对于稻盛的种种意向，上西从不提出具体方案，却屡屡指责他做决定时考虑不周，挑剔稻盛的过错；即便讨论过错，上西也总是不得要领，无法触及问题的核心。若继续如此，二人再无合作的必要。

即使上西人才难得，稻盛也当机立断："以后你不用再来上班了！"告知上西这个决定后的两三日后，上西的父亲（实为养父）亲自登门造访，在稻盛家的玄关处长跪不起，诚恳地向稻盛说明上西的情况，并希望稻盛能再给上西一次机会。

于是第二天，稻盛去见上西，提到"你父亲前来求情……"上西回答道："很想回去好好干！"轻描淡写的一句话，稻盛并不满意。

不料，上西泪流满面："你竟然为我做了那么多……"这一瞬间，稻盛脱口而出："我能理解。"

回想当年这一幕，几十年后，稻盛说："从这一瞬间开始，两人已心心相印、情同手足。"

上西这样的人才确实不可多得，然而倘若心意无法互通，事业则会徒劳无功。与其犹豫不决地妥协，不如斩钉截铁解决问题。这就是稻盛的风格。

后来，在随身携带的笔记本上，上西这样写道："以自我为中心来考虑问题，且对此并不反省，这样的人很难共处。"少时在加拿大出生成长的上西，一度视优越的生活条件为理所应当。然而，在与稻盛共事的过程中，他逐渐从骨子里再次成长为一个能吃苦的、真正的男人。为了与IBM的交易，京瓷在洛杉矶开设了事务所，上西和部下梅村正广两人为了节省开支，住的是一天5美元的廉价旅店。而当时的情况是，日本大公司的员工一般都会住25～30美元的宾馆。

很快，京瓷国际成立，上西与梅村白天奔走于硅谷各厂商之间，积极开展营销活动，晚上还要向日本总部上交报价单、订单和报告书等。周末则忙于下一周的安排，几乎没有休息时间，公寓只是半夜回去睡觉的地方。

甚至，因为被稻盛"赋能"，上西开始蜕变成为稻盛和夫的"分身"：对不会说英语的部下梅村，上西严格要求，逼着他几个月不准说日语、只能讲英语，直至熟练掌握为止。远离故土的两个人不知疲倦地拼命工作，当地的美国人看在眼里，便把京瓷国际戏称为"神风公司"。就这样一路向前，上西阿沙最终成长为京瓷副社长，为京瓷的国际化战略做出了不可磨灭的贡献。

关于赋能予人，稻盛的经验相当丰富而体系化，在此只能抛砖引玉、撷英集萃，目的是为了印证稻盛对人才的感召、赋能正是"量子纠缠"起效应。

强烈的信念就是"强度"。稻盛以广阔的胸襟、直达本质的洞察找到了只要是人就应秉持、也本自具足的真善美，以此激发全体"量子"（员工）进行强烈的、持续的"纠缠"，最后，就一定能把共同的意志，从"能量"转化为"物质"。

因此也可以说，在稻盛眼里，"人"并不单指"干部"，而是扩展到了企业里的每一个人。当全员都与企业同频共振，人人都是经营者所形成的合力，实在难以想象。

平时就要同员工建立起信赖关系

1969年7月2日，在京瓷的川内工厂开业庆典那一天，发生了一件"小事"。关于这件事，稻盛是这样描述的："开业的那天早上，我从鹿儿岛家中驱车前往川内，不巧遭遇瓢泼大雨，好不容易来到川内，却遭遇河水泛滥，大桥禁止车辆通行，无法到达河对岸的工厂。打电话到工厂，才知道工厂里也四处进水、无法开工。但前一晚已经支起帐篷，做好了举行仪式的准备。既然临时延期不太吉利，我决定，哪怕嘉宾无法出席，自己也还是一定要赶到现场，借开工典礼给员工鼓劲打气。于是，我决定弃车从国铁的川内车站出发走过去。在走上大河桥面时，可以从枕木的间隙看到浊流形成的漩涡。行走间，我听到后面传来脚步声，回头一看，在大雨中，一位年轻的女性拼命追了过来。我对她说：'这样的路，男人走都危险，你快回去！'可她说自己有急事一定要过去，便要超过我。我问她：'你到底要到哪里去？'对方的回答竟然是'京瓷'。听了这话，我开始确信：有这样的员工，工厂一定大有希望。"

川内工厂的事并非孤例。

20世纪60年代，京瓷在滋贺也建起了工厂。滋贺县经常下雪，那个年代，一到下大雪，交通就会中断，就算派出班车去各地接人，也无法全面开工。有一次，将近中午，一位兼职女员工浑身是雪地出现在工厂，说了句："这么晚才到，真是对不起。"就马上向冲压机走去。据说，她是从近江八幡足足走了两个半小时才赶到工厂的。

如果说以上的两个故事或许只能代表日本民族的品质与作风的话，那么京瓷在美国圣地亚哥工厂绝地重生的故事则有力地证明京瓷哲学的渗透力并不会被国别与文化差异所阻挡。

20世纪70年代，为保障急剧扩大的美国市场的需求，京瓷考虑再三，最终决定收购美国仙童半导体公司在圣地亚哥的工厂进行本地化生产，稻盛派出刚刚上任的京瓷国际负责人长谷川桂佑以及4名日本技术员组成团队，着手工厂的重组。

工厂开工后，员工总数约30人，但生产却怎么也上不了轨道，究其原因，除了语言不通，就是日、美两国的工作习惯相差实在太远。

首先，美国技术员绝不和工人一起工作，按照美国的工作方式，他们只待在办公室里发号施令；与此相反，京瓷的技术员总是深入工作现场解决问题，用亲身示范的方式指导工人。可在圣地亚哥，按照京瓷的作风行事，却会招来当地技术人员的不满。

其次，当地的工人一到下班时间，即使工作没有完成，也会立即走人。这样一来，当产品品质和交期出现问题时，根本无法及时应付。

日方成员都有一种使命感，认为自己对公司肩负着责任。一出问题，他们就会直接与日本总部联系，但在美国厂长看来，此举是无视于他这个上司，因此极为反感。

很快，美国厂长在压力下主动辞职，而稻盛每个月都会飞到美国做具体指导，然而，累积亏损额还是在半年之内就超过了收购价。为此，稻盛一度做好了关闭工厂的准备。

可是，京瓷派来的那5个人却不甘心，他们开始了挽救这个工厂的全力拼搏：他们竭尽诚意，致力于与员工建立同志一般的关系，努力打造一个血脉相通的企业。看到他们奋不顾身恶战苦斗的样子，当地的员工也受到了感染，开始主动要求加班——他们并没有做什么特别的事，只是身先士卒，把京瓷的一贯作风，在美国愚直地、彻底地实践了。5个人在距离工厂15分钟车程的地方租了一套公寓，无论刮风下雨，从清晨到深夜，他们挥汗如雨、拼命工作，身处异国、孤立无援，心中的不安不难想象，也正是为了消除这份不安与焦躁，他们将全部注意力投入到了工作上。

就这样，忘我的奋斗终于开花结果，收购后的1年零10个月，随着美国经济的好转，工厂也开始扭亏为盈。后来，每当稻盛来到圣地亚哥工厂，员工都会主动为他举办欢迎宴会：大家从自己家里带来一道道菜肴，摆放在桌子上，像一个大家族一样其乐融融、不分彼此。

这样的情景，让稻盛不由得领悟到："每当我夹起他们精心为我准备的菜肴时，我就会想，事业的成功既不是靠美国式经营，也不是靠日本式经营，而是我的身先士卒起到了决定性作用。并非一定要追求美国模式或者日本模式，只要是人性化模式，就是管用的模式。什么意思呢？就是不管在哪个国家，最能够使全员一心的模式，就是领导人以身作则，与大家打成一片，上下同甘共苦，就是最好的模式，困难也自然就攻无不克。"

在回顾扭转败局的原因时，长谷川说："为了提升产品的生产数量和质量，真的是做到了粉身碎骨，拼死努力的地步。在自己所处的环境中，为了实现盈利，怀揣一颗真挚的心，始终付出泣血般的努力，我想这就是我们成功的关键。"

"机械组织"里，领导者与员工的界限黑白分明：各自的工作职责决定了迥异的工作空间、社会地位与处事态度，进而导致了人心之间的隔绝。

然而，就像是每个零件被固定在各自的位置上机械地运行，直到某一天坏掉，然后会立即被一个新的零件替代并被扔进垃圾桶一样，"机械组织"的所有成员都面临着大同小异的结局。

人人都看到了这一结局，因此，为了在这样一个缺乏人情味的环境中生存下去，从上至下，几乎每个人都有自己的小算盘，一切行为都以"利己"为目的，没人关心企业的整体利益。

在"量子组织"中，不必要的界限被打破，人与人之间相互支持、相互依靠；自燃型的人"成为旋涡的中心"，不遗余力地在开放的环境中将能量强有力地传递给可燃型的人，星星之火终成燎原之势！

"以大家族主义"开展经营，是稻盛经营企业的根本原则之一。京瓷创办之初，通过"11名高中生罢工事件"，稻盛就强烈意识到全员统一思想的重要性："平时以为员工理解企业的经营，与自己同心协力，所以到了萧条期就要求员工更加出力，要员工做出自我牺牲。但想不到员工却不接受，甚至抵制，这时才明白，员工其实并未真正与自己一条心。"

于是，他很快做了深刻反省："自己的经营有问题，员工从内心并不信赖我。本想萧条时大家能风雨同舟，却没能做到。今后怎样才能与员工建立信赖关系，不光自己一个人要对此好好思考，还要与员工一起认真思考。"

"为了实现统一方向，就一定要彻底做好员工的思想工作！"——为了彻底实现与员工高度的信赖关系，稻盛付出了巨大心血。

他这样描述自己的具体做法："在向员工阐释理念时，比如，我召集10名员工谈话，如果其中有3人不同意我的观点和理念，我就会锲而不舍地努力说服他们，直到他们接受为止。

"据我多年的经验，最排斥我理念的，往往是那些自以为'这种道理我早就明白'的员工。他们心中的真正想法与我的想法大相径庭。反之，对我的理念真正产生共鸣的员工则不会简单地随声附和，而是津津有味地听我讲话，连续几个小时都不厌倦。

"对于不接受我理念的'顽固分子'，该如何让他们心服口服呢？在这个问题上，我倾注了大量时间和精力。在许多企业家的眼里，花一个小时做员工的思想工作，远不如让员工干一个小时的活儿来得划算。但在我看来，为了能够转变员工的思想，让他们理解我的理念，花一个小时也好，两个小时也好，我都在所不惜。

"也有极端情况——无论我再怎么晓之以理、动之以情，对方还是像顽石一样，不为所动。于是，我会说：'算了，那你辞职吧。'对方听后，往

往往会满脸怒气，对我大吼大叫：'我凭什么非得辞职！'

"对此，我会这样解释：'听我这么不停唠叨，你挺痛苦的吧！我也很痛苦。既然双方都痛苦，我建议你还是去与你的想法相符的公司就职。今天人人都有自由选择职业的权利，你犯不着在不喜欢的公司苦熬。如果全日本就我们一家公司，那另当别论，可如今有的是企业和就业机会，你又何必委屈自己呢？'

"不管员工多么优秀，如果与公司的理念不一致，我就会劝其辞职。

"为了让部下理解自己的思维方式和哲学，我绞尽脑汁、竭尽全力，但我绝不玩弄权术、哄骗糊弄，而是从正面说服，反反复复、决不放弃。"

这样致力于"人心"的工作日积月累，量变产生质变，最后在京瓷留下的，当然就是一群价值观高度一致、努力方向高度一致、相互信赖相互帮助、人品和能力俱佳的人才。

与传统"机械组织"很难应对大变化相比，由心灵深度连接的人组成的"量子组织"，不仅不会被萧条动摇，还更能在萧条中实现大飞跃。

四、纠缠：人·产品

关于京瓷的精密陶瓷技术，有一则与任正非有关的逸事。

王育琨曾在任正非面前说起稻盛和夫："今天中国兴起了学习稻盛哲学的热潮。有些企业家想让员工通过学习稻盛哲学改变工作态度，多干活、少要报酬。稻盛和夫就是个制造精密陶瓷的，却能凭借厚重的'无名之朴'，创建了两家世界 500 强，还能拯救日航。人们没有去反思……"

话还没说完，就被任正非打断："你啊，你根本就不了解稻盛和夫！"

"你说稻盛'就是个制造精密陶瓷的'——太过轻淡！'皮之不存，毛将焉附？'稻盛做的精密陶瓷，那不是你通常认识的陶瓷，那是氮化镓，是一种新材料。未来精密医疗器械和电子网络的核心部件会大量用到。京瓷同时拥有全球一流的化学家、物理学家和数学家，在未来 10~20 年，京瓷将引领一场实实在在的新材料革命！

"没有氮化镓产品的支撑，哪有什么稻盛哲学和心法。这样脱离产品空讲哲学和心法，会误导中国企业家！"

任正非的当头棒喝，被王育琨形容为"醍醐灌顶""当时冷汗就下来了"。

是的，任正非对此有足够的发言权。华为每年都会采购京瓷数亿美金的零部件用以制造手机和基站，然后又卖给 KDDI。他们是互为客户关系。任正非与稻盛和夫也经常见面，他们彼此惺惺相惜。任正非说出的其实是一个非常简单的常识，那就是"皮之不存，毛将焉附！"。

企业存在的价值是什么？是不断为世人创造带来便利、解决问题、具有极高性价比的产品和服务——这也是企业存在的唯一理由。世上所有伟大的企业无不是因伟大产品和卓越服务而崛起，受到尊敬与拥护。

企业没有过硬的产品，就是无源之水、无本之木。稻盛哲学的存在，目的也是凝聚员工，进而制造出震撼人心、具有灵魂、让顾客认为自己不得不买的高品质产品。

任正非与稻盛和夫，两位作为秉持"磨好豆腐、发好豆芽""做出能划破手指的产品"的经营者，都始终保持着清醒的头脑，遵循着最基本的常识来经营企业。

赌在技术开发上

在精密陶瓷领域，稻盛对待技术具有以下特点：

· **突破核心技术**　京瓷敢于挑战并往往能攻克同行难以突破的技术难题，研发并制造出市场需求大、技术门槛极高的产品，拥有在精密陶瓷领域众多专利技术，因而使产品具有极高附加值。

· **坚持走"成品"路线**　一般而言，精密陶瓷都是作为最基础的零部件而生产，在被正式安装到仪器之前，还需要进行专业性极强的电路印刷、导线安装等工序，而这些工序在正常情况下都由精密陶瓷以外的专业厂家来进行。在稻盛"完美主义"的要求之下，京瓷很早就将这一系列工序完整地独自完成，交货时的集成产品接近于最终产品。在降低成本的同时，极大地提高了客户装配集成效率，这是京瓷的核心竞争力之一。

· **精准的超前眼光**　往往在一种新品刚刚诞生，京瓷就能根据相关产业的发展趋势判断出其未来的应用规模和市场价值。

在某次出差时，美国电子权威企业得州仪器的一位技术员拿出一样东西问稻盛："你们能做这种产品吗？"那是将两块陶瓷板合在一起，用于保护IC的封装样品。看到那个样品的瞬间，稻盛就感觉到陶瓷产品的历史即将翻开崭新的一页。

回国后，稻盛组织团队全力攻关，终于出色地完成了这项工作。京瓷成功制造出新型陶瓷多层 IC 封装的消息很快被传开，摩托罗拉、英特尔、微软等全球超一流的大企业纷纷发来订单。有人推算，京瓷的技术突破，将硅谷的发展整整提前了 10 年。

· **快速响应**　在企业还处于求生存、求发展的成长阶段，京瓷敢于从接受小批量订单做起。为了在利润空间狭小的小批量生产中取得最大利润，稻盛设计出了能使生产工序随机应变的阿米巴经营模式，这使得京瓷在发展过程中打造出了健康的快速响应体制。

· **围绕技术延长线拓展**　借助在精密陶瓷领域不断积累的成熟技术，京瓷不懈进取、主动出击，将曾经单一的"电子元件供应商"身份成功转换为精密陶瓷多元化制造商，涉足了太阳能、再结晶宝石、人造牙根、人造关节等领域，并取得了丰硕成果。

由此可知，在当时竞争激烈的市场上京瓷能有机会入局，靠的不是在客户面前大谈"京瓷哲学"，靠的是过硬的技术和独有的产品。市场就是战场，铁血纵横之处，只有肉身扛着真刀真枪去拼命、去冲刺、去争得一丝活下去的希望，哪儿还有一点空谈心灵的余地？

而且，一旦平时就形成了牢固的"技术为王"的意识，创新精神自然也随之融入每个京瓷人，尤其是技术团队的骨子里。即便在经济相对窘迫的萧条时期，也能看到其中蕴藏的机会，于是借机将已被探明，却长期未被开采的矿藏进行更深的挖掘。这也是京瓷每每挺过萧条，甚至在萧条期后更加蓬勃发展的关键所在。

将心注入：极致的产品只能来自"人心"

基于 1994 年面世的《京瓷哲学》，在"互联网思维"风起云涌的 2012

年，社会、人心开始变得浮躁，伊藤谦介再次牵头，提炼出了《京瓷制造心得手册》，这本手册将京瓷人与产品和客户的"纠缠"关系表述得淋漓尽致，充满着热气腾腾的现场感：

· **每一个产品都是广告牌**　客户所使用的产品本身，就发挥着广告牌的作用。假设100万个产品中只有一个是不良品，那么，对于使用了这一个不良品的客户来说，就是100%的不良品。而且，还会给这个客户留下"京瓷产品质量很差"的印象。但如果所有的产品都完美无瑕，那么，就能令所有的客户感到满意，京瓷的忠实客户也自然会越来越多。

· **把产品安全放在首位**：医疗用品或车载用品，只要有一件不良品，就有可能引发危及生命的重大事故。从事制造工作的人，必须抱着把产品安全放在首位的意识开展工作，彻底提高产品的安全性，努力使产品的安全性提高到任何人都无可挑剔的程度。

· **重视所有的订单**：无论什么样的订单，制造部门都必须珍惜，决不能以难度高、无法赢利、金额少为借口而拒绝接收订单。哪怕有一丁点儿这样的想法，就有可能会变得傲慢，最终会导致今后公司订单越来越少。无论是什么样的订单，制造部门都应该抱着感谢之心接受并投入生产。然后，再去挑战下一个新的订单，即使有难度或者金额很小，也要一直坚持这样做，这是非常重要的。坚持这样做，就会有助于将来获得大额订单，最终能够使事业得以不断扩大。

· **制造也要对获取订单负责**：人们往往会认为，获取订单只是营业部门的工作，但是，应该认识到为营业创造更容易获取订单的环境，则是制造部门的责任。制造部门除了应当确保产品品质、成本、交货期、服务（QCDS）等所有方面都满足客户要求之外，还需做到无论多难也要满足客户的要求。制造部门抱着这种顽强的精神，将有助于获得下一个新的订单。换言之，制造部门需要与营业部门保持紧密的合作，百分之百地满足客户的所有要求。

· **制造现场就是展示厅**：对于制造现场而言，重要的是努力打造能带给客户感动的职场。一尘不染的环境、闪闪发亮、井然有序运转的设备、神采奕奕、精力充沛的员工：这样的职场才能带给客户感动。客户会放心地认为，这样的公司肯定能够生产出卓越的产品。另外，每一位员工在走廊里与客户擦肩而过的时候，都要精神饱满地道一声"欢迎光临"。将全体员工的欢迎之意传递给客户，这一点也非常重要。努力打造能带给客户感动的职场，会进一步增强与客户的信赖关系。

·**为客户带去感动**：制造厂商的根本就在于生产出能够让客户感动的产品。重要的是让客户发自内心地觉得使用了我们的产品真好，同时，我们也能一起分享这份感动。而且，我们必须把不断推出受客户喜爱的产品视为我们工作的意义。另外，通过向客户提供令其感动的产品，我们可以从中获取利润。也就是说，我们所获取的利润，是为客户提供感动的结果，是对社会做出贡献的回报。为客户带去感动，才是制造的本质。

……

最后，"《京瓷哲学》被淡忘的时候，京瓷的命运将会走到尽头"。仅1万多字的手册，却字字千金，字里行间都在讲"纠缠"关系。这本册子是京瓷制造思想史的缩影，也是京瓷产品的灵魂所在。不论身处制造业还是非制造业，都值得仔细研读、全心领悟。

稻盛说："企业是经营者内心的投射。"同样，产品是制造者灵魂的再现。稻盛曾讲过这样一段很有意思的话："我听过一位木匠和哲学老师的对话，这位木匠从事庙宇神社的修建工作长达数十年。他们的对话让我深受启发。在被问到技艺为何如此精湛时，这位木匠师傅说：'树木里宿着生命，工作时必须倾听这生命发出的低语——在使用千年树龄的木料时，我们工作的精湛程度必须经得起千年日月的考验。'那位师傅小学毕业后就当了木工，从事庙宇神社的修建工作。他将自己的整个人生都奉献给了这项事业。他的谈话内容精彩，耐人寻味，丝毫不逊于专业的哲学家。数十年间，这位匠人与树木相对，与树木交流，活用其经验和心得，一心一意，为修建卓越的建筑倾尽心力。这种行为本身，就是在提升人格。只有通过长时间不懈的工作，磨砺了心志，才会具备厚重的人格，在生活中沉稳而不摇摆。每次与这样的人接触，都能引起我的重新思索，思索工作这一行为的神圣性。"

与"匠人精神"的缘分，其实从稻盛孩提时代就已开始：小时候在父亲的工作间里，他目睹了父亲通过专注的态度、精湛的手艺、巧妙的设计，将一张张平凡无奇的纸化为深受市场欢迎的漂亮纸袋。父亲的专注与精益求精的背影为稻盛关于"人与产品"关系的认知埋下了珍贵的种子。

深受匠人精神的影响，稻盛以极其虔诚的、朝圣者一般的态度沿着一条极度艰难、没有捷径的道路前行，也摸索出了一系列环环相扣，在精密陶瓷制造中如何与产品和客户产生深度纠缠的价值观与方法论："销售业务员与客户交谈的所有内容都要传达给制造部门，不能只是传达结果，包括交涉背景在内的所有情况都要告诉制造部门。这样一来，制造部门的人就好像是自己在接待客户，了解交涉的情况，进而萌生出为客户服务的意识。如此，业务便可顺利展开。

"如果把我们在工厂从事制造的人员与艺术家相比，从创造一件物品的角度来看，其实并没有太大的差别。在为他人带来感动的方面也是一样的。正是由于艺术作品中融入了作者的灵魂，所以才令人感动。同样，如果工业产品中也融入了制造者的灵魂，那么，也一样能够令人感动。

"我们既要大量生产感动人心的产品，还需要确保收益，从这层意义上讲，我们从事制造工作的人必须具备比艺术家更为强烈的意愿。"

"制造的关键并不仅仅在于技术实力，制造者的人格才是左右产品质量的重要因素。因为产品反映了制造者的人生态度。例如，如果有一件所有细节都堪称完美的产品，那一定是因为它的制造者有着一丝不苟的人生态度。因此，在制造过程中，哪怕是一瞬间的作业，也能凝聚和投射出一个人的整个人生。"

"粗枝大叶的人只能做出粗糙的东西。"这是稻盛的信念。

现代积极心理学的"心流"理论也对此有很好的诠释：心流是意识和谐有序的一种状态，当事人心甘情愿、完全沉浸其中，不掺杂任何其他企求，自身与环境合一，将心注入，无事不办，从而带来极致的喜悦和幸福。

与产品同呼吸、共命运——这既是稻盛与京瓷人的"干法"，更是他们的"心法"。带着如此强烈的信念和干劲，在精密陶瓷领域，京瓷人将自己高尚的人生态度化为一件件实实在在的、精致到"能划破手指"的产品。产品因被赋予了灵魂而具有了生命，这让原本属于后起之秀的京瓷超越了一家又一家历史悠久的大公司，赢得了一个又一个世界级客户。

攻克IBM360电脑所需的核心元件"IC氧化铝电路基板"就是其中最为经典的案例。第一次接到IBM公司发来的2500万个元器件采购订单时，京瓷人兴奋不已，但大家很快就发现对方的要求苛刻到难以置信，当时京瓷连检测这种精度级别的测量仪器都没有。

为在规定期内达成研发和生产任务，稻盛不惜主动请缨担任社长，吃住都在公司，在一线亲自指挥。其间，多次试产都不合格，稻盛甚至在睡梦中欢呼产品交付成功，醒来却是南柯一梦。最后，当京瓷好不容易将产品按照规格要求做出来了，结果却仅仅因为颜色不对被判为不合格品。其间，稻盛曾好几次想，IBM需要的产品也许凭京瓷的技术根本就做不出来。

可每他转念一想：IBM的这个电路基板将会被使用在大型通用计算机上，其研发费用高达50亿美元，是美国"曼哈顿工程"的2.5倍！可以说，"IBM360"就是IBM的代名词——也就是说，IBM居然把这个最重要产品的核心部件委托给一家名不见经传的日本中小企业生产。要知道，京瓷战胜的对手是罗森塔尔、德古萨等一批代表德国一流水平的陶瓷企业。每每念及此，IBM开阔的胸襟总令稻盛重新找回信心与力量，他更是坚信，这笔订单对当时毫无名气的京瓷而言，绝对是前所未有的机遇。

两年多的时间里，京瓷全员全神贯注、严于律己，怀着对神明祈祷的心努力拼搏，经过多次反复努力，终于成功开发出满足极高要求的、"能划破手的"产品。

目送最后一辆载货的卡车离开，稻盛说："我心里深切地体会到'人的能力是无限的'以及誓要完成任务的强烈信念的重要性。IBM的采购负责人艾瑞克·乔说过一句话：'完成了这项工作，京瓷的技术应该会得到显著的提高。'这让我深有感触，京瓷经受住了世界顶级企业的磨炼，这种自信无可替代。"

京瓷生产的基板得到了 IBM 高度评价的消息，很快传遍了国内的电子制造业。"京瓷基板神话"由此诞生。

用恭敬神明一般的心对待产品和客户——这是京瓷、KDDI、日航都能成功的 DNA。

观察者决定被观察者，将心注入，我们的产品和服务才具有灵魂。"手拿放大镜仔细观察产品，等同于用耳朵静听产品的'哭泣声'。如果找到了不合格产品，就是听到了产品的'哭泣声'，我就会想，'这孩子什么地方疼痛才哭泣呢？它哪里受伤了呢？'当你把一个个产品完全当作自己的孩子，满怀爱意、细心观察时，必然就会获得如何解决问题、如何提高制成率的启示。"

孩子——这是稻盛称呼自己产品时所用的词。

在今天这个信息分散人心、网红眼花缭乱的时代，能持久地与客户形成"纠缠"，给客户带去令他们深深感动的产品和服务的企业，才是大浪淘沙后，最终的赢家。

五、延伸：人·社会

对稻盛来说，经营绝不只是单纯搞好自己的公司就足够了的事。"与宇宙的意志相协调""为世人、为社会尽力"是稻盛和夫坚定不移的人生观。

稻盛相信：人类目前遭遇的危机，皆来自对欲望的纵容和道德的丧失。资本主义对人性的侵蚀已完全暴露在世人面前，但更多人依然在经济、政治、文化等各个领域听任欲望和消费主义的驱使，为满足一己之私而急功近利、欺骗自己、欺骗国民、单边主义、保护主义、割裂自身与整体的关系。

为了唤醒更多人，深知人类是"命运共同体"的稻盛在将企业引向成功后，又开拓出更大的利他领域：

·创办了"盛和塾"，感召了全球1.5万多名企业家学习正确的为人之道。

·创立比肩诺贝尔奖的"京都奖"，对人类科学和文明发展都起到了良好的示范作用。

·极为关注环保领域，甚至将努力实现"有利于环保的制造"写入了《京瓷制造心得手册》里，并领导京瓷不断开发类似于太阳能发电系统和环保打印机等环保产品，努力实现零排放的制造。

·退休后的稻盛也未停下脚步，于2004年在京都建起了名为"京都大和之家"的儿童福利院，并亲自参与了福利院的建筑与学习课程设计。"大和"是稻盛在圆福寺短期出家时作为僧侣的法号。他希望能通过这个小小家园，为那些遭到家庭虐待、被父母遗弃的孩子提供一个温暖的港湾，在这些孩子长大成人独自生活之前，他们能在这里得到持续的精神与物质的支持。

·当今科技进步、经济发展与人的精神道德的停滞乃至衰退这一尖锐而深刻的矛盾，使得人与人、国家与国家之间纷争不断，人类失去了对自然的敬畏，在破坏自然的同时也破坏了人性，使人类逐步堕落为欲望的奴隶，成为"欲望人"。对此，稻盛和夫利用一切机会，哪怕就像大海中的小船，也要拼命鸣笛呐喊，提醒人类还原为"良心人""理性人"，坚守"利他自利"的哲学观。

……

"世界以痛吻我，我要报之以歌"。稻盛和夫对社会，始终抱持着真诚而温暖的期待。

一个有使命感的人，一定不会让自己置身事外、冷眼旁观，而是以真诚主动的姿态投身于生命体的升华之中，也正因这样的心胸广阔到足以容纳无数的生命，命运也必将对他委以重任，帮助他成就更大的事业。

"厚德载物"——我将"无我"，便在宇宙这场无穷无尽、波澜壮阔又悄无声息的"量子纠缠"中，洞悉本质、顺应宇宙的意志，以心之力，凝聚更多人，为人类社会的进步和发展塑造不朽的丰碑。

结语：人生是一场"纠缠"的旅程

我们所处的时代变化越来越快，看似眼花缭乱的背后其实是科学层面的第一性原理在升级。

在工业化前期，支撑人类社会的第一性原理是十进制，牛顿定律发挥了决定性作用；在工业化后期，人类开始进入信息时代，第一性原理升级为以摩尔定律为代表的二进制；现在，我们即将全面进入智能时代，第一性原理进化为叠加态二进制，梅特卡夫定律①将发挥越来越重要的作用。

17世纪时，看到各种繁冗的计算工作全都由人力来完成，二进制的发明者，在微积分学、逻辑学、哲学等方面颇有成就的莱布尼茨越来越意识到："让一些杰出人才像奴隶般把时间浪费在计算工作上，这是多么不值得。如果能利用计算机，便可以放心地交给其他人去操作。"据说受太极图中"阴阳"的启发，莱布尼茨发现"0"与"1"就是数的全部，从而发明了现代计算机的基础——二进制。

从十进制到二进制显然是一次速度和效率的飞跃，摩尔定律加持的计算机与互联网在带给人类快速、海量信息与低成本的同时，人们也开始变得焦虑与迷茫。关键是这一趋势还在更快地演进之中：经典计算机中控制电流开关的晶体管，其状态要么为0，要么为1。与这种经典比特相比，量

---

① 梅特卡夫定律：指网络价值与连接用户数的平方成正比，即 $V=K \times N^2$（K 为价值系数，N 为用户数量）。连接的用户越多，网络的价值越大，联网的需求也就越大，即需求创造了新的需求。比如，大体而言，摩尔定律加上产业合流形成泛信息化，梅特卡夫定律再以网络外部性的乘数效果加以万物互联，终于造就一个规模可与实体世界相媲美，充满了无数商机及成长潜力惊人的全球化电子商务市场。

子计算机中的量子比特则同时处于 0 和 1 的叠加态。比起逐一计算和确认所有状态，量子计算机是真正意义上的"并行计算"，其计算速度与量子比特数是 2 的指数增长关系。

目前，潘建伟团队构建的能够操控 76 个光子的光量子计算系统——"九章"，在高斯玻色采样的计算中，实现了"快一百万亿倍"的量子霸权。未来，建立在叠加态二进制基础之上的量子计算机带来的超级算力必然会加速"万物感知、万物互联、万物智能"的智能时代的到来。

彼时，人类的位置在哪里？

人工智能专家李开复在罹患"淋巴癌四期"，经历生死考验之后安慰大家：如果我们能在农耕时代接受骡马作为人类的合作对象，在工业社会接受机械、车船协作，在信息时代与计算机和互联网为伍，在智能时代为何就不能把 AI 作为好帮手呢？

他甚至认为基于生物特征的进化也许快要成为过去时，但基于人类自身特点的"进化"才刚刚开始。人之所以为人，正是因为我们有感情、会思考、懂生死。而"感情""思考""自我意识""生死意识"等人类特质，才是真正需要我们去全力培养、发展与珍惜的东西。

从生死边缘再次重览人间芳华时李开复不禁感叹："活着真好啊！"沉迷在 30 多年对人工智能的追逐中，他突然悟到，"我们之所以为人类，是因为我们拥有爱的能力"。无论多快的人工智能归根结底还是要由人类来设定。正如人类曾经发明的无数"厉害"工具一样，掌握在有"善"有"爱"的人手中的工具才能发挥更大的价值。

他说："我们应认可并感恩我们被爱的事实，我们可以回馈他人的爱，甚至加入更多的爱，最终达到爱的最高境界：不断将爱传递下去。"

从十进制到二进制再到叠加态二进制，万物互联与纠缠必将越来越深入，这对每个人的适应力和领导力都将提出新的要求。

任正非说，"摩尔定律的核心是自我批判"①。受任正非的启发，如果从自然科学到人文科学之间来一次"跃迁"，那么牛顿定律的核心就是对事不对人；梅特卡夫定律的核心就是心物一元的"本然"世界。

正如罗马诗人卢克莱修所写的那样："我们都孕育自天上的种子，地球上的每个人都被重力固定在同一个直径12742千米的含水岩石上，以高速穿越太空，我们无法独自前行，只能共赴前程。"

人的核心，不是大脑，而是心。"心"不是指身上的"心脏"，但因我们凡夫需要确定性，便由有形的心脏引入。佛法讲：心不在外、不在内、亦不在中（可理解为遍在、无限）。世界愈快，心要愈慢。用心就能以爱连接万物。所以，量子纠缠，并不是空洞的物理学名词，而是此时此刻，就发生在我们每个"爱与被爱"的人身上的效应。甚至，稻盛还相信，这将继续伴随人生的"下一次旅程"。

1979年，在京瓷成立20周年之际，稻盛决定在京都圆福寺建造"京瓷员工墓园"。铭刻在"京瓷员工墓园"纪念碑上的《建立志》，结尾处有这样的话：

祝愿大家的灵魂能够成佛，
即便身处彼岸，也要幸福。
希望时常也能像现世一样相聚在一起，
谈笑风生、把酒言欢。

无我利他，笑傲江湖。

稻盛和夫说："人生不是一场物质的盛宴，而是一场灵魂的修炼，使它在谢幕之时比开幕之初更为高尚。""不论你多么富有，多么有权势，当生命结束之时，所有的一切都只能留在世界上，唯有灵魂跟着你走下一段

---

① 摩尔定律，不是数学、物理定律，而是一种统计规律，反映的是急剧变化的市场竞争现象。华为的自我批判，就是深淘滩，低作堰。前者要求深挖自身的潜能，降成本增效率；后者要求降低自己的贪欲，让利给客户与供应商。这都是痛苦的认知与过程，任正非此意是华为只有不断在事上磨炼的自我否定、自我批判中才能越来越接近事物的本质。

旅程。"

稻盛和夫悟透了生命的本质，捧出时时"爱人"的热乎乎的心连接世界，更多人与他产生了更广范围、更深层次的"纠缠"，这才是他能够"立德、立功、立言"的核心秘密。

第 6 章
阿米巴经营中的量子思维

  海底捞不用学,稻盛先生的经营学是一定能学会的,就是看你愿不愿意学,或者说是市场逼着你必须学,逼得你不得不学的时候很可能就晚了。

——张勇

  "为伙伴尽力"是阿米巴经营的真髓。

——稻盛和夫

在京瓷工作五年，离开后有很多朋友问："在你看来，京瓷和一般企业有何不同？"

"京瓷不仅是一家企业，更是一个强大的能量场；它不仅生产产品，还塑造人、成就人，我的生命因京瓷而改变。"

——这是我的回答。

2016年9月3日，一年一度的稻盛和夫经营哲学中国报告会在沈阳举行。早餐时，我正好坐在离稻盛先生不远的地方。先生用餐完毕，由助理搀扶起离座。看着他从我身边经过，当时不知为什么，我的眼泪竟不由自主地哗哗往下流……

我想，这是感动的泪水，感动于稻盛先生虽已84岁高龄，却还在为全世界塾生操劳；更是感恩的泪水，是自己生命被唤醒后的真情流露。

在京瓷的五年，是我人生的转折点。如果没有京瓷哲学的熏陶洗礼，我不敢想象自己会是怎样一副"熊样"，因此，我深深感恩这位如慈父般的改命人。带着对稻盛先生的感恩之情，我将继续精进，期待本书内容能对读者有所启发，并与大家共勉。

——孙铃斌

一、京瓷能量旋涡

京瓷是一个高能量场——这是如何体现的呢?

每日早会：开启一天满满的正能量

在京瓷工作期间，如何开早会给我留下了深刻印象：只要是正常出勤，京瓷每天的广播早会就绝不间断，哪怕有货柜车在等着装货，也要等到早会结束。

早会流程：

- 8:25 早操：全员广播体操，舒展身心、提振精气神。
- 8:30 通报：公司级早会。面向全员，以广播形式公布昨日各阿米巴经营结果、排名和当日的重点工作。
- 8:35 提醒：部门级早会。公布昨天本部门发生的值得注意的事项和当天核心工作。
- 8:40 哲学学习：全公司以部门为单位开展全员哲学学习。

1. 哲学学习准备

部门长根据本部门情况提前一个月制定京瓷哲学条目的每日学习计划，计划制定的原则主要根据本部门人员的思想动态，有针对性地在《京瓷哲学手册》中找到相应条目（如：小张—3月5日—在相扑台的中央发力）。

哲学学习感想发言人需提前一天根据所定条目内容，结合自己的实践心得，撰写不少于300字的体会并提交给自己的哲学导师（一般为与自己有密切接触的上司）审核通过。

审核内容包括：是否偏题，是否对哲学有深刻理解，是否结合工作实际，是否对其他伙伴有借鉴意义与价值等。

审核未通过的需重写（这个比例一般在30%左右）。为了第二天的发表，重写的伙伴哪怕写得很晚，哲学导师也会严格督促，直至合格为止。

2. 哲学学习感想发表

哲学学习感想的发表者也是当日部门早会的主持人，而参与者是包括所在部门领导在内的全体成员。

首先，主持人对《京瓷哲学手册》中这一条目内容进行朗读，随后分享自己的实践感想。接着，他会在现场随机挑选1～3名伙伴就本条哲学进行分享。

因为是随机抽选，为了临场被选到时能有准备，所有人都会提前自发学习随身携带的《京瓷哲学手册》，潜移默化中，全员自然就形成了一有时间就学习的习惯，从最初为了应对临场分享而"被迫"学习，到后来主动学习。全员主动学习哲学是京瓷独特的文化，这一文化来自时间的沉淀和氛围的营造。

·部署：哲学学习结束后，部门领导会结合当天学习内容与部门的具体工作事项进行指示和联络。

最后，全体伙伴能量满满地喊出各自部门专属的"口号"，早会结束。

早会是从生活到工作转换的重要环节。京瓷的一天从早会开始：无论新人老人，都经由早会被卷入一个高速旋转的能量旋涡中，也正因这里的每个人都在参与并制造这个旋涡，这个旋涡越卷越大。

京瓷年轮：在道法自然中孕育生生不息

仿若"春夏秋冬"的循环，笔者总结京瓷以自然四季属性为核心的能量孕育与循环模式。

春生——春天是充满希望的生发季节

组织中谁能够给予伙伴希望呢？那就是组织的经营者。在京瓷，经营者不仅仅指企业家，只要是团队负责人，都是经营者，甚至，更进一步，在京瓷，人人都是经营者。

《大学》有言："一言偾事，一人定国。"即一个组织的领导者决定着组织的生死存亡。

京瓷对干部的高要求不言而喻。在京瓷，人们甚至不用"执行力"这个词，因为从某种程度而言，这是个伪命题：当干部们说"执行力不好"的时候，背后隐藏的思维方式是"别人不行，自己没问题"。这完全背离了稻盛先生提倡的"内求"思维，不仅不利于问题的解决，也不利于反省、利他文化的培育。

所以在京瓷以"领导力"为重。京瓷哲学中一大半的内容都是针对干部的，各级干部永远要用自己实践哲学的"背影"向伙伴们诉说工作的目的和意义，通过率先垂范，不断为大家注入能量，这样的组织才会充满希望。

夏长——夏天是生命旺盛生长的季节

一个组织如何才能保持火热的温度？答案就是"营造出利他的氛围"。

只要一群精诚团结、利他共赢的人在一起合作共事，天堂般的感觉就会产生。在京瓷，人们思考的不仅是自己，更多的是如何支持、帮助、成就伙伴——自己能再为伙伴做点什么吗？本部门在哪方面能做得更好才能减轻其他部门的负担呢？自己这样的思维方式真的不是出于私心吗？诸如此类。

阿米巴经营之所以能在京瓷发挥出巨大威力，其中的精髓就是"为伙伴尽力"的文化氛围。大自然的繁茂除了各类种子，还需要阳光和雨露。同理，组织成长除了种子们自身的努力，还需要周围人的帮助与支持。

从更广的范围看，"为他人"是人类文明得以延续的关键：

一名学生曾问人类学家玛格丽特·米德："什么是人类文明的最初标志？"不是很多人通常以为的鱼钩、石器、火等各种物质工具，米德的回答却是："我们发现了一块折断之后又愈合的肱骨，这才是人类文明最初的标志。"

她进一步解释说：大腿骨骨折在动物界是一件极其危险的事，如果动物摔断大腿，就意味着死亡，因为它无法逃避危险、不能去河边喝水或狩猎食物，很快就会被四处游荡的野兽吃掉。而"愈合的肱骨"则表明有同伴花了很长时间来照顾伤者——处理伤口、提供食物、保护它不受攻击。

米德意味深长地总结说："从困难中帮助他人才是文明的起点！"

稻盛先生说："与自己个人比，要更多地为家庭；与家庭比，要更多地为地区；与地区比，要更多地为社会，进而为国家、为世界做贡献，利他之心尽可能扩大，尽可能提升。这样做，自然而然就能拓展自己的视野，就能看到周围各种各样的事物。据此就能做出客观的、正确的判断，就能避免失败。"

为伙伴尽力，在成就组织的同时也成长自身，这就是夏长的含义。

秋收——秋天是收获的季节

一个组织"产粮食"的地方在哪儿呢？就在研发、生产和销售三条线上！因此，京瓷坚持贯彻"现场、现物、现实"的三现主义，永远快速、准确地解决问题并将核心资源投放在直接"产粮食"的地方，而其他部门作为支持部队为一线实时提供"枪支弹药"，分工协同，全力以赴满足客户需求。

在阿米巴经营中，直接产出效益的部门叫 PC 部门，不直接产生利润的部门叫 NPC 部门，NPC 部门的费用需要分摊到 PC 部门，形成服务与被服务的内部交易关系，从机制上牵引后台去服务一线，而不是服务上级领导。京瓷全员的注意力始终投射在"产粮食"的地方，这是其创业以来就从未亏损的重要原因。

冬藏——冬天是积蓄能量的季节

京瓷从不把前行中遭遇的问题看成困难而逃避，而是直面挑战，并视之为"长竹节"的机会——哪怕遭遇大萧条、大危机导致订单不足，京瓷人也永远不会等靠要，而是借此积蓄反弹的势能。

京瓷在历次危机中都始终保持着现场的紧张感和活力，永远在改善、改良，永远在研发、创新，不断从事着创造性的工作。萧条，正是让公司实施全员营销、开发新产品、反省和学习哲学、塑造团队凝聚力、激发潜能的好时机。有了这些准备，一旦机会来临，京瓷的事业就会再上一个新台阶。"萧条是企业成长的飞跃台"——这是京瓷人的经验之谈。

以上就是我在京瓷工作的切身体会，也是实施阿米巴经营的环境条件。

二、阿米巴是一种经营新思维

初识阿米巴

我在京瓷负责近 500 人的阿米巴组织运营，其中有 6 个中巴、数十个小巴。那么到底什么是阿米巴经营？

用"篮球赛"来类比：球赛开始了，赛场如果没有比分，观众是何感受？索然无味，一头雾水。而作为教练呢？怎样指挥？何时换人？何时暂停？场上各位置球员如何打？该打 3 号位还是 5 号位？一切都无从谈起。更重要的是，因为没有共同目标，场上球员们缺乏紧张感和一体感，大家很随意，一触即溃。

阿米巴经营中的"单位时间附加价值"就好比篮球场上的实时比分，作用是让球员有动力、教练指挥有方向、观众有感觉，充分激发出大家的激情和干劲。

为了尽可能让员工了解企业的目标和方向，形成全员一致的合力，就必须将工作化为明确的、合理的目标和数字。干得好就要表扬，干不好就要及时纠偏和帮扶，这是对领导者的基本要求。如果赏罚含糊，领导者单凭一己好恶判断，员工难以心服口服，进而就会滋生出不满情绪，损耗能量。

本着这一基本逻辑，从 1965 年 1 月起，京瓷正式导入"单位时间核算制度（单位时间附加价值）"，将公司全员按工序或产品类别划分出若干小组织，各小组织仿如一个个独立小企业，按照"单位时间核算制度"进行独立核算、自主经营。

这些小组织拥有自主权，同时也承担利润责任。它们不再单纯依赖上级指令开展工作，而是基于对现场的判断展开经营。每个小集体根据环境变化或诞生、或合并、或分离、或消失。

各阿米巴作为企业中的最小经营单位，仿佛是市场竞争中的"企业缩小版"——每个阿米巴就像一支参赛队伍，每日的核算数字就扮演着"实时比分"的角色，营造出"比学赶帮超"的赛场氛围。实践证明，人在比赛时注意力会更集中，潜能才更容易被充分激发。

大西社长这样回顾重建日航时阿米巴所发挥的作用："如果要在两个月后才被告知自己在之前比赛中获胜的结果，人是无法被激励的。在3万人的团体战中，无法搞清楚自己到底做了多大贡献，但如果是在10个人的小团队中，每个月就都知道比赛的结果。这样的话，员工们就会对结果有喜有忧，会有'这次赢啦'或'这次可惜了'的直观感受。日航以前是个没有欢笑也没有泪水的组织，通过阿米巴经营而成了一个活生生的组织。"

为形象地理解阿米巴，我们不妨用"达摩五指"来类比。阿米巴经营核算就像"达摩五指"，只要紧紧抓住这五根指头，就不会错。

企业经营中，到底什么指标才能真正体现出经营的本质？是产量、销量，还是利润额？这些数字都很重要，可都不达经营的本质——产量与销量均未考虑资源消耗问题，而利润额常会忽视效率问题——这些传统的KPI考核指标并没有抓住经营的"牛鼻子"。

通常，企业有多种经营管控模式：承包制，核算到收支即可；一般的合伙人制，核算到利润就行；而要实现全员经营，则非核算到单位时间附加价值不可。三者管理的精细化程度完全不在一个层次。

图 6-1 简单阿米巴

A：大拇指——生产额/销售额
B：食指——不含人工费[①]的所有经费
C：中指——结算收益（A–B）
D：无名指——总作业时间（正常＋加班）
E：小拇指——单位时间附加价值（A–B/D）
公式表达：单位时间附加价值 E=（生产额 A– 经费 B）/ 总时间 D

阿米巴经营中的"单位时间附加价值"不问组织大小和产品种类，是组织共通的数字语言，是公正评价核算状况的指标。每个阿米巴中的每个人都可以通过销售最大化、经费最小化和时间最短化来加以提高。这可以衡量出每个人的贡献度、努力度和组织领导力水平，"南郭先生"从此将无处藏身。

稻盛先生常以小食品店的经营为例来阐释什么是阿米巴：一家由夫妻经营的小食品店，出售蔬菜、鲜鱼、精肉以及各种加工食品，在这种店里往往只进行笼统核算，对于究竟哪种食品赚了多少钱他们大多是不太明白的。可是即便笼统计算总体是赚钱的，但实际上可能结果只是精肉赚了钱，

---

① 阿米巴经营中人工费为何不计入成本费用中？这首先是稻盛先生的经营哲学观决定的。首先，他认为员工是创造价值的源泉，不允许人工费被当作削减对象的费用科目来看待；其次，人工费的控制权不在阿米巴长的手里，以防止阿米巴长把核算不好的原因"怪罪于无法控制的人工费"；再次，阿米巴经营机制倡导"透明化经营"，核算表需要全员公开，这样可以避免员工过度关注人工费。京瓷的做法是将人工费上升到集团层面，通过一套科学的人才评价体系来决定员工的升职加薪。

鲜鱼还是亏损的。一旦明白了这一点，就会对鲜鱼的经营从根本上进行改进：是鲜鱼的种类不适合周围的客人？还是鲜鱼的性价比需要调整？如果为了吸客，暂时不能调整，我们也得清楚亏损的限额，同时扩大精肉的销售规模等。知晓经营实态（正如看着篮球赛的实时比分一样），才能有针对性地采取必要的改善措施，这样就能够不断提升经营者的经营水平。

正是从这一思路出发，在京瓷迅速成长、组织日益扩大的过程中，为了更有效地经营企业，稻盛先生便通过将组织划小，对每个小组织销售额和经费明细迅速而明确地把握，培养出各级有经营者意识的人才，实现全员经营，以此持续提高效率。这，就是所谓的阿米巴经营。

京瓷在创业初期就致力于构建阿米巴经营体制并始终如一地坚持贯彻，创造了 62 年从未亏损的奇迹。

看着仪表开飞机

阿米巴经营中的"经营会计"由稻盛和夫独创，是阿米巴经营的轴心。

经营会计与财务会计理念非常不同。经营会计是经营者为了掌握经营实态，进行正确决策、推进业绩管理、培养有经营者意识的人才、实现全员参与经营而采用的会计手法，而企业通用的财务会计无法实现这样的功能。

因为，经营会计是在经营实践中产生的，其中每一个栏目的经费都反映一种经营活动。正如稻盛先生所说，经营会计数据是员工现场工作态度的真实写照，反映的是现场每个人挥汗苦干的结果。看到这个数据就像看到工作现场一样：是不是多花费了什么？水电费为什么突然增加了？

而财务会计只是按照国家相关部门颁布的约定俗成的规则和既定模式进行核算，通常缺乏深入一线的调查研究，没有与鲜活的经营实态融为一体，难以直接指导经营。

表 6-1　经营会计和财务会计的对比

特征	类别	
	经营会计（独立核算）	财务会计（税法规定）
1. 功能应用	现场改善	风险预警
2. 数据来源	工作现场	首次整理
3. 报表制作	各个巴长	财务部门
4. 报表名称	核算表	利润表
5. 科目特征	无劳务费	有劳务费
6. 应用对象	全体员工	决策高层
7. 应用深度	战斗会计	战略会计
8. 应用广度	单点会计	立面会计
9. 专业要求	不需专业	完全专业

由表 6-1 可见，经营会计中，数据背后直接体现出员工的思维方式和努力程度，其核心在于激发人的潜能，而财务会计重点关注钱的计算。

以"固定资产的折旧年限处理"为例。财务会计会按照设备法定使用年限计算折旧费，至于为什么，财务人员会说，法律就是这么规定的啊！而时刻思考经营本质的稻盛先生则对这样的计算方法产生了疑问：

按照税法规定的标准，京瓷的很多设备需要折旧十二年，但因为是研磨石头，磨损快，实际的使用寿命仅有五六年。只能用五六年的设备却要花上十二年的时间折旧，对不能再使用的东西继续折旧——也就是说，实际使用的五六年中折旧金额太少，剩余部分放在后几年继续折旧，这样一来，实际发生的费用不但没有被计入成本，反而增加了当期利润，无形中就增加了企业的资金损耗。

但税法又不能违反，否则税务人员稽核时会认为企业故意加速折旧摊薄利润，是逃避所得税的行为。于是，京瓷设定了比税法规定更短的、独立的"公司内部使用年限"，对设备按照自行规定的经营会计准则进行处理，以期合理地进行折旧。

可见，单纯的财务会计不能反映经营实态，它面向的对象更多是外部利益相关者，并不能直接指导企业当下的经营。

企业的经营活动本质上是实现从不确定性到确定性的过程。要消除不确定性，就需要大量的信息。而充分利用"活"的经营大数据（信息），是从"心想"（可能性）到"事成"（确定性）的关键。按照稻盛先生的说法就是：经营者要"看着仪表开飞机"，这个仪表，就是经营会计中产生的各种实时、鲜活的"在线"数据。

基于经营会计基础之上的"单位时间附加价值"的全员经营模式，才更精准地抓住了经营的本质，是企业中一切幸福的根本前提！

阿米巴的"形"与"神"

阿米巴经营在京瓷和 KDDI 的经营实践中发挥出巨大威力，更在拯救日航时让人刮目相看，因此许多企业也纷纷要求引进阿米巴经营体系。

然而实践证明，阿米巴在大多数企业中运行得并不尽如人意，甚至最后不得不放弃，很大原因是我们只解其形而不明其神，更难做到形神兼备。

什么是"神"？阿米巴经营是在牢固的经营哲学基础之上，通过建立经营活动与数据一一对应的经营会计体系，表现为各种鲜活的"在线"数字：销售、生产、结算、成本、时间数字等。

数字的本质是什么呢？数字的本质是员工注意力投射程度的即时反馈！什么意思呢？意思就是：数字是观察者决定被观察者效应的定量化表达，是大家共同的沟通、思考、反省以及精进的"体检表"。

如果说阿米巴的"形"是划小组织、计算公式，而"神"就是各级阿米巴长的人格魅力、团队氛围、思维方式和努力程度等，简而言之，是通常看不见的"用心程度"，是伙伴之间的"心心相印""同频共振"。

当我们进一步探寻时发现：阿米巴的"神"表现出鲜明的量子思维特征。越是深入了解量子力学，我们就越惊讶地发现，阿米巴经营是量子思维的集大成运用。按照稻盛先生的成功方程式，思维方式是成败的关键，学习实践阿米巴，显然需要有与传统经营不同的全新思维。

三、量子思维视角下的阿米巴经营

下面以量子思维视角对阿米巴经营做初步解读，希望能帮助大家更好地理解阿米巴经营的科学性，并灵活应用于企业实践中。

大家族主义：共同欢笑，共同流泪

企业经营之难表象上体现在：利润低、客户投诉多、新品开发周期长、供应商不配合、干部成长慢、员工不来电……现象不一而足，但归根结底，深层次的原因只有一个：经营者和员工没有一条心！

这个问题该如何破解？我们来看看量子纠缠带来的启发。量子纠缠是两个或两个以上粒子组成的系统中相互影响的现象，它描述了粒子之间的互相纠缠，即使相距遥远，一个粒子的行为将会影响另一个的状态；当其中一个的状态因为被观测而发生变化，另一个也会即刻发生相应的变化。

员工就好比企业中的"量子"，企业最终能否凝聚成一个整体，取决于量子之间的"纠缠"程度。来看看稻盛先生是如何做的。

京瓷创立以来，自11名高中生罢工事件之后，一直致力于打造心心相印的"共同欢笑、共同流泪"的企业。经营者与员工之间、同事之间都是为了实现共同幸福的目标而走到一起的同志关系，这种大家族式的关系使彼此心存感激、相互体谅、相互信赖。

一个典型的例子是：1973年世界石油危机期间，包括京瓷在内的日本企业普遍遇到了困难，大多数企业采取了裁员的做法，而京瓷在订单大约降至原来十分之一的背景下，依然坚持不裁员，只是把富余人员从生产线上撤下来，从事生产设备维修以及墙壁粉刷、花坛整修等工厂环境的美化工作，同时举办培训班，让大家进一步学习哲学、提高技能水平。

在因萧条而减产时决不降低现场的高生产率，通过减人继续维护赛场上的比赛氛围。撤下来的员工也绝不懈怠，通过强化能力建设，夯实基础，为再次飞跃做好准备。同时为了共渡难关，实行集体降薪政策：从社长开始一直到系长，所有管理人员全部降薪，稻盛先生作为社长降30%，系长降7%，并在与工会协商一致后，1974～1975年连续两年冻结加薪。但经济恢复景气、企业经营状况好转后，京瓷将定期奖金大幅提高，而且再支付临时奖金，在此基础上，1976年又将1975年冻结的部分加算进去，兑现了冻结2年的共22%的加薪，以此来回报员工和工会对企业的信任。

为将"大家族主义"彻底贯彻，京瓷形成了以年度为规划单位、全员参与的非常富有特色的系列文化活动。以京瓷科技为例：

4~6月的旅游季：以部门（阿米巴）为单位，分批组织出游，家属（配偶、孩子等）也可参加。旅游目的地与行程提前安排，精心设计有针对性的团建活动，在目的地拉上"欢迎京瓷伙伴"横幅，增强荣耀感。旅程中，主人是员工，领导们则变身为跑前跑后的服务员，让员工倍感温暖。

7~9月文化节（又称"经营意识实操节"）：目的在于感谢每日勤劳工作的伙伴，提高员工活力，提升员工经营意识和归属感。文化节不是唱歌跳舞，而是一个实战的"虚拟交易市场"：

- 全员在公司内部进行商业实践活动，员工可根据自身爱好申请成为文化节活动店主，审核通过后在活动当天开店营业，
- 公司为每位员工发放20元金券（虚拟币）用于活动当天购买自己喜欢的商品。
- 同时员工还可额外申领代金券（虚拟币），用于金券不足时的补充，但费用自理。
- 商店类型包括跳蚤市场、冷饮店、小吃店、面包店、烤肉店、游戏店、

书店、花店等不一而足。各类店铺有数量规定，每年店铺的设置类型也有所区别。

· 每家店铺公司有100元的启动资金补助，当天通过销售收到的金券和代金券就是营业收入，由公司进行现金兑付，其他盈亏自负。

文化节不仅是一种福利，同时也让员工们在自娱自乐的氛围中学会"算账"，以此培养大家的经营意识，可谓一举三得。

10~12月趣味运动会：也称"京瓷人的奥林匹克运动会"。运动会按照阿米巴的思路开展：

· 公司作为最大的阿米巴，选举产生运动委员会班子（运动会的最高决策机构）和负责运动项目的班委（负责制定运动项目规则并组织实施）。

· 运动项目设计的基本原则是团队项目，不允许有个人项目。

· 将公司分成若干子阿米巴，子阿米巴分派运动员参赛，参赛结果根据排名实行积分制，各项目排名的积分相加就是该子阿米巴的最终成绩；

· 领导们作为团队的普通一员，也会参与到比赛中（其中最后高潮的接力赛由各组最高领导跑最后一棒）。

· 根据最终成绩设置冠、亚、季军；前三名团队在抽奖时中奖数量会有倾斜，但其他团队伙伴也有中奖机会！最后公司为全员发放纪念奖品，目的在于培养团队意识、激发合作精神。

1~3月春茗晚宴：每年春节前后是京瓷人最开心的时候，大家一边欣赏高雅的文娱节目，一边吃香的喝辣的，还有中大奖的机会。真可谓一家人、一条心、一起嗨、一定赢。

除了以上每年固定的主题活动，还有一系列针对员工及其家属的"大家族关爱"行动，像"早上好"活动、生日会、健康体检、安全教育、职业规划等长期、细致的员工关怀措施，以及职工子女幼儿园、子女上学、落户当地、资助困难家庭孩子读书等。

当员工和企业间建立起牢固的信赖关系，由人心连接而产生的能量就转化为企业的经营质量。企业的外部竞争越激烈，内部员工必须越团结。每个人都不是孤岛，超越个体之上的组织一体感是企业走向未来的基石。而这种"一体感"首先来自企业为什么而存在，来自企业的"大义名分"。

无论京瓷、KDDI还是日航，都有一个共同的经营宗旨：追求全体员工物质和精神两方面的幸福。这一"大家族主义"经营思想才是阿米巴经营的灵魂，舍此，阿米巴手法再高明，均无法发挥其巨大的威力。

结合海底捞导入阿米巴的实践，张勇深有体会："学稻盛最关键的一点还是要懂'敬天爱人'这几个字。把这几个字看懂了，后面就是术的问题了。"

实力主义：激发人性的无限可能性

稻盛先生说："社会上流传一句话，中小企业像脓包，一大就破。"为什么呢？因为中小企业通常做的都是"盖浇饭"式的笼统账，随着规模膨胀、人员增加，大企业病开始出现：组织臃肿、权责不清、流程复杂、信息传递不畅、决策效率低下、员工懈怠、团队凝聚力下降……

在京瓷发展过程中，稻盛也曾面对过这一重大难题，这使他在"大家族主义"经营基础之上又有了新的思考。

由于京瓷不断推出市场上没有的新产品，公司规模迅速壮大，不到五年，京瓷的员工就从28人增加到近200人。事业的快速扩张使身兼数职的稻盛先生不堪重负，公司发展的瓶颈不期而至。忧心忡忡的他偶然从《西游记》中孙悟空变出无数分身的故事得到启发：既然我一个人都能够管理200名员工，那为何不把公司分成若干个小集体呢？现在或许还没有干部能管理200人，但有的干部已有能力带领二三十名员工，何不让这些人担任小集体的领导，放权让他们经营呢？

显然，企业只有"大家族主义"还远远不够。在京瓷除了一般的关爱，更重要的就是贯彻实力主义，逼着你成长。企业绝不是敲锣打鼓就能经营好的,天天念阿弥陀佛也不行,经营的每一天都是真刀真枪决战的赛场,必须有一大批有能力有斗魂的人把心放在上面,全力以赴,方能成功。

"大家族主义"绝不意味着"大锅饭",还需要搭建"实力主义"的舞台,以充分激发每个人的潜能,才能更好地应对经营中的不确定性,实现全员幸福才有基础,这才是对员工更长久、更深层次的爱。

随着技术发展和信息的快捷传递,将组织划小能有效激发人的无限潜力,这从美军的组织演变也可得到印证:二战中,美军以师旅为作战单位,步兵和坦克协同作战;越南战争,美军以营为作战单元,以步兵和直升机为作战协同;伊拉克战争就更厉害了:以七人小组为作战单元,与整个导弹体系联合,组成空地作战体系。

组织被划小了、单位人数更少了,但作战效率却极大提高,应对不确定的灵活性和能力也大大提升了。

通过划小组织为个体赋能,彼此协作、提升效率,贯彻实力主义,可以说,跟真实的战场一样,未来的企业面临的也将是"班长的战争"。

在此,有必要简单回顾一下企业组织模式的演变过程——

传统企业组织架构是"老板—高层—中层—员工"的自上而下式金字塔层级结构,这导致直接对接客户的往往是对企业认知水平最低、处于权力末端的一线员工,而指挥这些员工的,又是远离工作现场的干部。

传统工业时代,由于信息和资源极不对称,这种组织模式尚能维持:企业雇用个人,个人依靠企业,通过企业利润的实现,个体才能获得报酬。企业与员工之间是"大河有水小河满""今天工作不努力,明天努力找工作"的控制型雇佣关系。

互联网时代,随着信息日益对称,资源整合变得越来越简单,个体被充分赋能,员工追求的不再仅是生存,而是希望自身主观能动性能得以充分发挥。基于此,企业必须重新定位与个体的关系,应联合、依靠员工,充分激发每个人的潜能,企业和个人在相互成就、彼此利益的基础上共同完成任务。

"小河有水大河满""用个体的力量实现组织的集体志向"——这才是

信息时代企业经营的正解，也是越来越有自主意识的"95后""00后"进入职场后，企业面临的现实选择。

那么，阿米巴经营推进的大致步骤是怎样的呢？

组织划分

首先需要将核算单元划小。

第一步，划分出：盈利阿米巴（PC：Profit Center）和非盈利阿米巴(NPC：Non-Profit Center)。

盈利阿米巴就是有收入、有经费和出勤时间的组织，能够计算出单位时间附加价值。一般生产、销售部门属于此类。非盈利阿米巴就是没有直接产出、不能核算出具体的单位时间附加价值的部门，如研发、财务、人力资源、行政等。这类不直接盈利的部门也要按目标表格进行循环管理，只是它们不做销售，考评指标主要是运营经费和时间成本。

比如行政部的经费要分摊到关联部门去，这些相关部门会不断查看行政部的运营情况表，表格中的经费如果有所减少，即体现出行政部做出了贡献，相当于行政部通过提高工作效率而为公司贡献的利润。行政部的工作时刻接受经费承担相关部门的监督，相互之间不断沟通，这是NPC部门也能不断改进工作的一个直接推动力。

随着阿米巴经营的持续推进，如果组织内盈利阿米巴越来越多，就证明阿米巴正在深入落地。比如今天的海底捞。即使在传统企业中所谓的后台职能部门——除了法务部门和食品安全部门——绝大多数也都已实现独立核算。

盈利型阿米巴组织的划分和调整遵循以下原则：

1.收入和经费必须清晰，组织必须是一个可以独立核算的单位。

也就是说，这个部门内部买卖关系是清楚的，收入是明确存在的，而且为了获得这种收入，它的经费也是很明确的。其收入、经费与时间都能明确把握，这是划分、调整阿米巴组织的第一个条件。

2. 阿米巴组织能够完成一项独立事业。

换句话说：一个阿米巴单位具备作为一个独立的公司应该具备的功能。阿米巴作为公司内部一个相对独立的单元，能够独立完成某项事业。阿米巴巴长作为经营者可以带领所有成员通过钻研创新，能及时看到努力之后结果的变化，切实感觉到工作的价值。否则，划分阿米巴就没有意义。

3. 全体阿米巴能够有效贯彻公司整体目标。

有这样一种情况：即使满足了前两项条件，但让这个组织作为阿米巴独立反而会破坏公司整体的经营方针，这时候就不能让它成为一个独立的阿米巴。一定要清楚划分阿米巴不是为划小而划小，阿米巴存在的目的是服务于公司的整体利益，一切都要从这个原点出发去思考行动。

比如在1984年的经营方针发表会上，稻盛先生提出了"成为一兆日元的企业——实现信奉、并践行哲学的团队的梦想与幸福"的经营方针。这一年，京瓷的销售额约为2500亿日元，却在年初提出了相当于其4倍的高目标。京瓷此后的业务布局以及所有阿米巴的划分、设置都紧紧围绕这一目标，大家想尽办法全力以赴，终于在2001年3月，京瓷达成了该目标，并进入了世界500强。

4. 不断满足市场与客户需求。

阿米巴组织的根本目的是必须满足市场及客户需求，能根据市场、客户需求变化灵活调整生产、销售、服务以及企业内部管理。一旦阿米巴组织失去了市场和客户价值，为阿米巴而阿米巴，组织划分就没有任何意义。

要注意，阿米巴的划分不是一次性的，经营者必须随时检视现有阿米巴组织是否适应内外环境的变化，根据企业和市场实况随时做出调整。比如：划分过头的阿米巴要合并，没有前途的阿米巴要重组或撤销，未来有前途的阿米巴要进行再细化。

组织划分后，将相关资源量化到各阿米巴并随着与市场紧密挂钩的核算体系导入，经营舞台搭建成型，各阿米巴的情况就很容易看清、看透，实力主义一目了然。

阿米巴成败的关键取决于阿米巴长是否具备真正的实力。所谓实力，在京瓷不是辈分和经历，而是指拥有高尚人格，愿意为了大家的利益而充分发挥自身能力，能够赢得大家的尊敬与信赖。在大家族主义氛围中，给真正有实力的人出任组织领导者的机会，进而激发全员持续奋斗，进入良性循环，才能一步步成长为"有实力"的高收益企业。

确立与市场直接挂钩的核算体系

量子论告诉我们，"不确定性"才是世界的本质。建立对市场变化能够迅速调整作战单元和作战方式的内部经营管理体系是阿米巴经营的重要目的。这与传统财务会计"秋后算账"相比，具有明显优势。

很多企业家常常感叹："外部市场竞争激烈，价格拼杀严重，客户又越来越苛刻，可内部管理人员却缺乏危机意识，甚至得过且过，这让人很着急。怎样才能将市场的温度传递到坐在办公室里吹着空调的干部身上，让他们真正动起来呢？"

要让干部们具有对市场反应的主动性，这当然是一项系统工程。其中，机制建设必不可少。

企业里只有建立起传导市场压力的机制，干部们才能通过数字去感受市场的惨烈——就像篮球场上既没有规则约束，更缺少实时更新的比分，参与者当然也就很难感受到赛场的氛围。人皆有惰性，在舒适区和挑战区之间，大多数人肯定选择前者。

比如，市场价格一旦大幅下降，就会立即反映到各个阿米巴之间的买卖价格上，导致核算结果下滑，这样一来，各阿米巴就会闻风而动，立即采取降本增效的改善措施，避免出现结算持续恶化。久而久之，这种警觉性和灵敏度就像是非洲大草原上的羚羊能随时感知危险的逼近一样，进化为一种生命的自我保护机制。

京瓷当年大力拓展海外市场时，虽然相同品类的订单数量常常是国内的 10 倍左右，但价格却只有国内的十分之一。比如国内能卖 20 日元的产品，在出口贸易中，只能卖 2 日元左右，当销售部门告诉制造部门售价是

2日元时，后者大怒："这么低的价格，怎么可能赚钱！"制造部门便去找稻盛，稻盛不容置疑地回答说："（单个产品）成本要压缩到2日元内，这样的话，国内这边我们就可以赚更多的钱。"他强调："必须依据产品的市场售价来压缩成本。"这种市场倒逼机制极大地锻造出京瓷强大的成本管控与创新能力，使京瓷创业以来从未亏损，筋肉越来越坚实。

此外，每个阿米巴小组成员通常只有十几人，这种对市场需求高度敏感的作战单元能帮助企业随时了解一线情况，及时调整产品结构。在企业经营中，如果能在问题发现和落实改进上都先于他人，自然就能抢占先机，更好地应对市场的不确定性。企业经营怎样做到先发制人？我认为，最有效的管理工具之一就是"比分牌"——反映经营实况的实时数据。

定价即经营

遗憾的是，一般企业导入阿米巴时，一旦将组织划小分别核算，却又很容易出现人心分离的局面。此时，除了哲学持续渗透以统一判断基准外，"定价问题"也极其重要。

稻盛先生认为，定价直接关系到经营，经营者必须全身心投入。定价包括外部市场定价和各阿米巴之间的内部定价。

外部定价

公司作为一个整体对外，就是最大的阿米巴。许多企业通常采用标准成本法来定价，但稻盛有完全不同的答案。在他看来，标准成本一方面很难标准，更大的不足之处还在于，一旦制定了标准成本，大家只要达到这个数字要求就可以高枕无忧了，这不利于激发人的潜能与创造力。

此外，商品有其必要的成本，但一件商品到底值多少钱、能创造多少价值，很大程度上是由消费者的感知所决定的。商品作为连接供需双方的桥梁，必然涉及双方的精神、思维和情感。只有将心注入、带着爱与创造性投入工作，才能制造出"能划破手指的产品"，顾客自然会感受得到。

稻盛先生说："将价格定在客户乐意接受的最高值上。"当凝聚着制造者思维和情感的产品能够引发客户特定神经元同步放电产生"纠缠"时，价值自然就产生了。这真是妙到毫巅的经营艺术，充满了量子思维。

内部定价

内部定价是比较让人头痛的事情。在为企业提供咨询的过程中，我们被问到最多的就是关于内部交易定价的问题。阿米巴落地项目负责人非常担心由于定价不合理导致部分阿米巴没有努力，或者由于定价不同致使核算结果差异过大，影响部门和员工的积极性。

内部交易价格刚开始很难定在合理的范畴，主要是由于缺乏基础数据从而不能很好地进行模拟测算。但只要掌握了定价的本质，同时明确不是为了计算奖金，而是制定出一个衡量进步的标准和改进的依据，就能很好地解决这个问题。

也就是说，一定要注意阿米巴经营原则之一是，核算结果不与当下的收入直接挂钩，主要用于衡量同一阿米巴自身的成长性和努力度。

在京瓷，有专门的定价管控部门，以季度为单位，持续分析各部门定价的波动比率，看清定价波动与核算结果波动的关系，以及时反馈调整，引导形成积极正向的经营氛围。

每日核算

由于外部环境的不确定性和多变性，如何将这种变化及时传导到内部？随着竞争越来越激烈，按传统年、月进行的财务核算一方面不能反映经营实态，同时颗粒度太粗，也不能直接指导动态的经营。

经营者必须认识到每月的核算表是每天的销售额和经费累积而来的，不看每日数字而经营就像开飞机不看仪表一样，绝对是一种极其危险的行为。

阿米巴经营实行"单位时间附加价值核算制度",让各部门的工作成果每天得以透明化,就像球场上实时的比分一样,自己的努力能得到及时反馈,这牵引每位伙伴都持续思考如何进一步实现"销售最大化、经费最小化、时间最短化"。京瓷提倡的"连一张纸、一枚曲别针都要加倍爱惜"的口号正是通过各阿米巴之间的竞赛得以落地。

在全员参与经营的氛围里,遗落在地上的螺丝钉或是堆积在车间角落里的不良品都会被看成钱——以这样的思维方式来开展经营,日积月累,当然能有效为企业开源节流,企业就会变得越来越筋肉坚实。

稻盛先生认为,通过每日核算,将每天作为"生活的单位",天天精神抖擞,全力以赴,全神贯注地找到那些"要做一点改良""要找一点窍门"的地方。坚持今天比昨天进步一点点,哪怕只有一厘米,用这种踏实的步伐,就能走上人生的王道。这是京瓷应对不确定性的极为有效的策略。

业绩发表会:相马更赛马

经常有企业家问:我们企业没有人才足以担当阿米巴长,这样的情况能否实施阿米巴经营?这时,我通常会请对方思考:到底是有了人才再实践阿米巴,还是实践了阿米巴才有人才?

阿米巴经营正是一套培养人才的体系!

截至2020年3月31日,京瓷集团旗下有298家子公司,所有总经理没有一位从外部空降,全由内部培养。京瓷前30年主要练内功,后30年才开始外部并购快速发展——在近30年的时间里需要200位经营领头人,这意味着平均每年需要6~7位CEO——没有阿米巴这一有效的经营人才内部培养体系,就很难满足事业高速发展对人才的需求。

为什么阿米巴经营是一套有效的人才培养体系?

我们先来看京瓷对"人"的定义。在京瓷,从来不说"人工成本"。语言是内心的投射,判断一个组织是否有希望,关键看该组织如何定义

"人"。表面看，绝大多数公司都在提"以人为本"，但实行的却是"以人为成本"：需要时重视，不需要时裁员；或者"以人为资本"：人是挣钱机器，要算折旧费；而稻盛先生则"以人为根本"，他说："经营就是经营人、经营人心。"阿米巴正是以人的成长进步为轴心来设计，阿米巴经营中，核算不是目的，通过核算来检视人的努力度和成长性才是。

始终关注企业的最小经营单元及其人才生长机制，在此基础之上将其复制放大，这正是京瓷"良将如潮"的原因。

京瓷对阿米巴领导人的培养，既有人性的一面，也有残酷的一面：人性化在于给予环境和成长机会，而残酷性则在于，那些不能带领阿米巴进步的经营者，三个月后就会被替换，绝不能因为个人而影响整体。在京瓷，要选拔出最优秀的经营者不完全靠伯乐的慧眼，相马更要赛马，成长中的领导者们必须持续在赛场上展示自己，实力主义要靠实战来证明。

月度经营发表会是一个很好的"赛马"过程，各级领导通过阿米巴长的数据汇报，看清各个阿米巴经营者目前的能力水平和能量层级，从而有针对性地开展哲学教育和技术指导，同时对于不能胜任人员进行及时调整。

"相马"和"赛马"具有各自的特点："相马"更突出对"能"的考察。京瓷的"相马"有重实力主义、少成果主义，因思维多、果思维少，重长期、轻短期等几个特点，但更多还是定性评价；然而伯乐也难免有看走眼的时候，"赛马"便是最好的检验——"赛马"既注重过程，也重视结果，通过公开发表，以数字改善与否作为客观评判依据，同时注重对经营者思维方式、努力程度的综合考评，评出各阿米巴长的综合产出及未来潜能。

人心时好时坏，具有脆弱性，但人性也追求"真善美"。阿米巴"单位时间附加价值"实践的是"追求实现人的无限可能性"的哲学，通过赛马平台挑战高目标，实现人生新活法。

在被记者问及"当参与重建日航的老一代人退休后，基层员工学习日航哲学会不会陷入千篇一律或者形式化？"这样的问题时，稻盛先生这样回答：

"日航每月召开的集团业绩发表会是渗透哲学的关键：它能让员工们在

重视自身业绩的同时，也能全面顾及与其他部门的协调性及集团的整体利益。这个报告会以阿米巴经营为基础，各组织的领导每月参加，公布各部门的业绩。其间许多人都要作报告，其内容也各式各样。凡是没有真正理解和实践日航哲学的领导，他们的态度当场就会暴露，其典型特征是满脸骄傲，觉得自己部门完成业绩就可以了，完全不考虑集团的整体得失。一开始，我会厉声呵斥这种人。所谓经营就是把哲学变成数据，而数据背后体现了哲学。我相信，日航哲学会以这种方式传递下去。"

如今，稻盛先生已离开日航 8 年。2020 年，在新冠肺炎疫情冲击之下的日本航空业受到了毁灭性打击。然而，日航没有裁员与减薪计划，甚至没有取消冬季奖金，反而派出不少空乘人员到机场附近的农田里帮助农民收割庄稼、感谢农家对日航的宽容和支持，一直忍受着飞机的噪声；又选拔出 1000 名空乘奔赴各城市，协助酒店、宾馆提高服务水平和礼仪水准，同时通过在这些酒店学习做企划和导游，为开发"后新冠时代"的高端旅游产品以及离岛山区的无人机物流配送等新事业做准备。

看来，"稻盛基因"在日航已得到了有效传承。

水库式经营

1965 年的某一天，稻盛先生聆听了松下幸之助关于"水库式经营"的演讲。在演讲中，松下强调："要追求一种游刃有余的稳定经营。"而方法之一，就是"水库式经营"。

所谓"水库式经营"，就是从一开始就保留一定富余量的经营模式：如同雨季时把水蓄在水库里，枯水季节便有能力根据需要调蓄一样。松下说："水库式经营看似难以实行，但我们有责任一起在保证合理利润的同时开展稳定的经营，为社会的发展做出贡献。因此，中小企业必须坚决地实行水库式经营。"

大家觉得水库式经营理念虽好，但不是直接的"干货"，不能救眼前之急。于是现场有人向松下讨教具体方法，松下思索片刻后回答："我也不晓得答案，但经营要有余裕，你首先务必得这么想。"

听到这个回答，大家不禁哄堂大笑：这不相当于没说吗？可稻盛却被深深打动了："首先你务必得这么想。"一瞬间，稻盛仿佛醍醐灌顶，悟到了企业经营的真谛。

也许是因为从小受到父亲谨慎性格的影响，也许是因为京瓷在创业初期就感受到资金短缺的压力，稻盛一直认为"为钱而担心将无法安心工作""依赖借贷是难以实现稳定经营的"，松下先生的回答完成了最后的加冕。此后，稻盛先生一直把"水库式经营"当作经营的核心原则，与员工一起铲除一切不良资产，极力提高利润，并将每年利润的一部分用作留存。年复一年，不断积累，结果就是：截至2019年12月，京瓷的现金储备已高达6042亿日元。这意味着，哪怕一个订单都不接，京瓷也能保障全员5年内的薪酬，足以应对经营中的诸多不确定性。

要注意的是，"水库式经营"并不仅仅体现在现金储备上，企业的人才育成、文化沉淀、核心技术积累、体系建设等也同样需要实施水库式经营。一句话总结："水库式经营"就是企业面对不确定性未来的一切资源储备，是企业实力主义的最终体现。

本次新冠肺炎疫情就像一面"照妖镜"，照出了中国企业界的诸多问题，其中暴露最充分的就是缺乏应对危机的"水库式经营"的思维和行动。

互补中磨砺人格

在与企业家们的交流中，我发现不少人苦恼于哲学和实学的先后问题。在此谈谈我个人的粗浅认识。

玻尔的互补原理指出："一些经典概念的应用不可避免地排除另一些经典概念的应用，而这'另一些经典概念'在另一条件下又是描述现象不可或缺的。必须将所有这些既互斥又互补的概念汇集在一起，才能形成对现象的详尽无遗的描述。"

哲学和实学的关系也符合互补原理：哲学和实学本自一体，只不过在不同时段，侧重点略有不同。对于哲学薄弱的组织先补哲学，对于实学欠缺的组织先切入实学。就像孩子刚学走路一样，我们不必在意第一步是否优雅，关键是一定要大胆动起来，在达到一定程度后自然熟能生巧，就能优雅从容地"左右左"协调前行了。

1. 自利利他——"为伙伴尽力"是阿米巴的真髓

阿米巴经营中，需要独立核算并PK经营结果，这样稍不注意就会使各阿米巴之间氛围变得不健康。因此，必须不断强调"为伙伴尽力"，阿米巴经营中如果没有相互成就的理念，最后就会走进"死胡同"。

那么，"为伙伴尽力"在阿米巴经营中如何体现呢？从图6-2中可以看到，阿米巴经营核心的做法有两点：一是"下坡经营"，二是"上坡经营"。

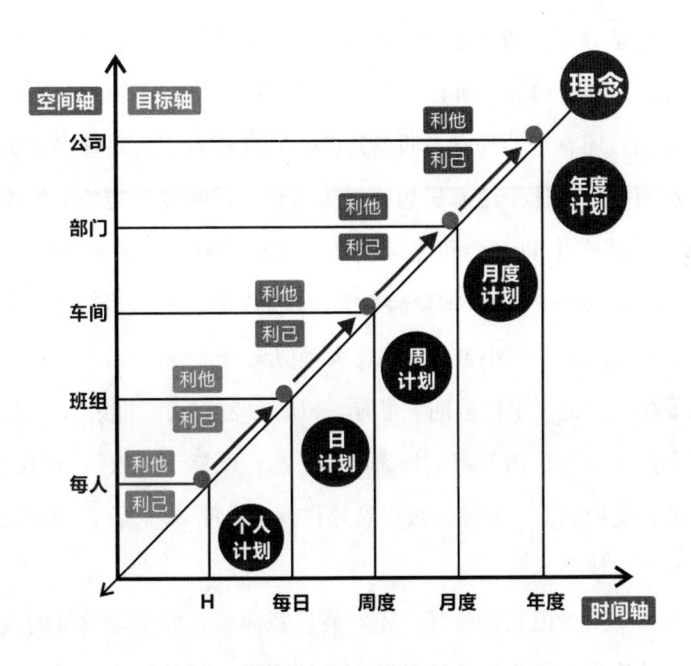

图6-2 阿米巴经营的"下坡"与"上坡"

"下坡经营"用图中向左下的箭头来表示，表示通过划小组织的"颗粒

第6章 阿米巴经营中的量子思维

度"，更清晰地看清、看透每个细胞的"健康状态"，从而激发组织成员潜能。下坡经营相对容易，这是阿米巴经营之"术"。

"上坡经营"用图中的向右上的箭头来表示，表示每个小阿米巴除了自身的成长，还要考虑关心、支持、方便上一级大阿米巴的工作。

比如一个班组长做好班组内本职工作是"自利"，同时还能考虑到整个车间的利益就是"利他"。同理，公司的经营者，除了内部事务，还能跳出公司、考虑到整个行业甚至社会的健康发展就属于"上坡经营"。

在京瓷哲学中，要求各级干部拥有"上升一级去思考"的思维方式，以不断提升格局和境界。上坡经营不容易，这是阿米巴经营之"道"。阿米巴经营中"道""术"一体，是磨炼提升心性的最好修炼场。

2. 封闭与开放——玻璃般透明的经营

阿米巴经营以信赖关系为基础，以"实时在线"的经营数据为抓手，所有业务信息分层分级公开：各阿米巴的经营方针、经营目标、单位时间附加价值、人事变动等，所有人都可以通过早会、看板等途径清楚了解。

在京瓷，还有经营理念及哲学思想、廉政教育、人事任命、会计核算原则的透明等。相比于堵塞思想、封闭信息，透明经营避免了组织中因沟通不畅而可能产生的误会和能量损耗，有利于解决劳资对立的"囚徒困境"，激发员工向上向善，构建起组织一体感，极大地提升效率与效益。

3. 小爱与大爱——小善乃大恶，大善似无情

孔子在《论语·里仁第四》里有一句话："唯仁者，能好人，能恶人。"

一个仁者的管理需要有"好恶"的平衡：既能"好人"，能保护成员、帮助成员、爱护成员、对团队成员宽厚仁慈，也能"恶人"，对低效无能的现状绝不听之任之。

评判一个阿米巴长的好坏，不是看民意测验，而是看成员的成长，很多时候，被称为"好人"并不是因为品德高尚，而是因为不懂压力传递和当断则断，不懂"扔掉背上的猴子"。放纵纪律、宽容制度是对员工最大的不负责，只有能帮助员工持续成长的阿米巴长才是好的阿米巴长。

稻盛先生倡导员工物心幸福，甚至强调要"怀着恋爱的心情与下属交

往",但他也有霹雳手段。他曾经在京瓷召开经营发表会的时候,把一位部门长骂晕过去,日航时期向干部"砸毛巾"的故事更是让人耳熟能详。

小善乃大恶,大善似无情。普通关怀只是小爱,逼着员工不断成长才是大爱。正如钢的高温淬火能大幅提高钢的刚性、硬度、耐磨性以及韧性,从而满足各种机械零件和工具的不同使用要求一样,阿米巴经营中大爱与小爱互补,霹雳手段与菩萨心肠兼容,是一门高超的实践艺术,而稻盛先生正是高明的"炼钢手"。

四、稻盛和夫的"三驾马车"

目前社会上有各种各样帮助企业导入阿米巴的组织。如果企业家眼中只有"阿米巴",急功近利,最后多半效果不彰,因为阿米巴有其生长环境的要求。京瓷的成功,是"三驾马车"并驾齐驱共同造就的结果。

第一驾马车·哲学:"划开京瓷人的臂膀,流淌的都是京瓷哲学的血液。"哲学在阿米巴导入中主要解决三方面问题:

一是人生观:人为何、如何活着?
二是职业观:人为何、如何工作?
三是经营观:企业为何、如何开展经营?

京瓷哲学明确了京瓷人为什么干、愿意干和怎么干的问题,帮助全员形成共同的判断基准,确定统一价值的方向。

第二驾马车·阿米巴:通过划小组织、建立赛道,让每个阿米巴长在跑道上用数字赛跑,通过赛跑渗透经营哲学、培养领导人、发动全员参与经营,形成持续改善的习惯,促使经营者和员工的能力与人格不断提升。

其中,每月的经营发表会是核心,稻盛先生会亲自参加,任何投机取巧、作风飘浮、不够努力的人都不可能逃过他的火眼金睛。这体现出企业面对激烈竞争,需要各级经营者带领团队拿出格斗精神去拼搏的"刚性"的一面。

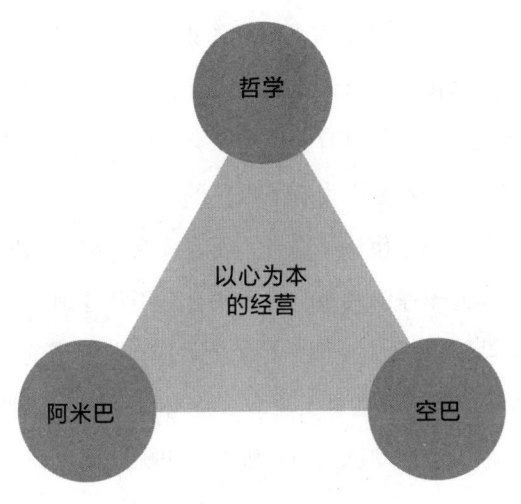

图 6-3　稻盛经营学的三位一体

第三驾马车·空巴：全体员工在工作之余，通过喝酒、聊天，在轻松愉快的氛围中，用推杯换盏、促膝谈心、畅想未来等形式摘掉"面具"，坦率地说出真心话和对未来的期待，共同构建心与心交流的场域。

拿破仑在滑铁卢一战中彻底失败，事后他把失败的原因归结于"很久没有跟士兵一起喝汤"，这说明无论是战场还是商场，外部竞争越激烈，内部人心需要越团结。和其他所有企业一样，京瓷在落地哲学、挑战高目标、激发潜能的过程中，不可避免会发生人与人之间的诸多不理解和不愉快，解决的办法就是空巴。空巴相当于哲学与实学之间的桥梁，也是人心的黏合剂，是领导者传递爱的载体，体现的是组织温情的一面。

空巴的本质是修复关系、使心灵交汇，从而使企业形成无形的、强有力的人心连接。

哲学、阿米巴和空巴这"三驾马车"铸就的一体牢固组织体系是稻盛和夫成功的秘密。

仅此就够了吗？还不够！

在第 22 届中层经营管理京瓷哲学专题研讨会上，稻盛先生强调还必须"在全体员工中注入经营者的'灵魂'"。

他说:"说到底,企业就是由人组成的集体。为了使这个集体不是乌合之众,而是一个生命体,那么该集体的领导,也就是经营者必须能够得到员工的信任和尊敬,否则就没有一位员工会为完成经营者所制定的目标而不畏艰难地勤奋努力。不是因为有了出色的核算制度,核算就能提升,而是因为现场的员工努力希望核算提升,所以才会提升。当别人问我'京瓷为什么能够取得如此丰厚的利润'时,我会毫不犹豫地回答'这是我们公司员工努力的结果'。为此,重要的是经营者应该把所需的能量直接注入现场员工体内。如果经营者不向员工注入'灵魂',那么无论拥有多么卓越的经营管理体系,也无法调动员工的积极性,更无法使公司得到发展。单位时间核算制中,没有注入灵魂就没有生命。"

要有效注入灵魂,经营者就必须拥有人格魅力,得到员工的真心尊敬,经营者就必须为提高自身的人格而付出不懈的努力。用稻盛先生的话说就是:"经营的每一天就是提升心性的每一日。"

量子力学是一门关于"可能性"的科学,从而衍生出重要的量子思维——每个人都具有无限的可能性。经营者赋能予人,通过划小核算单元,让企业中的每个人都像经营者一样思考和行动,形成组织自身,组织与组织的竞合关系,在"比学赶帮超"的氛围中不断激发潜能、提升各级人员的经营能力,最终将"人性的无限可能性"变为现实。

阿米巴经营是一个"借假修真"的过程,就像唐僧师徒西天取经一样,借"九九八十一难"之"假"来修"罗汉、使者、佛"的心性之"真"。稻盛先生常说:"阿米巴是养成和磨炼员工心性最好的工具和场所。和生活中的情形一样,在工作的场景中,当我们遇到困难,我们应该怎样去克服,怎样打破现状求得改进?我们在企业经营和员工的工作中,要注入直面挑战、克服困难的正能量。"

只要掌握了这一精髓,企业导入阿米巴就是什么时候开始都不晚,什么时候结束都太早。

结语：企业经营中的"分"与"合"

概括而言，东方强调整体思维，西方强调细分思维，两者各有优劣：从大看小则不明，从小看大则不尽。薛定谔认为，东方哲学是从大看小，因此常常看得不够细，分析得不够精确，"差不多"就可以了；而西方科学对于数学工具的运用已炉火纯青，西方哲学则从小看大，往往有看不尽之处，这就需要上达于形而上的道，才能在更高的层次"一览众山小"。

稻盛先生是将东西方思维成功结合的典范。

经由宏观到微观世界的探索，科学告诉我们：为看清、看透物质本质，细分十分必要，人类才因而窥见了原子中蕴藏的巨大能量，发现了能量的精妙转换规律，发掘出更大生产力，从而得以进入新时代。而吊诡之处在于，当细分到不可再分的量子时，却发现事物又是普遍联系的——相互纠缠中的量子无论相距多远，也只有被当作一个超越时空的整体看待时，世界才是如今的模样。

企业也需要划小核算单元，本质是人性中有怠惰的一面，大企业中"南郭先生"难以避免，个体潜能很难自然发挥。通过单位时间核算制度，更容易看清、看透组织里的真相，所以"分"也是符合企业发展规律的。但"分"不是目的，"分"之后最终还要"合"，因为"合"才能产生更大力量，创造更大价值。"合"在哪里呢？合在公司内外的一体感，合在员工幸福、客户感动、企业高收益、社会进步发展上。从根本上说，哲学和空巴都是为"合"而生，或者说，阿米巴是有形的"分"，哲学和空巴是无形的人心之"合"。无论在京瓷、KDDI还是日航，哲学、阿米巴和空巴三者相互交融互补，在实践中发挥了巨大作用。

老子云："人法地，地法天，天法道，道法自然。"这里的"自然"，在当今时代，既包括顺应自然环境的应时而变，也应包括自然科学规律。

量子力学的研究对象是物质不可分的最小单位——量子及其运动规律；稻盛先生"切开"组织发现"人人都是经营者"和隐藏在人类灵魂深处的"爱、真诚及和谐之心"。以此为指导原则，他以"共同幸福"的大家族主义和贯彻实力主义的阿米巴模式展开经营，在心心相印的"一体感"中激发出每个"量子（员工）"的潜能，进而与整个世界产生了更广范围、更深层次的"纠缠"。他经营的三家大型企业，在市场惊涛骇浪带来的巨大不确定性中，乘风破浪、历久弥新，在实现全员物心幸福的同时，为社会的进步和发展做出了贡献。

不懂每个阿米巴微观的数字，就没有资格谈宏观的经营；但只盯住微观者，就事论事，看不到人心，则犹如盲人摸象也。阿米巴学不会，多半是我们缺乏稻盛先生"分""合"互补的量子思维。

案例篇

这十年，作为一个环保摄影家，我是成功的。但是，作为企业家我今天站在这儿，我不是来演讲的，我今天是来忏悔的，因为这十年来我有两个身份，一个是摄影家，一个是企业家。作为摄影家来讲我合格了，联合国授予我"全球气候英雄"的荣誉称号，但是作为企业家，反思自我，这十年走过来，我觉得是内疚的。

企业最重要的是它的核心经营理念，稻盛先生的经营理念是"敬天爱人""在追求全体员工物质和精神两方面幸福的同时，为人类社会的进步和发展做出贡献"。这是稻盛先生的胸襟，我非常佩服。这就像一面镜子，让我深刻反省，拿稻盛先生所讲的做企业就是首先要照顾好员工来对比，我在这一点上真的做得很不好，这十年我真的没有照顾好我的员工。

但是，今天我回来了！

——罗红在2010年"稻盛和夫经营哲学青岛国际论坛"上的发言

第 7 章
为心赋能——好利来重生之谜

罗红先生，我看了你拍的企鹅、黑天鹅和蛋糕照片，听了你发自肺腑的演讲，我认为你的这一切都是与生俱来的，也就是说是天生之才，天才！真的，罗红先生，我是这么想的！

——稻盛和夫

2011年3月3日,美国旧金山芳草地艺术中心。

万众瞩目的苹果iPad 2终于闪亮登场了。让人意外的是,这场发布会由乔布斯本人亲自主持,依然是那身熟悉的黑色套头衫加牛仔裤的经典装扮。此前一度因健康问题被传去世的乔布斯的意外出现引发了全场观众起立致敬。

"爸爸,乔布斯要死了,世界可怎么办?"一天,罗红16岁的大儿子罗昊带着哭腔对他说。原来小伙子看了美国八卦杂志,上面说乔布斯只能活三周了。

"乔布斯的精神已经传承了下来,全世界的人都在学他,你在关注他、学习他,爸爸做蛋糕也在学习乔布斯的精神。"罗红安慰儿子说。

"改变这个世界有两种人,一种是疯子,一种是傻子。"这是阅人无数的行知教育集团董事长吴安鸣的观点,"小野二郎是傻子,傻傻地坚持捏寿司71年,像乔布斯、罗红这样的人是疯子。"吴安鸣眼中的"疯子"罗红,到底是个什么样的人?

只要你的心足够沉静,就可以知道客户真正想要的东西。人就是太浮躁了,有时自己都不知道自己要什么。有心人这时候就要沉下来,追问自心,到底什么东西才能让我心动?我只要足够沉静,我心动了,客户必然心动。

——罗红

2010年10月30日,在"稻盛和夫经营哲学青岛国际论坛"上,好利来创始人罗红做了"付出不亚于任何人的努力"的主题演讲。

论坛主持人之一王育琨评价:"除了稻盛和夫之外,罗红无疑是全场最引人瞩目的明星。"

罗红登台前,首先播放了他的摄影作品——"南极之旅集锦"。画面上的企鹅或憨态十足,或柔情似水,或昂首阔步,或婀娜多姿。在场所有人都被这些可爱的企鹅震撼了。

接下来，罗红在演讲中分享了这些精彩瞬间的创作背景以及在南极二号基地极端恶劣的环境里，他是如何让自己的心沉静下来与成千上万只企鹅形成律动，借此表达对稻盛和夫"敬天爱人""付出不亚于任何人的努力"理念的高度认同。在行走于大自然中的十年间，之所以能创作出如此震撼心灵的作品，罗红相信：这是自己的"心"与大自然同频共振的结果。

但让所有人意外的是，罗红话锋一转，他当着全场中日企业家的面做出深刻反省："然而这十年里，我却没有照顾好我的员工。"那天的演讲中，罗红的结束语是："我以我的人格承诺：我将用我的一生来帮助员工成长，帮助他们实现自我价值，在好利来获得物质与精神的双丰收！重现好利来的昔日荣光！"

一、初心纯粹：好利来初长成

"突突突"……摩托车的声音由远及近。

"前面有座庙，咱们进去烧炷香吧。"坐在摩托车后座上的哥哥对罗红说。那是1990年的某一天，23岁的罗红骑着摩托车载着哥哥去办事。

看着哥哥跪下来虔诚上香，罗红心想：我也得许个愿啊——那时正在成都经营着一家摄影店的罗红一切还算顺风顺水。许个什么愿呢？后来罗红告诉我，这个愿望就是："我这辈子一定要成就更多的人！"

"这辈子一定要成就更多的人！"一个初入社会的年轻人，怎会拥有如此大的愿力？

1967年，罗红出生在四川雅安石棉县，那是一个距离当年红军飞夺泸定桥不远的地方。罗红第一次见到照相机，是在15岁的时候。班上同学带来一台老式的海鸥120相机，取景框朝上，透过取景框看到的人都是倒立的。虽只是惊鸿一瞥，罗红却被那片带红色格子的毛玻璃震撼了——世上竟有如此神奇的东西！"咔嚓"一声，就留下了永恒。照相机的神奇给刚进入青春期的罗红留下了不可磨灭的记忆。

"无论如何，我一定要拥有一台这样的相机！"一颗梦想的种子就此埋在了心里。

"你们猜猜，像我这个年龄段的人，又出生在大山深处，小时候有没有挨过饿？"在罗红摄影艺术馆的一次对话交流中，罗红问来访的企业家。

大家你看看我，我看看你，最后统一意见，"应该是挨过。"

"没有！"

"这怎么可能!"

"因为我有一位伟大的父亲!"一提起父亲,罗红心中就会有满满的自豪感。

"父亲是位大学生,在1000多人的工厂里从事着团组织工作。忆起童年,罗红印象最深刻的有两个场景:一是每到中午吃饭时间,总有乡亲成群结队来到家中请父亲给援外的亲人写信,而父亲总是不厌其烦地助人,让每个人都高高兴兴地离开;另一个是父亲在'文革'中遭到批斗和毒打,平反后,他仍然友善地对待曾经批斗过他的人。父亲告诉罗红,在那个特殊年代,人们很难看清楚自己,因此要懂得原谅!

"因为父亲总是去帮助乡亲,所以无论是请父亲给援外的亲人写信,还是读亲人写来的回信,乡亲们都总会抓几把花生、带几个鸡蛋来感谢父亲对他们的帮助,这样一来我家就总有吃的。

"不仅如此,父亲还特别喜欢讲故事。那时候没有收音机、电视机,他就讲故事给全厂的小孩儿听。一到晚上,我们家总是坐得满地都是小朋友。那时候我们家总是叽叽喳喳,充满了欢乐。同时,父亲还教那些不识字的人认字,给孩子们补语文、补数学。小时候我的数学成绩特别不好,考试通常只有二三十分,所以几乎每次考试成绩一出来,回家都要挨妈妈打,而且她是往死里打。那时我妈一边打我,一边对父亲抱怨:'你给别人娃娃补,为啥不给你儿子补?'父亲觉得也有道理,于是就开始给我补数学。两个月补下来,有一天父亲准备出几道题来测试一下效果。我还清晰地记得,第一题是二分之一加二分之一等于多少。

"我回答:四分之二。答案一出,父亲瞬间举起他的大手,但却一巴掌拍在了桌子上——他没有拍向我!后来我才明白,他拍桌子的这一巴掌,是为了卸掉心中的气。接下来,他马上用另一只手抚摸着我的头说:'儿子你真的是天才!我们家的天才诞生了!'然后他又把妈妈叫过来,郑重其事地对她说:'这辈子我求过你什么事没有?'我妈说:'没有。'父亲说:'那我今天就求你一件事,从今以后,你不可以再打这儿子,他是我们家的天才!以后,他想考多少分就考多少分。'后来,妈妈就真的再没打过我。

正因为看到父亲如此认真地给母亲说我是个天才,我也相信了自己就是个天才。后来,每当我遇到挫折,父亲总是对我说:'儿子,天生我才必有用,留得青山在不怕没柴烧。'

"我觉得我之所以能有今天,最主要就是父亲把我最宝贵的天性保护了下来。我的信心没被父亲灭掉,而且,父亲这一生也一直在用自己的言行教我如何去爱人。"

时间之"船"终究还是划到了人生的一个重大十字路口:17岁的罗红参加了1984年的高考,没有意外,高考失利。当时他的三个哥哥全考上了大学,自己该去何从?经过"慎重考虑",他决定到外面的世界闯一闯。

当他把这个决定告诉父母后,觉得儿子还小的妈妈自然不同意。父亲静静听完他的想法,然后考虑了一个晚上,第二天居然同意了。罗红清楚地记得父亲对他说:"儿子,你的选择非常正确,我们应该给你一片天地,我也相信我的儿子可以照顾好自己。"

走出大山的前一晚,父亲用有史以来最正式的态度跟罗红做了一次谈话。父亲送给了他两句话:"孩子,一个人出门在外,今后无论做什么事情,都一定要对得起自己的良心;将来无论走到哪里,都要给身边的人带去快乐,切不可走一方、黑一方。"

至今,父亲已去世30年了,而这两句话却仍像钢钉一样敲在罗红的骨髓里,也伴随着好利来走过了29个年头,伴随着黑天鹅以及罗红摄影艺术馆的惊艳面世……

闯荡江湖,首先得有个落脚点。大城市才有更多机会——第一站,罗红选择了距离雅安120千米的成都,进了一家小型照相馆当学徒。

当时,罗红向老板承诺:

第一,不计报酬多少;

第二,不计工作类别;

第三,不计时间长短。

精诚所至,金石为开。老板被年轻人的执着与不懈感动,决定录用那时对摄影还一窍不通的罗红。初二时想要拥有一台属于自己的照相机的梦想似乎清晰起来。

学徒工作并不轻松。罗红每天夜里九点开始在暗室洗胶卷，一般零点过后才离开，甚至经常熬通宵，第二天又照常上班；除了干活，他还要利用极其有限的时间阅读摄影专业书籍。有时，他每天忙到几乎只能睡两三个小时，经常是骑着自行车就会撞到街沿上，最惨的一次是凌晨骑着车直接撞到了清洁工拉的粪车上。尽管每月只有二三十元的工资，他却对工作和生活甘之如饴、从未言苦。

父母和哥哥们每次去看他时都会看到他的眼睛红红的。出于怜爱，家人多次劝他离开相馆，但他不为所动。直到有一天，照相馆老板找到罗红的哥哥和父母，当着罗红的面对他们说："让你们的孩子自立门户吧！"哥哥问："为什么？我弟弟不听话吗？"老板说："不是你弟弟不听话，是他太努力了，太让我感动了，我们这家店太小了，应该给他更大的空间去发展。"

罗红这辈子唯一一次"失业"，原因居然是第一份工作太过努力，努力得老板竟不敢用他了！父母就给了一笔钱让他自己去开店，他就这样有了人生的第一家摄影店。

在这位老板的帮助下，1985年，18岁的罗红在成都交通路开了一家仅有两平方米的照相馆，取名"石林彩扩部"，对外仅有一个几十厘米的小窗口。从此，罗红和小小的胶片谈起了真正的恋爱。

自立门户的日子哪有那么轻松！

当时紧挨着罗红的小照相馆旁就是一家"巨无霸"同行，对方拥有一台价值三十多万元的自动化洗片机器，而罗红用的却是传统的手洗方式。

"即便如此，当时我的生意并不逊色于旁边的同行，我也靠这家小相馆过上了很好的生活！

"为什么呢？因为父亲教会了我很多：他教会我热情，教会我助人为乐——那时，我将自己掌握的仅有一点摄影知识毫无保留地与他人分享，还免费帮他们处理有问题的照片，因为这些，大家就喜欢我、选择我，所以我的生意仍然很好。

"如果父亲当时教我的不是心中充满爱，不是给他人带去快乐，我觉得今天就不会有罗红的存在了！世界巨头柯达公司都没了，就更不要说罗红了。我觉得我今天拥有的这一切都是因为我的父亲。"

很快，罗红买了房、成了家，还买了当时堪称奢侈品的本田125摩托车，骑到大街上拉拉风，惊起回头一片。

一切似乎顺风顺水。直到1992年。那年是母亲60岁退休后的第一个生日，罗红因此想要定制一款特别的生日蛋糕。可找遍全城，就是找不到一款能表达儿子心意的蛋糕。

因为经常冲洗出国客人的照片，罗红得以看到照片中外国人过生日的场景：欢乐的氛围、漂亮的蛋糕，给罗红留下了深刻印象。加之多年在摄影行业的熏陶，那时的罗红，审美标准已和一般人完全不同。

"天下的妈妈把孩子抚养长大，不知道要做多少顿饭，可竟然没有一家能让孩子表达爱心的蛋糕店。每个人的生日都很重要，而那时候，烘焙行业并没有这样的意识去改进蛋糕的风格。"多年之后在接受采访时，罗红如是说。

怀着无法尽心报答母爱的遗憾，罗红下定决心：创立自己的蛋糕店！

因为这段缘起，从事艺术蛋糕事业的朦胧梦想，如一粒春种，深深植入了他的心田。一个温馨而富于感情色彩的开始，决定了好利来永久的品牌内涵——做幸福与甜蜜的事业，成为快乐与爱心的使者！

说干就干！很快，罗红就关掉了在成都的照相馆，回雅安开了一家西饼屋，取名"喜利来"。

"雅安当时人口不足10万，门面便宜且竞争全无，山中无老虎猴子称霸王。"罗红这样概括他当时选择回雅安的创业思路。

"虽然我不懂这个行业，但我对美的感悟似乎是天生的。"

至今，他仍清楚地记得自己为母亲亲手设计的第一款蛋糕取名"围裙蛋糕"：将一个圆蛋糕切去一块，在切掉的地方用奶油裱上精致的花边，再用糖浆认真写上"妈妈，您辛苦了！"六个字。

蛋糕做出来了，下一步就是如何销售。在成都见过世面的罗红充满了创新意识：他在雅安升起了第一个广告热气球。如此一来，全城就都知道有那么一家蛋糕店开张了。

当时，罗红就开创性地采用"前店后厂"的经营模式：制作间和销售柜台之间隔着透明玻璃，顾客可以看到后台操作的全过程；他还请来许多人同自己一同品尝蛋糕的味道，提出改进意见；他以身作则，一有空就拖地板、擦台面，随时保持店面环境洁净无染……总之，经营得井井有条的喜利来很快在雅安站住了脚。

"虽然至今我都不会做蛋糕，但我懂得如何激发师傅做出好看好吃的蛋糕，也懂得如何去吸引顾客。"

创业伊始，罗红就找来海外画册，同蛋糕师傅一起研究，不断推陈出新。很快，顾客就回馈了他，每天的营业额就达两三千元。仅仅三个月，他就回了本。

初次试水，让罗红很快意识到国内蛋糕市场的潜力：第一，生日蛋糕还未普及，市场很大，比较容易建立起一个连锁品牌；第二，生日蛋糕很大程度上是手工艺产品，地方化改造不难，这就使蛋糕连锁的区域壁垒容易突破。

一个做大做强的强烈愿望在罗红心里油然而生。下一站去哪里呢？

假期回到雅安老家的哥哥们对弟弟的蛋糕店也赞不绝口。在兰州读完大学，正在南京工作的二哥说："即便在南京，也找不到这么漂亮的蛋糕。"

"南京、成都市场都太大了，我不想被淹没。"罗红说。

"那兰州怎么样？"在兰州待了四年，对当地风土人情有一定了解的二哥说，"那里比南京小，比雅安大，过年时流行送蛋糕。"

"我一听，觉得那是个适合的市场，就马上动身了。"罗红回忆说。

经初步考察，罗红就确信兰州是一个具备消费潜力但尚未得到充分开发的城市。1992年年末，他关掉了雅安的喜利来，卖掉房子和摩托车等所有家当，又向亲朋好友借了些钱，带上全部的15万元就上路了。

到了兰州，罗红一眼就相中了当时兰州最黄金地段的铺面——那里一年的房租就是7万元，相当于他在雅安刚卖掉的房子的价格，这也意味着他彻底断了自己的后路。

那年罗红25岁,就敢于破釜沉舟,背水一战。没想到刚开始他便遭受了一个重大打击:就在装修即将完工、准备开业时,店铺的承重墙突然倒塌,先前的投入化为泡影。罗红说,当时的第一个念头是楼上的工人是否安全;第二个念头便是如何还清这笔庞大的债务。绝望中,他给房东打了电话,没想到豪爽的房东不但没追究责任,还"神通广大"地请回了十几年前的施工队,因为他们最熟悉房屋结构。在房东亲自指挥下,工人们很快就修复了房屋。

不仅如此,房东还叮嘱罗红:"以后在兰州,有什么困难都可以找他。""那个豪爽的西北汉子是我生命里的贵人。"后来每当回忆起这段经历,罗红眼中都充满了感恩,"世上还是好人多啊!"在房东的鼎力支持下,罗红重新将店铺装修一新,感激之余还接受了房东的建议,将"喜利来"改名为"好利来"。

老天不负有心人,罗红对美的感悟,再一次与客户产生了共振。出乎所有人的预料,好利来一开业,生意就异常火爆,当天营业额就接近一万元。此后,常有顾客早上六点就来拍门要货。春节期间,兰州人流行用蛋糕做礼物走亲访友,由此带来的抢购热潮使罗红和他的伙伴们必须在柜台前加上杠子抵住人潮,以防柜台被挤垮。

就连当地最有影响的兰州电视台也主动找上门来,表示可以先做广告后付钱。于是,每到天气预报的时间,电视上就会出现好利来蛋糕图片。很快,罗红一口气开了五家门店。忙不过来了,就动员三个哥哥以及几位"发小"来兰州帮着一起打理。那时的好利来差不多就是一个"罗家班"。

然而众所周知,家族企业也有困扰:"发小"和罗红的大哥观点不一致,罗红试图化解,可大哥还是负气离开了,之后三哥也离开了。

尽管有些磕磕绊绊,但发展势头良好。现在,罗红有了一个朦胧的想法:做中国的蛋糕大王!

下个支点又在哪里呢?罗红将目光投向了城市聚集的东北市场。东北人以忠、孝、仁、义著称,堂前尽孝当然离不开生日蛋糕:市场需求尚未挖掘或需求被低估的地方，便是商机存在的地方。

1993年年底，好利来在吉林市开设了东北第一家好利来连锁店。当时正值寒冬，为了新店装修，罗红带着伙伴砸墙、和泥，在零下30摄氏度的凛冽寒风中装招牌、灯箱。这种酷寒天气里，没人会停留在室外，更何况还要干活。为了不被冻伤，罗红将工人分为两班，每十分钟交接一次。来往的当地人惊异地看着这帮疯狂的异乡人，不明白是什么在支撑他们超越极限，那股子热情似乎足以融化东北大地厚厚的冰雪。

那年的春节，大街上所有店铺都关门，唯独好利来蛋糕店如期开业，自然门庭若市、生意火爆。罗红带着年轻的好利来，一路狂奔、势如破竹。虽然当时每天只能睡四五个小时，他却依然有用不完的精力。

1994年开始，好利来继续深耕东北，在极短时间内相继占领吉林、辽宁、黑龙江等市场，为好利来将饼店推向品牌专卖与连锁经营打下了坚实的基础。

在北方销售蛋糕，不时会出现一个问题：因为冬天雪多路滑，顾客买了蛋糕可能在途中摔坏，不得不拿回来修补，可"再付多少钱"却成了顾客和商家都很头痛的问题。对此，罗红做出了一个看似"自杀式"的决定：顾客购买蛋糕后，如非故意损坏，由售出店免费修补。

比起罗红不容置疑的态度，当时的沈阳市场总经理还是觉得有点心疼："蛋糕摔坏，基本上等于重做，还谈什么修补？"罗红却向大家强调，"在生日这天碰坏蛋糕是件扫兴的事，我们修复蛋糕，实际上是在修复顾客的心情。"

于是，"爱就在你身边"成了好利来的品牌主张。也正是这种真诚、有爱的特质帮助罗红广泛聚集了人气，他将这种真诚和爱变成了事业发展的催化剂，用山里人的厚道承载起自己广阔的事业。

从"做最美的蛋糕给妈妈吃"的初心出发，好利来品牌从诞生之日起就超越了单纯的一手交钱一手交货的牛顿思维属性，被注入了一种人文关怀。如今，好利来更普遍关照到更广大群体的精神和体验需求，具有了深入关联的量子思维特征。

为了"靠前指挥"，1997年，好利来将总部搬到了店面最多的沈阳。那时的好利来，都是罗红按照离开大山时父亲送给他的两句话做指导来展开经营的。顾客对好利来的评价，第一就是产品好；第二就是服务好。

"食品安全是底线，绝对不可以商量，一定要对得起自己的良心。为了给顾客带去快乐，当时每一个进好利来的员工都要经过我的亲自面试，不仅要漂亮，还要开朗热情，就是那种特别愿意帮助别人、服务别人的女孩子。当时我们专门开设了蛋糕人才培训学校，所有学员免收学费、免费食宿，新员工需要培训六个月才可以上岗，每一位学员的培训成本就需要6000元，而且学完后学员有选择的自由，不一定非得留在好利来。由于我们的员工训练有素，所以在东北，好利来的品牌影响力特别大。"

然而，考验还是来了。

转眼到了1999年，当人们都沉浸在即将迎来新世纪的喜悦中时，好利来却迎来了创业以来的最大危机——当时东北地区流传着"1999是世界末日，所有人都不能过生日，否则将面临灾难"的说法。这种说法从何而起不得而知，但结果是，当时产品结构单一的好利来因此一下子没了生意。

罗红不得不关掉蛋糕学校，同时还需要裁掉1000名员工中的800人。在那次遣散大会上，罗红泪如雨下，他为不能留下这些伙伴而自责，为他们以后的生活而忧心："当时跳楼的心都有了，可惜我的办公室在二楼，跳下去摔不死。如果是二十楼，我肯定就下去了。"

罗红承诺，裁掉的员工每人每月将发放150元的生活补贴，连续发放半年，在此期间可以找其他工作，待形势好转后马上再邀请大家回来。慢慢地，随着迷信的破除，市场也逐渐好转，罗红立即发出返岗邀请。

"我当时心想，能回来一半就不错了，可完全没想到的是，裁掉的800名员工回来了784人！即使是那些已在老家找到不错工作的伙伴也毅然选择了回来。大家说困难时期总裁没有忘记大家，回来以后更要加油努力，把之前的损失补回来。"回忆起这一幕，今天的罗红依然情绪激动。

还有这么一段小插曲：那时的某一天，罗红到沈阳一家饭店吃饭，一位服务员很热情地跟他打招呼："总裁好！"正当罗红好奇服务员怎么会认识他，对方主动介绍说自己是沈阳好利来的裱花师，因为接到回家待命通知，便在当地饭店里打工。"你怎么没回四川老家呢？""不用回去，我相信困难只是暂时的，总裁很快就会把我们招回去的。我现在就待在沈阳，如有需要第一时间就能上岗！"

罗红感动得泪流满面，说："你放心，用不了多久，你们就一定都可以回来的！"

那时的好利来，就是一家"共同欢笑、共同流泪"的企业。

然而，更大的风暴还是来了。

二、一路向"西":好利来丢魂

1997年,好利来已经开到七八十家店了,罗红和核心团队却开始有了一种非常强烈的危机感:"我们照看不过来了!"

蛋糕的保鲜期非常短,食品安全标准就非常高,一旦出事,那就是灭顶之灾。那段时间,罗红和核心团队讨论得最多的就是在规模迅速扩张的情况下如何保证食品安全。

"麦当劳和肯德基是如何做到的呢?它们在全球有上万家门店,规模比我们大多了。"有高管建议向麦当劳、肯德基挖人。

也许是彼时全国掀起了学习西方管理的热潮;也许是在此之前的1995年,世界500强企业维益集团董事长罗伯特·维益乘专机来给当时只有40家门店的好利来洽谈合作,并盛情邀请罗红到维益集团考察。在20多天的考察里,这位80岁的亿万富翁给罗红留下了"在拥有管理完善企业的同时,仍然对生活品质有高度追求"的深刻印象。

也或许是正被现实的危机折磨着,罗红决定学习西方管理。

刚开始还算顺利,随着越来越多肯德基、麦当劳团队的加入,特别是随后好利来核心团队成员在肯德基学习归来后,罗红发现,他说的话几乎很少有人听了。

"这很土""那很不科学""要规范化""不要人治,要法治"……

"高管们的语言体系都变了,仿佛一夜之间被洗脑了。"罗红回忆说。

到了1999年,一方面是东北人不买蛋糕导致的裁员危机,另一方面由于与几位联合创始人在经营理念上的差异,经讨论和协商,好利来决定

"分家"——实行"联合创始人内部加盟制"。

将全国好利来划分为西北、北方、中原、华中、华东和南方六大区域公司，罗红负责北方公司，其他联合创始人独立经营一块区域。其中"好利来"品牌所有权归罗红，大家有十年的使用权，根据经营情况，十年后可续签。每个片区都独立投资开店、自主经营。公司总部负责培训和督导，各片区实行统一的产品标准、服务标准和形象标准。

分家后的好利来每个诸侯都拥有了自己的一片天，加之当时全国连锁行业特别流行"布局决定结局"的跑马圈地论，好利来也提出了一个全速前进战略，随之而来的，便是店面数开始疯狂增长：

2003 年 300 多家店；

2004 年 450 多家店；

2005 年近 600 家店；

……

但与此同时，危机也开始隐现：产品品质开始下降，人员素质开始跟不上，顾客出现流失，利润下降……2007 年，罗红不得不下令好利来停止对新城市的扩张。到了 2009 年，开店数还是突破了一千家，员工超过一万人。

当年分家后，罗红成立沈阳好利来实业管理有限公司，由肯德基、麦当劳空降过来的团队直接负责操盘管理。按照外企的做法，开始制定一整套完善的管理制度。

好利来一位高管回忆，"当时觉得营运手册就是企业的'葵花宝典'，所以把所有的希望都寄托在他们身上，天天让他们写营运手册，所有部门全力配合。当时放在总部的营运手册就有一长排柜子，上百本做得特别细，包括产品篇、服务篇等标准作业手册。标准化工作几乎涉及了每一项工作、每个管理环节，显得特别完备。以后各个市场就按照这个作业指导书执行就完了。当时仿佛感觉企业得到了升华，好利来看起来就要成为一家非常现代又强大的企业了。"

管理公司设立了庞大的指挥总部以推动体系执行，总部并不参与几大区域公司的具体管理，它主要通过两大系统推动运营：

一是自上而下的运营检查体系。统一产品标准、统一VI形象、统一原材料采购。每半年一次，由总公司组织，对各个市场的运营情况进行综合评估。

二是自下而上的神秘顾客系统。完全拷贝肯德基的模式，好利来在2002年委托两家专业调查公司，通过各种条件组合选取一批神秘客户，对各店每月都要例行检查，然后回填信息表发给总公司品控部，品控报告甚至细致到某个店员的服务细节。

一切看起来似乎都很好，公司制度体系逐步建立了起来，罗红有了更多时间外出摄影。刚开始，罗红每次外出都带着卫星电话，以备公司有重大事件可以及时向他报告。然而有一次，罗红外出摄影回到住处，一件亟需解决的事情还在等着他拍板。罗红开始反思自己的管理模式，"管多了就不细了""如果罗红没了，难道公司就不办了？一个人的智慧毕竟有限，什么事都一个人做决定，未免有些专制和独断"。之后，罗红充分下放权力，干脆将卫星电话直接锁进了抽屉。

罗红说："刚开始他们还每年给我看财务报表，我数学二分之一加二分之一等于四分之二的水平怎么看得懂啊，后来就干脆改成了简单的一年一次汇报：明年准备开多少家店？要多少钱？钱还够不够？"

可真够洒脱的——这便是许多老板羡慕的所谓"甩手掌柜"吧。

这便有了在2010年10月"稻盛和夫经营哲学青岛国际论坛"上罗红的自我反省："全面引进西方管理，导入绩效主义，我们的制度越来越严密，但人情味却没了，导致了员工的满意度大幅下降。我在全世界摄影期间，经常收到老员工发给我的信息，许多老员工陆续离开了企业，他们很多都已经不爱这家企业了，因为这里没有原来家一样的温暖了，只有冷冰冰的制度，这不是他们喜欢的样子。"

这种状况差不多持续了10年。"直到2008年的某一天，当时我还在非洲摄影，接到了财务总监打来的电话：'总裁呀，这个财务状况非常不好呀。'我就问他，'我航拍的钱还够不够？'他说，'航拍的钱倒还够。'我说，'挺好，那就行啦！'"

每当说起这一段，罗红就恨不得想扇自己两个耳刮子。"你看我当时是多么自私，我的心中只装着自己了。"

虽然多少有些无奈，罗红还是在2009年回归了。在对好利来这十年"一路向西"的复盘中，罗红说："我们不能否认肯德基、麦当劳都是伟大的企业，但每家企业的核心价值观都是属于它自己的，有其特定的历史传统和行业特质，强行嫁接往往就会犯很大的错，这种错在不知不觉中就把企业弄得没电了，首先没电的就是我。"

好利来的高管们也发现：烘焙业与肯德基这种快餐连锁业有本质的区别。肯德基的产品靠中央厨房设备实现了完全标准化，几乎不用人工参与，将薯条投入设定温度的油里几分钟，表一跳就捞出来，几乎跟人没关系，所以每家店的薯条都是一样的品质。但好利来的蛋糕、面包、软点必须得手工操作，无法实现自动化。而只要是人在制作的，就要保证制作的人他得有一个好心情，他要从内心爱这个产品，将情感注入，这个产品才能既好吃又好看。

后来我们请了一个日本近80岁的面包大师来教我们。这位老人不厌其烦，反复强调说，面包师的心情会通过双手传递给面团，再通过面包传递给顾客，所以顾客吃面包时，能吃出来今天面包师心情好，还是不好，是涨工资了，还是失恋了。当时我们很难理解，后来才明白，就像我们为什么喜欢妈妈做的饭一样，因为那里边有爱。

本质上，好利来的烘焙产品就是将制作师傅们心中的爱和快乐传递给顾客的载体。那么在原来职业经理人时代靠冰冷的制度管理——如迟到、早退几分钟要扣多少钱，请事假要扣多少钱，休假只有基本工资没有奖金……这些制度看起来管人很厉害，但她上班就没爱了，而顾客是完全感受得到的。

还有服务，服务顾客的人必须是开心、满意的，她才会对顾客真笑。如果她在店里难受、心情压抑，要让她对顾客笑，那都是假笑，没有能量。就像以前我们每个服务员都会说一句标准用语："欢迎光临好利来！"制度都可以要求，话也会喊，但她不会看着顾客说。服务员在理货、收盘子时，听到有人来了，就顺口一声"欢迎光临好利来"，有时甚至是用屁股对着顾客说的，这不是欢迎，是机械式的言不由衷。所以虽然员工按照手册的标准要求执行了这个动作，但实际上是无效的，甚至有反作用。

只有将爱注入，产品和服务才会有美好的灵魂。彼时靠冷冰冰的制度，按照牛顿思维强管控的好利来空有庞大的规模，但体质很差——有产品，没灵魂；有服务，没温度。在国际烘焙品牌陆续登陆中国，国内崛起新秀的双重夹击下，曾经意气风发的好利来，处于奄奄一息的状态。

怎么办？

三、天地炼心：罗红的另一个战场

创业前四年，罗红几乎全身心投入到蛋糕事业上，直到在1995年的某天，朋友送给他一本柯达公司的台历，翻看台历过程中，罗红重新燃起了少时的梦想，而此时的好利来已有30多家门店，业务走上正轨，不完全需要他事事亲力亲为了。

于是罗红重新拿起相机，几乎每年都会外出。早些年里，他去的地方主要是中国西部，镜头里主要是自然风光："我是在那里长大的，对那里有特别深厚的感情，而且大西部从西往东横跨几个气候带，海拔落差几千米，具有丰富的地表形态、植被和气候现象，是摄影家的乐园啊！"

那几年，罗红驾着车，带上相机，穿行在西部的大山大水中。从举世皆知的山川河流到人迹罕至的深林幽谷，罗红用他的镜头把西部美景尽收囊中："摄影是一门把瞬间变成永恒的艺术，也是一门分享的艺术！当我来到那些人们不常来、也不能来的地方时，就有一种很强烈的冲动：我要把眼前的美景记录下来，回去后和更多的人分享！"因此，每年罗红都要出一本摄影集，把他一年的创作精选出来，同时将自己对自然、对生命的全部感悟融入其中，送给顾客和亲朋好友。摄影集的印量大得惊人，据说每年达到80万册。

许多顾客都习惯了在春节前后到好利来店里免费领一本罗红摄影集。因为摄影集上的风景太美了，不少顾客把它当作旅游指南。有一次罗红在九寨沟拍照时，来了两车东北游客。有人过来主动搭话说："你是搞摄影的吧？认识罗红吗？我们就是看了他的摄影集才来这里旅游的。"罗红听后不禁莞尔，带着特有的真诚回答说："我就是罗红。"

2001年，罗红偶然去了一趟南非。那是他生平第一次在咫尺之遥与野生动物接触，被欢腾的生命深深震撼："到了非洲，我才看到人、动物与自然和谐相处的景象，也才领悟到，没有生命的自然是不完整的！非洲就像一首永远都写不完的诗，这里充满着欢腾的生命。从此，我不可救药地爱上了非洲。"谈起迄今已经50余次的非洲之行，罗红仍然意犹未尽。

好利来分家之后，在企业里已很难找到"感觉"的罗红一头扎进了非洲。在非洲，他有了第一次航拍；经历了坠机；看到了地球上最古老的沙漠和最古老的活火山，还在位于东非埃塞俄比亚阿法尔州的偏远地区见证了无数令人赞叹的生命奇迹与唏嘘不已的遗憾。2018年中非合作论坛北京峰会期间，中国外交部将罗红创作的作品进行专门展出，引来非洲领导人的啧啧称赞。

怀抱着对这颗蓝色星球的好奇与挚爱，罗红几乎走遍了全世界。在零下40摄氏度的美国黄石公园，他拍下了严寒中依然冒着热气的温泉；也曾到墨西哥拍摄火烈鸟，到加拿大拍摄北极熊，甚至去了两次南极、四次北极。

罗红饱含人文关怀的高质量作品引起了联合国环境规划署的关注。2006年6月，他们邀请罗红在其内罗毕总部大楼举办了一次个人摄影展。2009年6月，罗红又受邀在联合国纽约总部大楼举办名为"共同的命运：从非洲到北极的野生动物"个人摄影展——这是联合国总部大楼建成56年来首次邀请中国人在此办展，展期45天，打破了在联合国总部办展展期只能有一周的惯例。2009年7月，罗红获得联合国颁发的"全球气候英雄"的称号，是亚太地区唯一获得这项殊荣的环保主义者。同在2009年7月，罗红又与巴菲特、福特等企业领袖一起入选了美国《福布斯》杂志"全球24位有杰出业余爱好的企业领袖榜"。

风光的背后，不为人知的却是付出不亚于任何人的努力。

罗红说："不少人以为风光摄影不过是烧器材、烧钱而已，却看不到摄影师的艰苦付出：拍摄前期要做无数的攻略准备；好不容易扛着几十斤的设备到现场，却往往由于天气等不可控因素而无法拿到满意的片子，更别提野外恶劣的环境，暴风暴雪、严寒酷暑更是家常便饭，没有发自内心的热爱与坚持是根本走不下去的。"

为了记录最美的风景，罗红常常要深入无人之地，甚至要经历一番生死冒险才能创作出我们今天看到的一幅幅壮阔宏伟的作品："在纳米比亚坠机时，在警察调查处理事故的一个多小时中，我反而想明白了：我是有使命的！老天为什么没把我收走？说明我的使命还没完成，我必须完成我该做的事才能离开。所以今天老天只是考验我一下，没让我走。于是我当即想办法又从南非找来一架直升机，经历额外往返18小时的飞行来到纳米比亚，完成了那次航拍。"

"经历了那次坠机，从此我就不怕死了！"罗红说。

为了更近距离航拍冰岛活火山，罗红要求飞行员在翻腾的岩浆上空把高度降低一点、再降低一点，直到不断上升的炙热气流与有毒物质使直升机警报大作才不得不停止靠近——正是这样的以命相搏，才有了今天我们看到的震撼人心的火山熔岩照片。

同样在冰岛，为拍摄冰川融化后的浮冰，罗红在冰冷的海水中浸泡了整整三个小时，这让他在南极所受的腰伤极度恶化，之后花了一年多时间才痊愈。

登陆南极前，为罗红服务的公司要求他签了两次生死状并承诺一切后果自负后才肯送他登岛。

智利的巴塔哥尼亚，是文明世界最南端的陆地，它与世隔绝，仿佛是世界的尽头，被称为"巨人之地""世界上最后的狂野之地"——该地素以狂风出名，风力动辄可达110千米/小时，即便是晴天，各处山谷里也暗藏着无数气流，航拍的每一天都面临着不可预测的危险，只有超一流的飞行员才能驾驭巴塔哥尼亚的风，只有最无畏的摄影师，才敢在一万四千英尺的极限高度亲近群峰之巅。

在摄影的世界里，罗红不断追求实现无限的可能性。然而对企业，他的心确实离得有些远了。这终不是长久之计。

第 7 章　为心赋能——好利来重生之谜

在总结苹果能从倒闭边缘重回巅峰的原因时，几乎所有人都将这一切归结于乔布斯的强势回归。乔布斯后来说："在出走苹果的这些年里，我并没有闲着，而是做了很多有意义的事情，其中最主要的一件事，就是磨炼自己的心性。"

在2005年斯坦福大学的毕业典礼演讲中，他说："有些时候，生活会拿起一块砖头猛拍向你的脑袋，不要失去信心。我很清楚，唯一使我一直走下去的就是：我无比钟爱我做的事情。你也得去找到你所爱的东西。"

"我这个人喜欢在行走中去感悟。"罗红总结自己。曾走过全世界的他说："世上之美，不外两种：一种是自然之美，一种是人性之美。自然之美，神奇而不可穷尽；人性之美，它的光辉来自爱。我坚信，用自然之美，可以唤醒人心的大善。"

每个走进罗红摄影艺术馆的人几乎都会被艺术馆入口处的那张巨幅照片所震撼：弓腰、手抚快门、全神贯注于相机镜头的罗红正沐浴在西部的大美风光中——"我的一生，为美而感动，为美而存在！"

2015年3月，当时正带着好利来核心干部在行知学校学习的罗红告诉我，他准备在艺术馆入口处写上"我是一个来自大山深处的孩子"这句话，以此激发每个来艺术馆参观的孩子去勇敢追逐自己的梦想。

现在，已是不同的境界了。这世上，无论多么聪明的人，都需要一个事上磨炼的过程。就像作家格拉德威尔提出的"一万小时定律"："人们眼中的天才之所以卓越非凡，并非天资超人一等，而是付出了持续不断的努力。1万小时的锤炼是任何人变成世界级大师的必要条件。"

经过大自然一番大开大合的锤炼，此时，对"美"的领悟已深深融入罗红的骨髓里。初二时第一次看见相机时惊艳不已的青葱少年在步入中年后，对美的感知已和生命融为一体。

王者，该归来了！

四、"中国蛋糕王"的重生

"我回来了!"罗红在2010年"稻盛和夫经营哲学青岛国际论坛"上高调宣布。演讲最后,他向稻盛和夫赠送了一款"黑天鹅"蛋糕,这款蛋糕的精美程度令稻盛啧啧称奇。

乔布斯回归苹果的第一刀,是砍向苹果混乱的产品线。那么罗红呢?

回归后,他做的第一件事是关掉300多家亏损门店,先行止血。下一脚又该踩在哪里呢?

后来我曾问罗红,如今艺术馆入口处的"我的一生,为美而感动,为美而存在!"那句话是什么时候出来的?

他说:"10年前的某一天,我问自己,我这一生是来干吗的?为什么如此疯狂地去拍照?然后我明白了,我的一生就是为美而感动,为美而存在的。这样我的人生就有了一个定格,当你定格了,这时再去拍照,真的,这时候就真是一种信念。以前可能只是喜欢,但当你把自己整个人生都定在这里的时候,你就会完全不一样。从此以后我拍的每一张照片都在赞美生命之美和自然之美。"

"当悟出这句话的时候,对好利来的事业有什么影响呢?"我打破砂锅问到底。

"在我初创好利来的时候,我觉得那时候它是最美的,我非常喜欢。但后来规模做大以后,在那个阶段因为它做得不美了,产品不够美了,服务也不够美了,那就不是我想要的了。"

回归后的罗红将把自己对大自然美的领悟投射到每一款好利来的产品

之中，也融入进每一次好利来的服务里。

美，再次给了罗红灵感。2009年11月1日，北京下起了那年冬天的第一场雪：鹅毛大雪纷扬在晚秋的天空，把木叶金黄的大地变得雪白。当人们沉浸在这意外到来的诗意中时，罗红在雪地里拍摄到了一组黑天鹅作品。

天鹅不仅是大自然最美的精灵，也凝聚了人类对美的情怀：在洁白无瑕的雪地上，黑天鹅神秘、高贵、优雅的身姿，令人赞叹生命的完美，感恩造物的恩赐。

黑天鹅的美深深打动了罗红，灵感触动之际，激发了他的创意：自然赐予了我们美，我们为什么不能用它来传递情感，让生活也变得更美？一款蛋糕能不能也像天鹅一样美？

一个高端蛋糕品牌"黑天鹅"在罗红心中诞生。

第二天一早，罗红招来核心团队，大家一边听着优美的音乐一边欣赏着美丽的黑天鹅照片。还在大家不明就里的时候，罗红说："我们将打造一个更高端的品牌，重新找回自我，培养更多有激情有梦想、勤奋努力的员工。我们一定要带领更多的人过上幸福的生活。"

接下来，罗红从这群人中挑选了三名干部直奔好利来门店，他要带他们去看什么呢？进入门店，罗红拉开一个柜子，把最里边那个批次的产品拿出来，让三个人看上面的生产日期——这是什么意思？其中有一个人马上就看懂了，这个人就是现在的黑天鹅总经理李金铎。

李金铎说："总裁，我看明白你要什么了。"

罗红说："好，既然你看明白了，那么从今天起你就是黑天鹅的总经理。"

李金铎后来说："我当时就明白了，总裁还是把品质放在了最高的位置。他带我们去店里，首先看的是品质，看的是良心。"

黑天鹅品牌创立之初，罗红就告诉李金铎：五年内不准看财务报表，每年赔多少钱跟他李金铎没关系——他只有一个目标：五年后带出一支顶尖团队来。

"今天黑天鹅对很多品牌的冲击是很大的，竞品说这艺术蛋糕没法模仿啊，消费者也会说，蛋糕还是好利来他们家的最好。"

摄影—美—艺术蛋糕—有爱的团队，好利来走丢的魂慢慢归来了。曾有人质疑热爱摄影的罗红"不务正业"。

正如乔布斯2005年在斯坦福大学"关于如何把生命中的点点滴滴串连起来"的故事中所讲，他说："从里德大学退学后，我根据自己的兴趣旁听了很多美术字课程，我学到了科学永远不能捕捉到的、美丽的、真实的艺术精妙……当时看起来好像也没什么实际应用的可能，但是十年之后，我把那些家伙全都设计进了Mac电脑。"

乔布斯由此告诫毕业生："你必须相信这些片断会以某种方式在未来的某一天串连起来，你必须相信某些东西：你的勇气、命运、生命、因缘，随便是什么。"

黑天鹅品牌的创立，也正是罗红把摄影、艺术、美和人心与蛋糕事业串连起来的真正开端。在黑天鹅十周岁生日时，罗红说："在这十年里，中国也逐渐崛起为经济大国，人们迎来了一个追求生活品质的时代。黑天鹅蛋糕既是我内心的追求，也是时代需求的产物。在未来十年，我希望至少在蛋糕领域里，黑天鹅能够一直是世界一流的中国制造。"

在乔布斯看来，苹果与其他公司最大的区别，是始终保持对于艺术和美的追求。而这，也是看遍世界回归企业后罗红的执念。

李金铎没忘记当初罗红"打造顶尖团队"的嘱托——黑天鹅的每名员工都由他亲自挑选。"好利来盘子这么大了，最关键的还是要把人经营好。"

罗红说："我回归，是因为我想通了一件事，以前盲目地引进西方的制度文化是错的，它对我们原有的文化造成了伤害，将企业带向了错误的方向。我回归，是要重新将企业带回应有的方向，重新确立好利来的文化和价值观——好利来是一个因爱而生、应爱而立的品牌，它想传递出这份爱，让人感受到'爱就在你身边'。以前，已售出的好利来蛋糕就算顾客自己不小心摔坏了，我们也会免费重做，可这一切，都在空降管理团队到来之后改变了。

"片面追求销售额,在极端的成本控制之下,免费品尝没有了;每家店里只有一支圆珠笔,坏了还要向上级打书面报告走流程;人员缺编,顾客进店后店员视而不见;为了多卖汤圆,冰柜不够就直接拉到外面卖,解冻导致品质受损也不管……"

而恰恰是品质才是好利来引以为傲的起家法宝,罗红对品质的追求近乎偏执。当年,在兰州起步后的中秋节,也许是宣传或认知度不够,好利来生产的高档广式月饼在节前只卖出了一半。虽然当时市场上有不少商家为减轻损失仍在折价销售月饼,或者将月饼馅料加温后改做其他点心,但为了保证给消费者永远是最优质的产品,也为了好利来的信誉,罗红力排众议,斩钉截铁地决定不计成本直接报废处理掉这些月饼。

如今,为保证好利来玫瑰汤圆的馥郁香味,罗红专门成立玫瑰突击队每年远赴云南,在凌晨三点前趁花苞没有完全打开、香味最浓郁时进行采摘;刚开始在没找到合适水源的情况下,用桶装矿泉水对玫瑰花进行清洗;为保证新鲜,直接空运北京工厂……

好利来内部有一条众所周知的"高压线":所有的裸卖面包、软点、切块蛋糕当天闭店时必须报废处理,不可留做第二天销售,一旦发现有私下不报废的情况就将对员工做辞退处理。刚开始,因为常常控制不好出货量,每个店的减货值都有几百上千块,员工都很心疼,但必须执行。每晚闭店下班的时候,当天值班的员工要对着店里的摄像头,戴上手套将面包撕碎处理,避免产品二次流入市场。哪怕是当天晚上八点刚烤出的面包,也必须当天清货以保证产品的新鲜和口感。

即便有如此严格的品质保证规定,但食品行业涉及的安全环节太多了,只要一个环节没用心,就会出事。2014年中秋前,石家庄食药监抽查到"20140713"批次红豆沙蓉散装月饼菌落总数不合格,在全国造成很大影响,各大媒体都在报道,集团内部引起前所未有的震动——罗红召集所有城市老总、高管在京开会,气氛高度紧张。几乎所有人在农历8月14日晚都一夜未眠:明天的会议总裁肯定会大发雷霆,大家也为工厂的负责人以及石家庄市场的同人捏着冷汗。

第二天会议开始，会场静得可怕。上台后，罗红给大家深深地鞠了一躬，没有大发雷霆，没有批评指责，没有严厉处罚："对不起，好利来的家人们！是我没有照顾好大家！"罗红话音刚落，许多人忍不住哭出声来。

那天，罗红用整整一天的时间来引导达成共识：大家不要把心思放在销量上，要把心思放在照顾好员工身上，让员工在好利来有幸福感！只有有幸福感的员工才能做出感动顾客的产品！

虽然后来复检同一生产批次产品全部合格，原因很可能出在BC店（中型超市）批发商未按标准陈列产品（从此好利来取消了职业经理人时代为追求销量最大化开启的批发销售模式），甚至有竞争对手的推波助澜，但这都已不重要了。重要的是，以此为契机，大家认识到："员工心不安，企业将永无宁日""没有满意的员工就没有满意的顾客"，于是"照顾好员工、照顾好产品、照顾好顾客"成了好利来的经营铁律。

我曾与北京好利来生产厂长王勇交流："烘焙业最大的门槛是什么？""良心！"王勇不假思索地回答我。

"眼睛不能光盯着财务数据了，我们要重新经营人心。"罗红说，"为什么历史上很多皇帝都是被奏章奏死的？有时看报表上各种数据有增长，但到后来越看越不对劲儿：员工的眼睛有没有光？顾客是不是感动？这些都是不用看报表就知道的。"

所以从此好利来不再给城市总经理定具体的数字任务指标，因为大家相信，只要踏踏实实做好"照顾好员工、照顾好产品、照顾好顾客"，业绩达成就是自然而然、水到渠成的事。问题是"怎么照顾好员工"。

理可顿悟，事还需渐修。

接下来就是废除不必要的管理制度，提倡领导力，回归"家文化"。

罗红说："好利来有它自身的特点：员工大部分都年轻、离家远，他们需要一个家一般的环境，需要家一样的温暖。父母把孩子交给企业，企业就一定要照顾好员工，让父母放心。在这方面，前几年我们没做好，用冰冷的、严厉的制度来管理员工，把他们管死了、管绝望了，企业与员工之间成了一种单纯的雇佣关系，把员工的心给伤了。

"甜品的灵魂就在于传递爱与快乐,而制度化的管控思维伤到了好利来的根,这不是我想要的,也不是企业想要的,创业初期我们形成的'家文化'才是正确的。"

于是,罗红挨个城市去演讲,给员工道歉:以前没有照顾好大家,现在总裁回来了,要带领大家一起去创造幸福的生活。"管用吗?"罗红有一次问我,也仿佛是自问自答。罗红说:"光讲没用啊!我发现员工的热情长的管一个月,短的顶多一周。"

必须要有实质性动作让员工有获得感。接下来第一步便是加薪:在本来就利润微薄的情况下,好利来2009年拿出3000万元涨工资,2010年又加了4000万。这还不够,还得保证员工吃好、休息好。罗红的助理说:"因为我们的店面伙伴一天要站八到十个小时,还是穿着高跟鞋,非常累;制作师傅为了保证顾客哪怕早上六点半进入好利来,所买到的一定是当天现烤的面包,他们凌晨四五点就要开始工作,也很辛苦。所以我们必须保证员工们吃好、睡好,只有充分恢复了体力,大家才有干劲儿、做出来的产品才有爱的味道。

"所以总裁只要下市场就一定去看宿舍和食堂,因为标准一直没达到他的要求,他甚至还质问过我们'会算账'的财务总监:你愿不愿意把自己的孩子弄到这样的地方来上班?因为总裁对这件事的重视,宿舍和伙食标准很快涨起来了。"

但似乎还欠一把火。

五、有效的教育是经营的灵魂

"那所学校没有一个保安,没有一个清洁工,学生们看到地上有一片树叶都会主动捡起来……"六大区域公司之一的好利来华中公司总经理朱侗向罗红描述他眼中的行知学校。

"那我马上要去看看!"罗红迫不及待。于是就有了历时近两年、4000多名好利来人的行知之行。

"过去这十年我们听了很多课,各种培训、各种大师,台湾的、大陆的,以及美国的。学了很多,越学越迷茫!每个老师、每堂课程讲得都很有道理,但就是不可能拿到我们这儿来落地。回头想,我们还是要回到根本上,那就是为什么要经营这家企业,我们的根本出发点是什么?"好利来的一位高管说。

"你的生日是哪一天?"

这是由罗红亲自带领的、为期五天的行知研修课堂上,我向80多位核心高管提的最后一个问题。

"今天!"这是财务总监孙克强的回答。

"为什么?"

"因为今天我的灵魂重生了!"

他的回答引起了大家强烈的共鸣。"以前在大师们的课堂上我们听了很多大道理,回去就要求员工要怎么怎么做。这次学了以后,回去不知道对员工该讲什么了,只知道该先从自己做起。"干部们说。

"在行知我们到底启发了你们什么?我们又不会做蛋糕。"后来有机会到各城市出差，顺便拜访当地的好利来总经理，这是我必问的一个问题。

"你们借行知学校这个能量场帮助我们解决了很多共识问题，比如以前公司也会下发很多文件，像员工宿舍叠被子的问题，觉得这事好像也该做，但大家认识程度很不一样，有不少人觉得这与做蛋糕好像也没那么紧密的关系，执行的决心就不同。这次大家去了行知，看到那些十六七岁的孩子叠得像豆腐块一样整齐的被子，我们就觉得好惭愧。现在我们亲自做了以后才知道，这会影响到员工的心情，关乎他们能不能休息好，关乎他们能不能养成良好的卫生习惯，而这对烘焙行业恰恰太重要了。

"那些团购大客户参观了我们的员工宿舍，很快就决定把订单给我们。因为他们看到了我们员工的素养，相信我们的食品安全比同行更有保障。"好利来沈阳公司总经理龙波涛说。

"你在行知学校这几天到底学到了什么？"链家地产副总裁徐万刚正好带着几十位链家总监来行知游学，中午吃饭时，他随机坐在了一位好利来店长旁进行交流。

"我很惭愧，看到这里的孩子们条件这么艰苦，还笑得这么灿烂、这么幸福，我真是身在福中不知福！"这位店长说。

"以前我总跟伙伴们说要去爱，但总感觉他们收不到。今天才明白，原来我自己都没有爱。就像用微信给别人发红包，你先得保证卡里有钱啊！我不能给予他人自己都不拥有的东西。"另一位店长在课堂上分享说。

在课堂上的某个环节，我请好利来伙伴一起计算一下公司在各城市每个月花在每位伙伴身上的吃住费用：

成都约 1500 元 / 月 / 人

重庆约 1600 元 / 月 / 人

北京约 2300 元 / 月 / 人

……

计算结果陆续报出来。"你们猜猜海底捞目前是什么水平？"我问。各种不同的猜测。我放出了微信上对几位海底捞店长的采访语音，大约是每人每月 800 元。听到这个数字，一些伙伴的脸色有些变了。

"我们现在的工作状态与海底捞相比哪个更好？"我单刀直入。

绝大多数人不得不承认海底捞的更好。

"公司的投入是翻倍的，大家状态却差很多，根本原因在哪里？如果你是老板的话会怎么想？"不少伙伴低下了头。

有了惭愧心，才会生起感恩心——人文关怀之后还需要辅以明理的教育，否则付出再多都是理所当然，甚至还远远不够。

我们也曾在罗红的会所有几次交流："总裁没必要派这么多人去行知，花这么多钱给航空公司（全国来学习的伙伴需要先飞万州或宜昌，学完以后全部飞回北京，罗红请大家吃饭并分享交流，然后再飞回各自工作城市），稻盛和夫当初拯救日航也不是这样子的。如果确有必要的话，哪个市场有需要，我们老师飞过去就行了嘛。"

罗红却说："刚开始我也很急啊，希望这事能够快马加鞭。可是在行知你们给我们分享了华为的案例，当我知道任正非在拟定《华为基本法》时和团队花了整整两年零八个月的时间，我就悟到了：人的思想哪是那么容易就转变的！我们做研发的员工受你们展示的华为床垫文化的触动，也把床垫搬进了研发室，这种精神就是好利来打翻身仗的希望啊！"

"你看我们的孩子们（罗红喜欢叫员工为孩子）的家庭教育很多就有缺失，而现在的学校教育更多在比分数，一不小心还教出精致的利己主义者，反而没人去教孩子什么是感恩、怎样去利他，所以今天的中国企业家必须要补上员工教育这一课啊。行知学校是一个很好的能量场——我想清楚了，只要认认真真补好这堂课，天下就是我们的了！"罗红的目光望向远方。

"打造全世界烘焙业无法超越的巅峰！"这是后来罗红在艺术馆中向我们描述的他的远方。

"我们就赌在人身上了！"在一次交流中，好利来的几位高管对我们说。

"刚开始我们也没想到要派这么多人，但回来后才发现去的人少了带不动啊。企业是个能量场，只有达成共识才能形成同频共振。"先后二十多次去行知亲任班主任的好利来副总经理张运国说。

从科学角度而言，物体的温度正比于组成它们的所有粒子动能的平均值，也就是说，温度的本质是微观粒子的运动。

企业里的"温度"也遵循同样的道理：每个员工好比一个粒子，门店里员工与员工之间、员工与顾客之间的每一声称呼、每一次微笑互动甚至每一个动作就营造出店里的温度。如果去学习的人少了，共识就很难达成，回来后好比一杯90摄氏度的水倒进一锅20摄氏度的水中，整体温度提升会很有限，但如果更多人都往锅里加热水，每个人都动起来，氛围就起来了。而人都渴望去温暖的地方，这就是优质服务的价值。

在一次分享中，好利来的一位干部进行了这样的总结："十年的制度化管控形成了巨大的惯性，企业土壤变得板结，伙伴们的心灵蒙上了利己的灰尘。当我们来到行知学校，这里孩子们的热情、单纯和阳光深深感染了大家；我们有很多干部也是来自像奉节一样的大山深处，他们回去后特别感慨，有些甚至痛哭流涕，觉得出来这么多年，终于奋斗到有车有房了，自己小日子过好了，可是忘本了！忘记了自己当初跟随总裁出来是为了'要帮助更多的人过上好日子'的初衷。行知学习归来后大家就明白了，我们真正要走的就是回到好利来最初的那一条充满真诚、充满爱、充满快乐和甜蜜的路！"

柏拉图说："真正的教育就是心灵的转向。"当4000名骨干的心灵都转向传递甜蜜与快乐的方向，共识便真正形成了。罗红说："行知让好利来人找回了初心，触发我们重新梳理并清晰了核心价值观，让我们恢复了自信，明白了作为人，何谓正确？"

在行知学习的课堂上，我将一个个问题不断抛出："大家都很佩服华为，华为的文化是奋斗者文化，好利来的文化是爱的文化。任正非对奋斗和奋斗者有明确的定义，比如他说：'为客户创造任何微小价值的活动'叫奋斗，'在劳动准备过程中为充实和提高自己而做的努力'也叫奋斗；华为的奋斗者就是'先付出，后得到的人'。那么咱们好利来对'爱'的定义是什么呢？应该怎么去爱我们的员工呢？

"你有可能是溺爱，你对他很好，有人就享受这种爱，觉得在这家企业待着舒服、工作环境好收入又高，福利也不错，然后他就不思进取；还有可能是错爱，爱了不该爱的人，因为总有些人的价值观是与好利来不一致的；还有，领导干部经常犯的错误是什么？就是偏爱：他喜欢的人随时有好处、奖金多一点、提拔快一点，他看不顺眼的再能干也不去爱。所以爱这件事情还真不简单。"

围绕这个问题，大家展开深度讨论，讨论中不断有新的观点蹦出来。最后，所有人达成共识：一个年轻人来到好利来，他最看重的是成长：他要在事业上成长、在生活上成长、在思想上成长，那么好利来给他们最好的爱就是让他们成长。能够使人成长的爱，一定是严爱，就像父亲对子女的爱是严厉的，但正是这份严厉能让孩子得到他原本不具备的能力，哪怕孩子暂时不理解，当他成长了，能够独立面对风雨了，总有一天他会感激你的严厉。

从行知回去后，罗红不断召集各级干部来会所讨论"保障好利来未来长治久安的核心价值观到底是什么"，讨论时间长达半年之久。半年后，罗红对这个问题一锤定音。于是，有了下面这封家书。

2015年11月20日罗红家书：

爱是拼搏者的催化剂，不是平庸者的保护伞

今天我们已经非常明确：好利来的文化就是家的文化，家是用爱来经营的，好利来是一个充满爱的大家庭。但是我们的爱，不应该是平庸者的保护伞，而应该是拼搏者的催化剂。

爱怎么会成为平庸者的保护伞呢？以前我们只是笼统地说："爱就在你身边"、"爱在好利来"，没把爱讲清楚，就难免会出现对爱的误解，陷入爱的误区。

比如在工作中，标准高一点，批评严厉一点，就有人受不了，说："好利来的文化是爱的文化，为什么对我这么凶？"领导干部也茫然，心想我们的文化确实是爱的文化，员工关爱没有到位，是自己的失职，还是和气一点、宽容一点吧！结果上上下下一团和气，错误被无限度地包容，谁也进步不了，谁都没有危机感，这就是典型的温水煮青蛙的状态。这样的爱，就是溺爱，是不负责任的爱。华为每年都在强调"华为的冬天就要来了！"，让每个人都有危机感，让每个人明白只有不停地奋斗才可以生存下去，而我们的溺爱就把人变成了温水里的青蛙，年纪轻轻就享受舒适懒散的生活，这是在践踏青春，是对自己一生的不负责任。

又比如有些老员工，在评级的时候，找到评级老师，说我们这些老同志在好利来也干十几二十年了，好利来的文化是爱的文化，是不是可以体现在评级上照顾照顾我们？评级老师们也不知道如何是好。总裁平时是挺关爱老员工的，对他们特别感恩，但是在评级上放水，这种爱法是正确的吗？老员工不是菩萨，要供起来享清福，还接受大家的膜拜。相反，老员工应该是以身作则、身先士卒的榜样，是好利来拼搏精神的传承者和传播者。像刘国军老师，公司谁的资历有他高？要说供养起来，谁比他更有资格？但刘老师现在依然每天都忙碌在一线，生产、研发、培训，甚至去云南采摘玫瑰，他全都要亲自抓、亲自干；公司的产品不断升级换代，他从没停止过学习，从来没有落后过，这就是榜样。如果都像刘老师这么拼，考级还需要放水吗？年龄与资历绝对不能成为不求上进的理由。

更让人担忧的是，还有一些干部，职务稳定了，收入稳定了，日子也过得舒服了，一旦有挑战、有调动，就打退堂鼓，找各种理由希望得到领导的理解、关爱，继续过自己平静的生活。更恶劣的，虽然少，但是也存在，就是讨好、贿赂领导，希望领导放自己一马。这是什么？这是以爱的名义当逃兵！总裁创办好利来的初心是帮助更多的人过上幸福的生活，但如果干部都过上了平静的生活，怎么可能帮助到更多的人？大家想想，我们的爱"掩护"了多少人从火线上撤退下来，过上了平静安稳的生活？

我们现在已经很清楚地认识到，华为能够取得今天的辉煌，正是因为华为人长期坚持艰苦奋斗。

当干部，要吃得惯两样东西，一样是苦，一样是亏。既不能吃苦，又不能吃亏的人，是没资格当干部的。但是我们糊涂的爱曾经让许多不够资格的人当上了干部，而且当了很久。这样的干部，会把团队带得优秀吗？

会帮助团队伙伴成长吗？多数时候，他们只能让团队的伙伴们绝望。伙伴们绝望了会怎么做？要不辞职离开，要不随波逐流、自甘平庸。"干好自己的活，拿好自己的工资，别多想，别多说！"这是不是曾经流行在一线伙伴中的话？听到这样的话，我们的干部感到羞耻吗？我感到很羞耻，真的很对不起这些孩子的父母，他们到好利来工作，只学会了浪费青春！

我之前也说了，平庸是一种慢性传染病，在错爱的包庇下，它传染得更快。平庸病的蔓延，最严重的后果是什么？是深深地伤害了真正在拼搏、真正想拼搏的家人，是让好利来充满激情活力的健康肌体慢慢地疲软、瘫痪，最终被市场竞争淘汰。可能有些干部还记得，几年前，当85℃、巴黎贝甜等先后出现在我们市场上时，大家感受到的那种压力甚至恐慌。为什么会恐慌呢？因为我们的免疫力、战斗力下降了，没有底气了。有些干部，现在还缺乏底气，几个月前，北京市场，同行在好利来安贞桥店对面开了一家新店，刚好挨着黑天鹅安贞桥店。开业那天，好利来带店的干部大幅降低了要货，说是对方新店开业，气势汹汹，肯定会影响我们的销售。黑天鹅的李总不服气，说我们的产品这么好，怎么会怕他？于是招呼都没打，就直接安排了一个店经理和几个服务员，冲到好利来店门前帮好利来做半熟芝士的试吃。结果当天好利来安贞桥店的销售远远超出了平时的销售水平，店里的伙伴们都很振奋。

所以大家可以看到，不拼怎么行？心中没有斗志，没有舍我其谁、挡我者死的气势，怎么行？

好利来今天的基业，是好利来的"铁军"拼出来的。后来我们学习西方管理，让斤斤计较之心腐蚀了我们的拼搏传统；当我们回归到爱的文化时，又犯了溺爱的错误，让许多本该更优秀的家人受制于平庸保守的风气。这些错误的思维方式都要纠正过来，我们重新梳理出核心价值观——"用产品和服务感动顾客"，这是我们存在的意义，是我们创造价值的唯一途径。"为拼搏者提供舞台"，这才是好利来大爱的体现。好利来的大爱，就是帮助真正热爱烘焙行业，热爱服务行业，愿意成为拼搏者的人，在好利来实现自我价值，成为父母的骄傲，孩子的榜样。

好利来人要具备两种精神，拼搏精神和工匠精神，具备这两种精神的人，都可以称为拼搏者。不甘平庸，勇于自我否定，不断挑战自己，突破自己，谦虚利他，愿意担当更大的责任，这是拼搏者的表现。在本职岗位上长期坚持兢兢业业、苦干实干，不断磨砺自己的毅力和技能，还要无私地帮助伙伴成长，这也是拼搏者的表现。

我们要用感恩利他的爱，创造拼搏的氛围；

我们要用成就人生的爱，激励拼搏的斗志；

我们要用清醒理智的爱，护航拼搏的方向；

我们要用真心实意的爱，提供拼搏的动力。

这才是好利来正确的爱法，这才是我们用来经营好利来大家庭的爱，好利来的爱，不是平庸者的保护伞，而是拼搏者的催化剂。

什么是真正的企业家？稻盛和夫说："以爱为根基，尊重民意的独裁者！"在不断自我反省、深度思考后，罗红已将企业家精神拿捏得日趋精准。

刚从摄影世界回归企业时，罗红目光所及几乎全是不满意，甚至对高薪空降的高管将企业做成那个样子满是抱怨。后来他才意识到这完全是自己的问题："好利来没魂啦！这十年，好利来没死已经是个奇迹啦！"

企业的魂从哪里来？

乔布斯回归之前，苹果内部已是乱糟糟的一片，那时，苹果最需要的是一个主心骨，所有人的思想才能统一。乔布斯的归来让苹果公司上下欢欣鼓舞，前CEO阿梅利奥在欢迎词中说："我们以最隆重的仪式欢迎我们最伟大的天才归来，我们相信，他会让世人相信苹果电脑是信息业中永远的创新者。"

罗红想明白了："企业的魂只能来自它的创始人，不大可能在别的地方。如果创始人心不在企业，完全当甩手掌柜，那这家企业很可能就会丢了魂——它的初心、它要去哪里、它的核心价值观等，这些都只能来自创始人。这一切都不能从别处搬来，即便搬来也更多是文字，不可能是你的灵魂。所以我后来就再也不抱怨了，因为我自己这颗灯泡都没电了，心都不在企业了，我怎么可能去照亮员工？"

这是好利来重生的最大秘密！

稻盛和夫说："企业是经营者内心的投射，不管确立了多么崇高的企业目的，不管揭示了多么高尚的经营哲学，不管构建了多么精致的管理系统，这样的目的和哲学及管理系统能不能正确运用，可以说完全取决于企业的领导者。"

这就是赋能。赋能，是领导者最重要的职责。从这封家书可以看出，罗红的初心已重启，好利来的灵魂重新归来，这是给员工内心赋能的前提。

"你今天的竞争对手是谁？" 2016年9月的一天，正和岛林南工作室的贾林男问罗红。

"没有！"

罗红说："每个人自己就是自己最大的敌人。当你不用心了，自然就会出现无数对手，而且个个都能置你于死地；当你的心回来了，一切就都不是问题。"

稻盛和夫说："成就事业，需要强大的心理素质，那就是'滴水穿石的坚强意志'。这里所谓的坚强意志，并不是像狂风暴雨般的勇猛、粗暴，而是为了让事情顺利，内心涌现安静、沉稳，却又非常强烈的想法。"

心沉静下来之后的罗红说："寄希望于西方先进管理工具让自己当甩手掌柜是不行的，我自己这颗灯泡亮了，员工才可能有光。"

2019年9月13日，好利来迎来27周岁生日。这一天，罗红写道："好利来有一个永恒不变的价值观——用产品和服务感动顾客，为拼搏者提供舞台。我希望每一家好利来门店都是能够带给人们品质、温馨、快乐和爱的地方，让好利来成为深受中国人喜爱的品牌。"

六、"黑天鹅之子"长成记

在一次与一位烘焙行业的资深人士交流中,我问他:"好利来为中国烘焙业做出了什么贡献?"他很肯定地回答我:第一,罗红把整个中国的烘焙行业提升到了一个新的境界;第二,他把两个儿子培养好了,做好了企业的传承。

去过罗红摄影艺术馆的人们,除了会被那里艺术与蛋糕相结合所展现的美所震撼,也会被好利来的员工宿舍所深深打动,许多人说:"这是我见过的设计得最好的集体宿舍!""艺术馆设计跟我儿子有很大关系,员工宿舍完全是我儿子的杰作!"罗红自豪地说。

行知之行后我曾给罗红去过一封邮件,说好利来未来可能将面临两大挑战,其中之一就是企业的传承。就这个话题,我们在罗红的会所也进行过面对面的交流:"日本的长寿企业一般要提前15年进行传承规划,并大致分为三个阶段……"我们把自己的研究进行分享。

"如果用一句话来总结日本五大商帮几百年来的传承秘诀的话,有上、中、下三个对策:'下策留钱、中策留店、上策留人。'"

"赶快记下来!"罗红指示身边的助理。关于孩子的培养,其实罗红早早就开始了。我曾向他请教培养孩子的秘诀。

"没别的,跟我父亲培养我一样,就是散养、放养,注重价值观,保护好孩子的天性。"他说。

他也曾很正式地跟孩子的母亲谈话:不要看孩子考了多少分,不要看作业,认可了这所学校的教育理念就把孩子放心交出去,不要给老师打电话……总之就是，不要在乎孩子的成绩，要在乎孩子成为什么样的人。

罗红最主要的教育方式，就是在孩子们最高兴的时候给他们讲故事。讲什么故事呢？

"讲关于什么是爱的故事，就像父亲当年给我讲他妈妈的故事一样——我奶奶是个地主，但她是个好地主，是一个非常乐于助人、很有爱心的人。"罗红说他就是听着父亲讲这些故事长大的。

"所以我就给孩子们讲我小时候父亲讲给我的故事，讲他教给我的价值观。几年前的春节，我带他们兄弟俩回老家祭拜，去看我奶奶坟的时候，两个儿子异口同声地问我：'我们家的价值观在哪儿？'他们到祖坟来找价值观的源头来了，去找爱是从哪里来的。"罗红说。

"我认为培养孩子心中有爱，引导孩子去自己选择人生，这才是更为重要的。像我热爱摄影，我从大山里走出来，去拜师学艺，去读很多很多这方面的书。对热爱的东西，自己就会很自觉地全身心投入去学去钻研，不需要外界来强迫。这就是父亲教我的，我也是这样教孩子的。

"孩子慢慢长大，如果他们懂得爱，自然就会懂得什么是责任。所以我没要求他们进我的企业，他们长大以后，某一天自然就觉得生在这个家庭，你就必须担起这个责任。"

慢慢长大的两个儿子看着自己的父亲回归好利来后忙碌的背影，尤其是黑天鹅品牌创立后，罗红更是常常半夜三更才回家，一大早又离开了家。

父亲在忙什么呢？儿子们看在眼里。2014年石家庄月饼事件，罗红在北京开完那次大会后，他问两个儿子："学到什么没有？"

"责任！"两个儿子回答。

也是在那一年，在黑天鹅诞生五周年之际，两个儿子——罗昊、罗成——正式加入黑天鹅团队。从那时开始，两个小伙子用新锐的艺术理念和国际化的视野带领团队重塑品牌，开启了黑天鹅与全球顶尖的甜品大师、设计大师和顶级原料商全面合作的阶段，让黑天鹅的产品和形象获得飞跃与蜕变，迅速跻身于国际一流的烘焙品牌行列。分别出生于1994年和1995年的两位年轻人因此被黑天鹅团队骄傲地称为"黑天鹅之子"。

来看看大儿子罗昊的一封家书：

燃烧的青春最美丽

一晃眼，又忙到年底了，感觉时间过得好快。我昨天回想了一下，列了一个表，想看看今年我们团队都做了些什么，改变了什么。结果我发现真的做了不少的事：

1. 完成了新黑天鹅网站
2. 官舍店顺利开业
3. 开设好利来新模式店
4. 确定好利来新模式店施工标准
5. 确定好利来所有新品的包装海报（半熟芝士、蜂蜜蛋糕、柠檬蛋糕、焦糖核桃、小方块、小鸡仔、甜甜圈、魔法棒、幸福蛋糕、戚风蛋糕、饮品、月饼）
6. 确立好利来新品的陈列标准
7. 确立好利来软装标准
8. 推进黑天鹅新品研发
9. 黑天鹅新品顺利上市
10. 为杨林店明年开业做准备

让我最深刻体悟的是，上面的每一项工作成果都是团队竭尽全力、疯狂熬夜给拼出来的，市场部、工程部、研发部、网络部、人力部的伙伴们把每一天都当成两天来用，按常理来说这么多创新工作，正常的公司需要至少三年的时间，结果我们在一年不到的时间里就做到了，总裁说我们今年简直是像坐磁悬浮列车一样冲过来的。我们的团队并没有因为压力而后退或者害怕，反而把这一项项挑战都当成了施展才能、证明自己的最好机会！我们全力以赴地去拼搏，然后把每一个部分都做完美。正因为每个人都有一颗拼搏的心，才能在最繁忙的时候挺身而出，互相帮助；正因为每个人都有一颗拼搏的心，才根本没有考虑过累，只想让青春尽情地燃烧！感谢你们！亲爱的伙伴们，正是你们的拼搏激励了我和罗成，我为你们今年的努力而骄傲！

小时候，听父亲讲他最热血的故事，对我价值观的形成影响是最大的。总裁从四川大山里走出来的时候，是比我现在还小的年龄，他经历了创业的失败，还负债累累，但是并没有后退，而是永远只看到希望和机会。在成都摄影公司打工的时候，因为太勤奋、太努力，感动了老板，老板说："你太勤奋了，我这里已经装不下你了，你自己去创业吧！"还热心地亲自为总裁租门店，帮助总裁独立创业。在自己创业以后，总裁更是无比勤奋，曾经因为一年多持续熬夜工作，过度疲劳，有一天在骑摩托车回家的路上晕倒，被哥哥们抬回家。在雅安尝试开蛋糕店时，晚上结账只有980元，都要叫好兄弟吴总多给20元，凑够1000元来鼓励自己和大家。兰州创建好利来后，店里非常繁忙，总裁也和大家一起拼，打扫卫生、拴蛋糕盒、给大家炒蛋炒饭，什么都干。在闯东北的时候，总裁率领大家用勇气和智慧击退当地黑恶势力的恐吓和干扰，保证好利来店的正常开业。

这些都是因为我父亲拥有一颗无限拼搏并且乐观的心，我们今天才能有完美的好利来、黑天鹅平台，让我们去拼搏，让我们有机会去实现自我价值。

总裁在去年大腿肌肉严重受伤的情况下，仍然坚持耐心地和每一期从奉节行知学校学习回来的家人们分享心得、分享热情。在我的心中，我的父亲就是终极拼搏者，最好的英雄和榜样！我想，在我短暂的青春岁月里，如果不全力以赴地去拼搏，那今后我根本就没有这些能让人热血沸腾的故事，浪费了青春我肯定会无限后悔。

现在，是好利来最关键的时候，也是我们全力施展的最好时机！各位年轻的家人们，如果我们希望自己能有个燃烧的青春，那就一起在这个最好的舞台上尽情地拼搏吧！！我们就是好利来新一代的铁军，我们会创造好利来更辉煌的未来，我们也是有故事的一代！！！

"父亲，老天给了您一双发现美的眼睛，您就尽情去拍吧，家里有我和弟弟呢。"这是罗昊对父亲说的话。如今，两个儿子已全然成了罗红的分身，27岁的罗昊直接扛起了好利来执行总裁的重担。现在，好利来、黑天鹅新品上市的流程是：

1. 罗昊、罗成带领团队全球选材；
2. 选中的原材料由研发工厂做出样品，送罗红和专门班子品尝；
3. 最后，大概只有三分之一"吃了会让人感动"的产品才能上市。

全球寻访美食的两兄弟为了找到达·芬奇伟大艺术的密码，曾专程拜访达·芬奇的故居——克洛吕斯城堡。行程结束，哥哥罗昊感叹道："除了天才的头脑，我更佩服的是他对创造的热爱。达·芬奇曾独创一种睡眠法，就是每4小时睡15～20分钟，这样一天下来，睡眠只要2小时左右，剩下的时间可以全部用于创作。达·芬奇拥有超人的天赋，同时也足够努力，成就伟大的作品就是必然的。同样，要创造令人震撼的甜品，天赋和努力这两者也缺一不可。"

罗昊、罗成的母亲有一次近乎跪在罗红面前，求罗红务必管管两个儿子，"最近他们每天只睡两三个小时，这怎么得了！"

"你想想，我们当年创业难道不是一样的吗？没有这种精神，会有好利来今天的基业吗？孩子年轻时不拼怎么行！"罗红不为所动。

"关键是孩子热爱这份事业，只要热爱，就会有无穷的能量。"

"如果今天是你生命中的最后一天，你会不会完成你今天将要做的事情呢！"乔布斯说，当他17岁第一次读到这句话时，被深深触动。后来经历了真正的生死考验，乔布斯给出的忠告是："我们时间有限……要有勇气追随你自己的本心和直觉，它们知道你真正想成为什么样的人。"

他说："你得去找到你的热爱。"

2019年10月31日，《第一财经》杂志在上海世博会博物馆发布"2019年度第一财经新国货榜样"，好利来在烘焙行业中获得最高支持率。

《第一财经》杂志评论："走进现在的好利来门店，你或许想象不到这竟是一个诞生于1992年的品牌，包装和产品的年轻化创新使它重新获得消费者的喜爱。"有人这样评价如今的好利来："比网红店更持久，比老字号更时尚。"

罗红说："好利来、黑天鹅的产品研发、包装设计、店面装修，都出自两个儿子之手，他们比我更拼、标准更高，没有他们，这两年好利来'航母调头'我还真扛不下来。"

每每谈起儿子，从罗红的眼里，我总能看到一丝不易觉察的作为父亲的幸福感。

七、罗红的教堂

> 罗红艺术馆作品一流,灯光一流,场景一流,希望你到法国去建一座艺术馆,你的作品法国人民也会很喜欢!
> ——法国前总统奥朗德
> 2019年12月19日

1998年10月,罗红第一次去巴黎卢浮宫。在连续参观的三天里,他惊讶地发现,馆内的参观通道上到处都是五六岁的孩子,他们坐着、趴着、站着,每个人都拿着纸笔画板临摹着古典杰作。这一幕令罗红十分感慨——这些孩子的艺术启蒙点真高啊!

在西方,长久以来,博物馆、艺术馆都是启蒙教育的重要组成部分,那时的罗红就在心里暗想:中国的孩子也应该有这样的机会。

"这是安放我作品和灵魂的地方。"2016年7月,罗红带着我参观即将完建的艺术馆时说,"这已是艺术馆建设的第六个年头了,下个月8月8号就开馆了。"他一脸掩饰不住的兴奋。

六年前,也就是2010年。有一天,已经拍遍世界,在各地办了不少摄影展的罗红,看着家附近的高尔夫球场突然想:如果这里只是一个高尔夫球场,十年时间也顶多只是多赚些钱而已,但如果建一座艺术馆,十年后这里还会让人感动,也能够为孩子们提供一个接受艺术熏陶的场所。

他决定花上两年时间建一座艺术馆,在好利来20周年庆典时推出。很快,他就邀来两位中国设计师。

第一次,设计图出来,结果不是他想要的,推翻;第二次,设计师又再用心,一看,还是不好;第三次,他们特别用心,图纸出来虽然不是很满意,但要为好利来20周年庆典献礼,时间很紧张了,罗红勉强决定:就这样开建吧。

眼看着还有一个月就要开馆了,罗红准备趁此机会去非洲再拍些照片回来。结果飞机刚着陆在肯尼亚内罗毕机场,北京的电话就来了:"对不起,总裁!艺术馆被烧了!"

这一烧,可就是五千万啊!第二天,罗红来到现场了解情况。

来龙去脉弄清楚后,罗红觉得这把火是多么神奇:原来,艺术馆施工有两位工程总监,其中一位的爱人大半年都没看到老公了,昨天刚从四川老家抱着不满一岁的孩子来看他,本来每天早上他都会 8 点准时到场,结果第二天就晚到了 10 分钟;另一位总监又因车号限行,来时也耽误了。就这么凑巧,当时只差最后一道焊接工序,可偏偏就在焊接时着火了。

"看来是老天不满意!给你这么好一块地、这么好的设备,却建成这样水平的艺术馆!对不起,不送了!"罗红这样解读这一连串的巧合。于是,他当场就对两位总监说:"没事!只要人没事,就是不幸中的万幸。这把火烧是烧了,可还有一点点余粮,建一个艺术馆还够,咱们继续建吧!"

当时压力最大的是工程总监,他看罗红不仅没骂他,随后还打电话过去安慰他说:"通过这件事,咱们再一次知道什么是品质、什么是责任就行了。"后来,罗红听这位总监的太太说,一接完总裁的电话,她老公就趴在床上号啕大哭,哭得不省人事——他们认识 30 多年,她从未见过丈夫如此这般的伤心。因为内疚得不行,从此以后,他比谁都勤快,比谁都睡得晚。

艺术馆建成后,罗红对一批批来这里学习的员工说:"我们可以做错事,但不可以对不起自己的良心。"

"看来我需要建最好的艺术馆了!"罗红心中有一种特别强烈的声音。随后,罗红邀请到两位世界知名设计师来负责场馆的主体设计。

"我们一起来到现场。望着一片废墟,设计师们问我想要什么样的艺术馆,我说最美的。"

"那你心中最美的标准是什么?"

"我说因为我不懂设计,就请你们来设计最美的。他们又问我预算,我说没有预算——这话一说完,那个年龄大一点儿的设计师上来就给了我一个拥抱,说你是我最喜欢的老板,我做设计一辈子都没遇到你这样的老板,今天终于遇到了!放心,老板,两个月后一定不会让你失望!

"他们又问我最喜欢什么样的形象，我说天鹅是我心目中最完美的，而黑天鹅，在完美之外，更有一种优雅、尊贵的气质。"

"两个月后他们带来了设计稿。艺术馆按照天鹅的形象进行设计，晚上在灯光的映衬下好像天鹅的羽毛，在天与地之间，让人仿佛置身于手绘梦幻与现实世界的边界。太美了！第一稿就通过了！"

而负责艺术馆园林景观打造的韩国园林世家传人金富善说："我很喜欢北京，这座城市有很深厚的人文古韵，但唯独缺了绿色和山水。罗红先生请我来建造园林，我脑海中的第一反应就是北京需要一个有山有水、花鱼鸟兽共同生活的地方，就像罗红先生作品里展现的和谐的自然一样。"

罗红对艺术馆的园林设计倾注了极大心血："艺术馆园林的建造如同一个人成长的两个阶段，首先是虚心地学习，积蓄力量；而后是找到自我与超越自我。经过向韩国和日本团队学习以及四年来的摸索成长，我们对园林有了全新的认识。尤其经历今年疫情期间的闭馆，我们精心对园林进行了升级改造。如今，我们找到了自己的风格，拥有了中国人自己的文化自信，打造了真正属于我们中国人自己的松石水雾。我想，这是值得我们骄傲和自豪的事情！"

艺术馆建成后，因其景观极具特色与震撼力，北京市政府邀请罗红团队负责雁栖湖的景观设计与打造。艺术馆里还有一个挂满水晶雪花的白色大厅，叫"黑天鹅蛋糕艺术馆"，由日本设计大师吉冈德仁设计，主题为"生命的感动"。参观过的人都说，"这里是蛋糕艺术的梦幻殿堂"。

"我能有今天，就在于始终坚持追求我内心想要的标准。"罗红说，"首先要明确我们想要一个什么样的人生，人生标准确定了，做企业的标准就确定了。所以真正的标准一定是在自己的内心，只有心中充满爱的时候，爱的作品才能真正呈现出来！

"我做事情就是以'美'为标准。我心中的'美'一定要做到，做不到，那就不是我想要的，再赚钱和我都没关系。比如员工宿舍，就在艺术馆绿草如茵的大草坪旁。这么美的环境，如果设计成咖啡厅的话肯定很挣钱，但我觉得人比钱更重要，我就一定会选择人。

"最会算账的财务总监我让他退休了，只有不会算账的财务总监跟着我才能建成这样的馆。"艺术馆打造历时6年，因追求极致，三次重建，花费5亿——为保证最好的观赏效果，每幅作品上的射灯2万元一盏，庭院里每块石头由30多位山东老石匠，其中年龄最小的54岁，一刀刀凿出来的。

"建艺术馆的时候我就在想，十年后，你做的这件事情还能不能是最好的？所以我想要的是一个谁来都会感动，能够温润大家心灵的地方。"

为了艺术馆，罗红抵押了自家全部3套房产。他问孩子们："咱家房子现在是银行的了，你们觉得值吗？"儿子们回答："值！""嗯，是我儿子！"

"最遗憾的是父亲没能看到我今天的成功，但我可以让父亲在天之灵感到欣慰了，因为他教给儿子的，儿子全做到了。好利来做了29年，今天还很好，这凭的是良心；艺术馆，谁来了都觉得美、都很开心，这就是给身边人带去了快乐。

"虽然父亲一生都很贫穷，但他在我心中一直是最伟大的，父亲永远活在我心中，我也想学父亲，永远活在孩子们心中。"在一次分享中，罗红遗憾与欣慰交织，眼神里却充满了坚定。

2016年，罗红心中的"教堂"终于建成了，他同时决定对15岁以下的孩子永久免费开放——1998年参观卢浮宫时的愿望变成了现实。

著名摄影评论家陈小波是罗红摄影艺术馆的开馆策展人。她说："博物馆、美术馆、艺术馆都是世上最好的大学。远在古典时代，博物馆以缪斯之名诞生在了古希腊。如今，智慧而富有的人深知艺术比政治更长久，他们要为人间留下一座座艺术圣殿。"

"艺术馆让我们找回了属于好利来人的尊严！"罗红说。

走进艺术馆，观众们首先会观看一部大片。镜头记录了罗红在世界各地的摄影现场。影片不仅让人宛若置身大自然、直面万物与生灵的壮丽澎湃，更能让人聆听到罗红如何将父亲对自己的影响化为对更多人的影响，以及一路走来，他对生命的感悟、对使命的回应：

- 每一家伟大的企业都有一个伟大的使命，你只有竭尽全力去完成它，才能找到安放灵魂的地方；

· 只有爱才能让人勇敢无畏；

· 人生的意义不在于达到什么高度，而在于一次又一次地超越自己；

· 人生的意义不在于你拥有多少物质财富和社会地位，而在于你是否给子孙后代留下了一笔精神财富；

……

罗红摄影艺术馆，不仅"给更多人带去了快乐"，还带去了启迪。

2020年1月10日，意大利前总理伦齐参观完艺术馆后说："罗红摄影艺术馆创造了一种全世界独一无二的模式，把甜品和艺术完美地结合在一起。在这里，我不仅看到了令人震撼的艺术作品，还吃到了从来没有吃到过的好吃的巧克力。"

临别时，他对罗红说这次参观太让他感动了，超出他的想象。伦齐先生的感慨让罗红也颇为触动，他对艺术馆的伙伴们说，如果我们用工匠精神来做好每一件事，我们就一定会树立起我们的文化自信，树立起我们在任何方面的自信！

艺术馆建成后，罗红开始分批邀请全国的员工坐着飞机来体验美丽，分享正确的人生观和价值观——罗红的价值观就在他自己的故事里，就在他的每一张作品里，他还会拥抱每一位员工并对他们说："欢迎回家！"每一个拥抱都是心与心的连接，每一个拥抱都是一次能量的传递。

罗红为什么坚持做这件事情？"因为父母把孩子交到了我这里，我就必须对他们负责。不管来了多久，哪怕他只来了三个月就离开了好利来，只要好利来对他将来的人生有帮助，我们就履行了自己的责任，就没有违背我们的承诺。就像我父亲当年教我的一样，把正确的价值观、把作为人何谓正确一代代传下去，这才是我们真正的事业。

"好利来一路走来，遇到过无数的贵人，其中甚至包括素未谋面的好心人的支持和帮助。懂得感恩是做人的根本，也是幸福的源泉，我们要感谢所有曾经给予我们鼓励与希望的人们，我们接收到的所有的爱，都要以爱来回报，这个世界只有因为爱才会更加美好！"

"用产品和服务感动顾客，为拼搏者提供舞台！"找到了正确的价值观，回归"家文化"的好利来发生了翻天覆地的变化。

"很多顾客又开始信任我们。比如说，有年轻夫妇家里有小孩，他们俩又想出去旅游，就把小孩放到好利来店让好利来的阿姨照看。还有顾客来店时忘了带钱带手机，那没关系，我们服务员就先给她垫着，等她有空时再来还。开始时顾客都不敢相信或者不适应，后来也就习惯了，而且被垫钱的顾客一般都是用最快的时间来把钱还了，很多顾客在还钱的时候还顺便拎一些水果送给我们这里的小姑娘，说她们辛苦了。过年的时候我们是不闭店的，住在周围的阿姨甚至会煮好饺子端到我们店里来给我们过年，说你们回不了家，辛苦了，阿姨给你们煮了些饺子团个年吧！通过我们真心的服务，身边的很多顾客都被感动了。有些顾客即便不买东西每天都要到店里来待一会儿，他们说喜欢那种充满爱的氛围……"一位好利来的高管给来访的企业家们举了很多例子。

"业绩到底怎么样？"有企业家追问。

"北京最好的店是燕莎店，之前最好的时候销售额每天在4万左右，现在每天差不多翻了四番，不少店也是两三倍地增长。"

2019年，北京市政府给好利来颁发了500万元人民币的奖金，以表彰北京好利来过去一年里，在提升市民生活品质，促进北京商业繁荣方面做出的杰出贡献。这是北京好利来连续三年获此奖励。

2020年8月1日，好利来南京主题店开业，连续一周创造出了烘焙业日销售额超过50万元的奇迹，这也是烘焙业单店销售的世界纪录。

2018年，罗红和五大区域公司负责人重新协商，明确了更高标准的好利来开始执行"收缩规模，坚持标准"的原则，解除了已执行19年的联合创始人内部加盟制，已有的门店进行改名，不再使用好利来品牌。

"要沉下心来做好产品和服务，照顾好员工和顾客，不要贪多求大。所以直到2019年5月，好利来才在上海开店，这是自2007年以来好利来进入的第一个新城市。"

罗红相信："烘焙是良心行业，慢就是快！"

一位好利来的高管是这样描述好利来的事业的："我真心觉得好利来是在做一项伟大的事业，那就是通过我们每一家店里的每一次真诚的服务，通过每一款高品质的产品，向中国这个社会、向更多人传递信任和关爱，让更多互不认识的陌生人之间也能多一点信任。我相信在好利来店周围两千米范围内，这里的人会比其他地方的人更快乐、更善良，人们之间有更多的信任。"

好利来的门店是一个流淌着爱和温暖的地方，这不就是全世界的教堂在做的事吗？爱是一种伟大的力量，将心注入，以爱连接，就会产生更广范围、更深层次的纠缠，必然创造出不一样的结果。

"人生最大的价值就是赋予他人价值！"这是罗红为每一期来艺术馆学习的员工分享的不变主题，这是好利来版的"为心赋能"的故事，也是当年，那个23岁青涩的年轻人在跋涉人生途中早就许下的心愿。

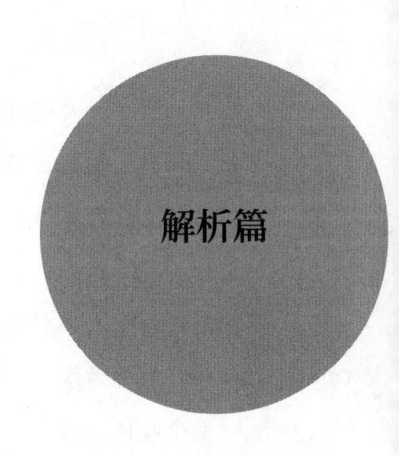

解析篇

回顾过去,在超过半个世纪的漫长岁月里,我将自己奉献给了企业经营这项工作。这条道路绝不是轻松的、安全的道路。现在回想起来,就如同持续行走在两边都是悬崖的、极其危险的山脊之上。

但不可思议的是,在前进的过程中,我却从未感到过不安。我有一种安全感,感觉有某种伟大的力量在守护我。正因为有了这种安全感,我才能心怀信赖和确信,一路走到了今天。

某个时候,浓雾突然散去,回望来路,这才意识到,自己走在那悬崖峭壁之上,不由得脊背发凉——如果做比喻的话,就是这样一种心情。

在经营企业的五十多年中,我始终走在这样的道路上,尽管如此,我还是抱着一种安静的、平稳的心走到了今天,这是因为我有一种信念。

这种类似信仰的某种信念始终扎根于我的心中,它像可贵的护身符一样,帮助我,守护着我的人生。

可以说,人生其实是非常单纯的东西。以利他之心为基础,在每天的生活中,尽可能地不断努力。只要这么做,幸福的人生就一定会到来。

——摘自《心:稻盛和夫一生的嘱托》

第 8 章
企业是经营者内心的投射——从可能性到确定性的阶梯

我们生活在一个可确定的概率世界中。

——普里戈金

我同时经营着"京瓷"、"KDDI"和"日本航空"三家企业。这些企业之所以都能经营良好,绝不是什么偶然。毫不讳言,它们只是我这颗为经营而生的心灵本来的模样。

——稻盛和夫

中国第一高楼——119层的上海中心大厦——是从下往上盖的还是从上往下盖的？这难道还是个问题吗？当然是从下往上盖的！牛顿思维的人多半会这样回答。

量子思维与牛顿思维兼具的人或许会这样回应："首先是从上往下盖，因为我们心中先得有蓝图，明确楼盖多高、地基承载力需要多大、该采用什么样的支撑结构等等，然后再从下往上、一砖一瓦把楼建起来。"

针对既定目标，稻盛和夫的经验是："要心怀渗透到潜意识的强烈而持久的愿望，将注意力、意志力高度集中。这样的话，这个目标就会进入潜意识，这种潜意识会帮助组建模型，进行模拟推演，直到目标完成。"

金一南将军说："战胜对手有两次，第一次是在内心里，第二次是在现实中。"

《大学》有言："物有本末，事有终始，知所先后，则近道矣。"

世间一切成就的前提，首要是弄清事物的本末终始。只有方向大致正确，注意力投射聚焦，行动有的放矢，结果才会自然呈现。

一、物质与意识的关系

当"维格纳的朋友"遇见"薛定谔的猫"

每个人看到的世界是一样的吗？

根据量子力学"不连续时空观"和"不确定性原理"，每个人"看到"的世界，在理论上都至少存在着以普朗克长度和普朗克时间为单位的差异。所以本质而言，每个人眼中都有一个世界，每个人眼中的世界都不同。

物质和意识这两者之间究竟有着怎样的关系？"薛定谔的猫"或许会给我们一些启发。

这个思想实验通过"原子—检测器—毒药瓶—猫"这条因果链，将铀原子的"衰变—未衰变"叠加态与猫的"死—活"联系在一起，使微观世界的不确定性被直观地转变为宏观世界的不确定性——猫要么死了，要么活着，两者必居其一，不可能同时既死又活——从微观的混沌推导出宏观的荒谬。于是可证，量子世界的"叠加态"假设是错的。

为弄清"薛定谔的猫"到底是死是活，1963年诺贝尔物理学奖获得者维格纳提出了另一个思想实验：

"我"（即维格纳）让一个朋友戴着防毒面具同那只猫一起待在那个盒子里，而"我"在盒子外。对于"我"来说，这猫是死是活不知道，按照哥本哈根诠释，猫是既死又活的；"我"问此时在盒子里的朋友猫是死是活，朋友的回答肯定是猫要么是死要么是活，不会是又死又活。于是答案出现了：当人和猫一起待在盒子里，人有意识，而意识一旦加入到量子力学系统中去就会导致波函数坍缩，波函数坍缩意味着叠加态消失，这时，猫就不会是既死又活，它要么死，要么活，二者必居其一。

这个实验表明，一旦有了人的意识参与，猫的死活就是一个确定状态了。维格纳总结道：当人的意识也被包含在整个系统中时，叠加态就不适用了，变成了本征态；更进一步：从不确定变成确定，一定要有意识的参与。这是量子力学给人类的一个重大启示。

正是"我"的意识决定了"我"所观察到的世界的模样——在人的意识加入前，世界是一大团概率波，具有无限可能性；而意识就像是一面镜子，我们一旦用这面镜子去"照"这个世界，所见的世界就由镜子的状态决定：平面镜、放大镜、显微镜、哈哈镜……不同的镜子或因其干净程度不同，照出的样子就不一样。

每个人的意识就像是独一无二的镜子。人的意识各不相同，每个人都是从一大堆概率波中，从近乎无限多种可能性里选取了一种对应于自己意识的那种可能性来体验而已。

为更好理解这一点，我们不妨用彩虹打个比方：事实上，彩虹是空气中的细小水珠将阳光反射到人眼里所形成的幻象。只要空气中有一团雾汽，同时人和阳光处在特定的角度，这些条件具足，我们就会看到彩虹。但真相是，天空中并没有一条真实的七彩带子。

同理，世界也是由我们的意识观察到的结果，它背后有一个包含诸多可能性的概率波世界。同样是落花，在黛玉眼中是"花谢花飞飞满天，红消香断有谁怜"，而在即便是辞官回家的龚自珍看来，却是"落红不是无情物，化作春泥更护花"。自怜与自信，人心的状态决定了落花的不同含义。

我们经由意识这面镜子"照见"自己的世界。所以，每个人不过是活在自己的世界当中，无一例外。

马斯克说："我现在不和人争吵了，因为我开始意识到，每个人只能在他的认知水准基础上去思考。以后要是有人告诉我 2 加 2 等于 10，我会说你真厉害，你完全正确！"

心理学家荣格说："所有的科学都是心灵的活动，我们的一切知识都来源于心灵。心灵是所有宇宙奇迹中最伟大的,它是作为客观世界的必不可少的条件。"

物理学大师玻尔兹曼坚信:"物理学家并不会因为懂得了彩虹的形成原因是光的散射定律,就失去了对蔚蓝色的天空和紫红色落日的感动。"

英国数学家、逻辑学家,过程哲学的创始人怀特海指出:"我们在世界之中,而世界又在我们之中。"

物质和意识本自一体,心物一元,不可分离。

王阳明的"心外无物"

作为对稻盛思想形成具有重要影响的"心学"鼻祖,王阳明用"心外无物"概括了意识和物质世界的关系。

一天,他与朋友们在会稽山游玩。一位友人指着一棵在岩石中开花的树问道:"先生说天下无心外之物。这树上的花在山中且自开自落,与我的心又有什么关系呢?"

王阳明回答:"你未看此花时,此花与汝心同归于寂。你来看此花时,则此花颜色一时明白起来。便知此花不在你的心外。"也就是说,物质的存在一定要"被意识到"才有意义。

《传习录》中记录着王阳明的另一段话:"我的灵明,便是天地鬼神的主宰。天没有我的灵明,谁去仰他高?地没有我的灵明,谁去俯他深?鬼神没有我的灵明,谁去辨他吉凶灾祥?天地鬼神万物离却我的灵明,便没有天地鬼神万物了。我的灵明离却天地鬼神万物,亦没有我的灵明了。如此,便是一起流通的,如何与他间隔得!"

心在哪里,哪里才有了意义!正是因为意义不同,发展的趋势和最后的结果就有了天壤之别。"心学"之所以名之为"心",正是因为阳明先生对心的研究、对心的运用做到了极致。

"身之主宰便是心,心之所发便是意,意之本体便是知,意之所在便是物。"有起心便有意念,有意念就有认知,认知决定了结果。虽不是量子物理学家，但王阳明的观点却很量子力学。

稻盛和夫的"有意注意"

在稻盛和夫的语言体系中，他将"意识"投射称为"有意注意"。对于"有意注意"的重要性，稻盛举例说："我在做一件事的时候，会把整个思维集中在事物的一个点上，高度地聚精会神，持续不断地思考琢磨，对某个技术问题追查，我曾经连续地思考了四天四夜，不思考别的，就思考这一个问题。当然夜里会睡觉，但不管睡着醒着，包括去上班的路上，我都思考这一个问题，最后就突破了。"

在工作中，稻盛绝不允许下属在走廊、过道、卫生间等处向他汇报工作，因为这样会令双方的注意力都可能不集中。凡涉及工作上的汇报、研讨，都要在办公室或会议室，他必拿出狮子捕兔的力量，对事物倾注100%的注意力。

关于稻盛和夫的"有意注意"，我也曾有幸亲历。2012年6月1日下午五时许，经历四个多小时的旅途劳顿，80岁高龄的稻盛和夫终于抵达重庆，准备参加为期两天的"稻盛和夫经营哲学重庆报告会"。闻讯而来的各大媒体堵在拟入住酒店门口，希望稻盛和夫接受并无事先安排的群访。我当时牵头拟定稻盛先生的在渝行程，日程表几乎精确到分钟，这样突如其来的要求必须征得稻盛先生的同意。在被告知情况后，稻盛先生几乎没有犹豫就答应了，但请求大家给他15分钟时间回房准备。15分钟后，稻盛先生准时出现在会场：就在这极短的时间里，这位老人整理了衣装，梳理了头发，清洗了面容，旅途的疲惫一扫而光，整个人重新变得精神抖擞。这样迅速的切换，令亲身体验这一过程的我极为震撼。

对媒体提出的每一个问题，先生都极为认真地回答，让坐在他旁边负责主持的笔者感觉到一股"王者之气"。这正是高度专注时集聚起的能量所发出的"强力辐射"。

意识是一种能量

意识是一种能量——这不是玄学或鸡汤，而是得到科学证明的结论。1871年，赫赫有名的大物理学家麦克斯韦提出了一个"永动机"模型：

一个绝热容器被分成相等的两格，格子中间有一个由"小妖精"（称为"麦克斯韦妖"）控制的小门。容器中的空气分子做无规则热运动时会向门上撞击，而这个智能小妖精本领非常强大，它能探测并控制每个分子的运动，只允许快分子从低温往高温运动，慢分子则从高温往低温运动。在"小妖精"的管控下，两个格子的温差会逐渐加大，高温区的温度会越来越高，低温区的温度会越来越低。

就这样，由小妖精造成的温差可用来永续对外做功，能量守恒定律就被颠覆了。能量守恒律历来是物理界的铁律，"麦克斯韦妖"却在逻辑上对这一定律发起了挑战。这竟然困惑了物理学家一百多年。

问题到底出在哪儿呢？

其实，所有问题的关键就出在这个诡异小妖精的"意识"上。小妖精在识别"快空气分子"和"慢空气分子"的过程之中必然要用"意识"去做出判断，而小妖精大脑中的意识判断活动本身需要消耗能量。

就像一个正常人的大脑，每天消耗的能量占人体消耗卡路里的20%，约有167万焦耳，大约是6两白米饭的热量，而脑力劳动者的大脑能量消耗甚至达到25%左右。可见，隔热箱里的温差，是小妖精通过脑力劳动消耗能量而实现的，如果把隔热箱和小妖精看作一个整体，能量守恒律就依然成立。

简单而言，是否承认意识是一种能量，才是降服"麦克斯韦妖"的关键。人们之所以被其迷惑，是因为很容易把"意识"视为一种绝对抽象的存在，自然就认为"意识"运行不需消耗能量。事实上，当意识活动作用于物质的过程时（如大脑运作指挥肌肉活动），必然会产生能量消耗。

原来，和物质一样，意识居然也是一种能量！这一发现打破了对意识原有的认知。意识不一样，能量就不一样，看到的世界就会不一样。霍金斯的研究也表明：意识具有层次之分，不同的意识层次对应的能量高低就不同。所以，"我"具有怎样的意识、怎样的思维方式，成了我与世界发生关系时行为的源头，决定着相应的结果。

艾伦脑科学研究所的科赫认为："意识不是由设计而来，而是由演化而来。"不同的物种、不同的人由于演化历程和经历不同，意识就会不一样，能级层次就不同。

稻盛和夫的亲身经历也证明：思维方式，蕴含着让事物发生180度转变的巨大力量。从成立之日起，京瓷与客户松下之间的合作关系一直都是既亲近又伴随着紧张感。松下的要求无论是对品质还是成本都非常严格，施加给京瓷的降价压力也逐渐加大，甚至到了令人难以忍受的地步：

"采购数量增加了这么多，应该可以再降降价吧？"

"你们生产这么多年，制造流程肯定越来越合理了，价格是不是可以再降低一些？"

"去年给我们便宜了两成，今年能再便宜一成半吗？"

即使京瓷的人苦着脸说"已经不能再降了"也没用，松下的人反而开始展现手段："那么能看一下你们的结算表吗？"看到一般管理费用数字时，他们会说："京瓷这样的企业规模，应该不需要8%的管理费吧？改为3%怎样？请给我们降价5%吧！"

尽管京瓷被逼得很可怜，对方也从不相信眼泪。当时的稻盛还没有亲眼见过松下幸之助本人，却已经能感受到后者是怎样的人物。反复考虑后，他横下一条心："多少钱都可以，价格由你们定。不过，一旦定了，就请不要再提降价的事了！"听了这番话，松下公司的人便提出一个极低的价格，稻盛咬牙接受了，此后，他便开始拼命摸索如何在这种价格条件下仍能挤出利润空间。

尽管过程异常痛苦，然而，稻盛对松下却逐渐产生了感恩之心："这是在锻炼我们，考验我们！苛刻的要求是迫使我们刻苦钻研的绝好机会。我们的公司刚刚起步，我们的腰腿正需要锻炼。如果连这种程度的要求都不能适应，那么公司也好，个人也好，就只能停留在二三流的水平。所以，绝不能认输，我们要从正面迎接这个难得的挑战机会。"

对严格要求供应商的客户，是选择怨恨还是感恩，不同的思维方式将改变企业的命运。随着时间的推移，当初那些总是抱怨的供应商基本都倒闭了，京瓷却日渐壮大。

经由与松下的合作，稻盛的思维方式发生了巨大转向："我们应该做客户的仆人！"这种彻底以客户为中心的意识，并不是让人放弃尊严，而是告诉员工，要谦虚接受并努力满足客户的需求。

稻盛之所以精通财务，很大程度就是被松下给逼出来的。他还说："京瓷之所以有今天足够的实力，成为全球零部件制造商，都是在松下苛刻的采购要求下锻炼出来的。"这也是后来京瓷拓展海外市场的最大底气。

由此可见，企业与企业之间的差距，就是包括经营者在内的全体员工意识上的差距，从根本上说是能量的差距、心力的不同。

心力

稻盛认为，人的心灵呈现为多重结构，由多个同心圆组成，从内到外依次是：真我、灵魂、本能、感性、知性（见图3-2）。不同的心灵结构对应着不同的判断。

在判断事物时，这个"心灵结构"是如何发挥作用的呢？稻盛是这样分析的：

基于"本能"做出的判断，得失就成为基准，比如，人会把是否赚钱、对自己是否有利作为基准进而做出判断；依据"感性"做出的判断，比如，"讨厌这个做法""喜欢这个人"，则即使一时行得通，也不一定能带来好的结果。

用"知性"做判断会怎样呢？条理分明、思路清晰、逻辑通畅，看起来很有道理，但知性并不具备对事物做出决断的功能。这时候不管多么讲究逻辑，这个逻辑实际上往往还是基于本能和感性做出的判断。

越是人生中重要的局面，越是决定公司走向的关键判断，就越是需要发自基于"真我"的"灵魂"。所谓"发自灵魂的判断",归根结底就是不是以"得失",而是对照单纯的道德和伦理,以单纯的"善恶"作为判断的标尺,换句话说,就是做符合正道的判断,让这样的规范在自己的心中深深扎根。这样的人,即使碰到未曾经历的局面,或是遭遇必须迅速做出判断的事态,也能做出正确的判断,把事业引向成功。

《原则》一书的作者达里欧说:"不管我一生取得了多大的成功,其主要的原因都不是我知道多少事情,而是我知道在无知的情况下自己应该怎么做。"这不仅是对经营者最大的挑战,也是经营者终身修炼的课题。

结合霍金斯的能量级表,我们可以清楚地看到:在稻盛的这个"心灵结构图"中,"真我"的心力是最大的,越往外侧,心力越弱。

京瓷第五任社长伊藤谦介在总结京瓷能够从零开始超越一个又一个同行的根本原因时说:"我们的企业哲学赋予了集团和个人强大的能量,指引着企业的成长与发展。"正是全球七万余名京瓷员工共同处于"心灵结构"中更高的"能阶",所有人以远高于同行的心力与世界互动,才造就京瓷成为全球独一无二的"The Company[①]"。

我是因,世界是果

有很长一段时间,我被一个问题困惑着:量子世界的本质既然是不确定的,是一种概率分布,那么在量子世界中,因果律难道就不存在了吗?那科学还有何意义?该如何理解量子世界的因果性?

基于不确定性原理,海森堡说:"在(经典力学)因果律的陈述中,也就是'若能确切地知道现在,就能预见未来',其错误所在并非结论,而是前提。我们不能知道'现在'的所有细节(不能同时测准粒子的位置和速度),这是一个原则性问题。"据此,传统因果律的前提便不复存在。

潘建伟则给了我们新的思考:"一旦一个粒子和它相互作用体系的初始

[①] The Company:是京瓷要成为"企业中的企业,独一无二的企业,高收益的企业,受人尊敬的企业"之意。

状态确定的话，这个粒子的未来运动状态，根据牛顿运动方程就可以计算出来，我们的命运跟个人的奋斗没有关系，那就成了宿命论。而量子力学告诉我们，以个人的行为、价值标准为基础的测量行为，可以影响世界，这要比牛顿哲学积极。"可见，牛顿世界和量子世界对因果关系的看法是截然不同的。普里戈金在《确定性的终结》一书中说："我们生活在一个可确定的概率世界中。"何谓概率？在概率论创始人贝叶斯看来，概率是我们个人的一个主观概念，表明我们对某个事物是否发生的相信程度。

他说："期望值是概率的基础"，"信念是概率的核心形式"。

期望值、信念，都具有很强的主观性，这能被纳入科学吗？然而事实证明：主观性在从概率到确定结果之间的确发挥了核心作用。

"计算机芯片的性能每隔18个月提高一倍，而价格下降一半"。这便是著名的摩尔定律，这一定律并非数学或物理定律，而是对芯片发展趋势的一种统计分析预测，也就是在预言一个概率、一种可能性。

摩尔定律能成立，是人类历史上的一大奇迹，因为在此之前没有哪一个产业能像芯片这样翻番增长且持续时间至今已长达半个多世纪。这一结果之所以能实现，其中的关键是：一大群相信摩尔定律的工程师努力按照摩尔定律所统计的时间点，持续不断地改进技术和工艺。为确保公司能在18个月内让产品的性能翻番，巅峰时期的英特尔通常采用两个团队背对背开发的方式，既促使相互竞争，又增加了一道保险；当其中一个团队明显落后时，落后团队就放弃当前项目，投入到下一代产品的开发中。这样做的结果就是：摩尔定律总是成立。

因此，并不是摩尔定律成功预言了芯片行业的发展速度，而是摩尔定律是工程师努力实现自我突破的结果。这是一个典型的"因为相信，所以看见"的故事。是信念造就了事实，而非事实造就了信念。

京瓷当年"非晶硅感光硒鼓"的研发也完全证明了这一点。打印机的"感光硒鼓"是消耗品，一般打印五千到两万张时就必须更换，但京瓷却最终实现了该零部件的耐用性和持久性（可以最多打印30万张），开启了感光硒鼓的全新时代。

从 1979 年开始，京瓷就展开研发工作挑战传统感光硒鼓。当时，众多企业都挑战失败，而京瓷也在 4 年时间里始终没能做到投产：虽然出现了极少量的良品，但量产时却怎么也无法重现成功时的制作方法。

于是稻盛对研究员们说："不能重现制作方法，是因为你们敷衍了事地做实验。进展顺利时，如果意识高度集中，成功时的所有条件便可一清二楚，然后马上再试一次，就一定能重现制作方法！"他不断督促研究人员重现实验成功时的条件以及重视现场所有人的心理状态。同时，为消除现场的消极气氛，他还进行大换血，重组新的研究团队，安排能够抓住问题核心的技术人员担任领导，半年的努力终于重现了良品的制造方法。此后，搭载该零部件的京瓷打印机因其寿命长和环保而广受好评，打印机业务进而扩展到全球。

稻盛反复强调："要想成功，必须有惊人的集中力，在混沌的现象中，这种集中力可以直击实现成功的要素核心。"正是这一信念造就了非晶硅感光硒鼓的成功。

借助经典统计学，人类已解决了一些相对简单的问题，然而，经典统计学无法解释由相互联系、错综复杂的多元因素所导致的现象，比如"蝴蝶效应"、大脑复杂的运作机制等，科学家们只能选择一些可信任的法则，并据此建立理论模型。

在人类理性有限，我们很难获取不确定决策问题的所有相关信息的情况下，贝叶斯首次将人的主观判断引入科学决策中，利用"万物之灵的人类"前行过程中不断沉淀的先验知识和样本数据，依据随机变量之间的关联，然后根据客观事实不断修正，使不确定性推理的逻辑更为清晰、可理解性更强，这实际上是一种非常理性且科学的方法，也是"贝叶斯网络"被称为"因果网络"的原因。当下越来越强大的人工智能就是建立在这一基础之上。贝叶斯理论在越来越大程度上改变着世界。

显然，科学不完全等同于确定性，主观先验概率①也不等同于随意。因为从某种程度而言，人类就是靠"主观性"走到了今天。人的实际决策不可能是一个纯粹的逻辑分析过程，必然涉及决策者的认知状态和价值判断等主观因素。

相对于"如何选择"，更重要的是"为何这样选择"，也就是说，选择的目的和意义，坚守何种信念，才是选择的关键。但"成也萧何、败也萧何"，"主观先验概率"有好的一面，稍不注意也会把我们带进"坑里"。

关于信念与结果的一个不幸案例是：导致乔布斯英年早逝的癌症其实发现得很早，专业医生说只要切除胰腺肿瘤，大概率能痊愈。可乔布斯固执于"不想自己的身体被切开"，直觉告诉他：医生不靠谱，还有很多其他方法可以进行治疗，于是他尝试了严格素食、针刺、草药甚至还请过巫术灵媒……最终被拖成了绝症，这颗星球上最耀眼的科技明星却偏偏死于对科学的排斥，实在令人感慨。

又比如，我常和企业家们探讨：是否有这样的案例，某员工在公司好像不怎么样，但离开公司后却干得风生水起呢？这绝非个案，原因很大就出在我们的主观性上。

科学告诉我们：大脑每秒大约接收4000亿条信息，但由于有限的意识系统，我们每秒只能选择接受处理2000条，我们"看到"的只是现实世界的0.000000005而已。有了这样的认知，当今后在工作生活中对人对事每有负面看法时，我们是否可以提醒自己有可能还缺乏一个建设性维度呢？

领导单方面的主观判断常常决定了一个员工的命运，这个员工本具有多种可能性，每种可能性都有一定概率，可一旦被上级定性，他就只有一种性质了。对下属仅凭有限观察就对人形成先入为主的成见，这种思维模式是应该受到挑战的。

对此，任正非的解决办法是：对情感很深的人，要想到他的不足；对

---

① 主观先验概率：指当历史资料无从取得或资料不完全时，凭人们的主观经验来判断而得到的先验概率。它是对人合理的信念的测度，即他相信（认为）事件将会发生的可能性大小的程度。这种相信的程度是一种信念，是主观的，但又是根据经验、对客观情况的了解进行分析、推理、综合判断而设定的，与主观臆测不同。

看不大顺眼的干部,要多看到他的优点。攻打某个特定山头、去啃某个硬骨头要坚持"从贤不从众",但提拔干部则要坚持"从众不从贤",多一些有关联的人来"观察"才能更完整地看清一个人,然后给予更大舞台,坚持"猛将必发于卒伍、宰相必起于州郡"原则,最终通过赛马来相马。

稻盛和夫则更多是通过"大义名分"为员工"赋能"——在明确了事业的目的和意义后,员工的意识能级就能"跃迁"到新高度,再通过阿米巴的赛马平台进一步循环"变现",不断实现人性更大的可能性。

在量子世界中,简单的、线性的"决定论因果律"并不存在。"我是因,世界是果"("信念""期望值"是"我"的核心形式),这才是量子世界的"因果律"。

以终为始

在量子世界的因果网络中,实现结果的路径到底是怎样的?量子论告诉我们:"观察导致波函数塌缩。""观察"使拥有众多可能性的叠加态坍缩成本征态(确定态)。

以摄影来类比。摄影界哲学家杉本博司说:"对我来说,照片就是一种能让我心中的美景实体化的发明。"法国摄影大师布列松也说:"决定性瞬间是观看世界的方法,是一种世界观、方法论,指导着摄影师如何PS世界,如何处理人与相机的关系。"

看过北京罗红摄影艺术馆那震撼人心的大美照片之后,有读者留言说:"拍,与不拍,大自然都在那里!但能用摄影的语言描绘出大自然如此之美的瞬间,一定需要灵魂的共鸣!也许按下快门那一瞬间,定格的不仅是镜头前大自然的美,还有镜头后摄影者的感动!罗红,一个被自然之美所遴选出的时空行者!"

我们的人生也是一次长长曝光后的作品:每一次选择,相当于按下快门获得一张照片,所有照片叠加起来,最终就构成了每个人没有经过彩排的直播人生。

观察者决定被观察者——这既是心想事成的秘密，也是从科学到哲学再到信仰启示给我们的坚实路径。

科学告诉我们，波粒二象性是物质最基本的特性，是不能再拆分的。"波粒二象性"导致了世界本质上的"不确定性"。根据遗传本能，人类从骨子里喜欢追求确定性，然而不确定性又无可回避。人们终归要对身边发生的每件事做出黑白分明的选择判断，那么判断到底应遵循怎样的基准呢？最终做出判断的"我"便成了所有问题的源头，于是自然就会追问"我是谁？我从哪里来？我要到哪里去？"。

不断地追问，便从科学到了哲学。然而，这还是终究给不出"人到底为什么而活？"等终极问题的笃定答案。于是有人开始仰望星空、叩问心灵，冥冥中仿佛有一个声音出现，信仰便产生了。

信仰，是每个人做选择判断的最高基准，也是指挥我们为人生按下一次次"快门"这一行为背后的"总开关"，其逻辑如下（见图8-1）：

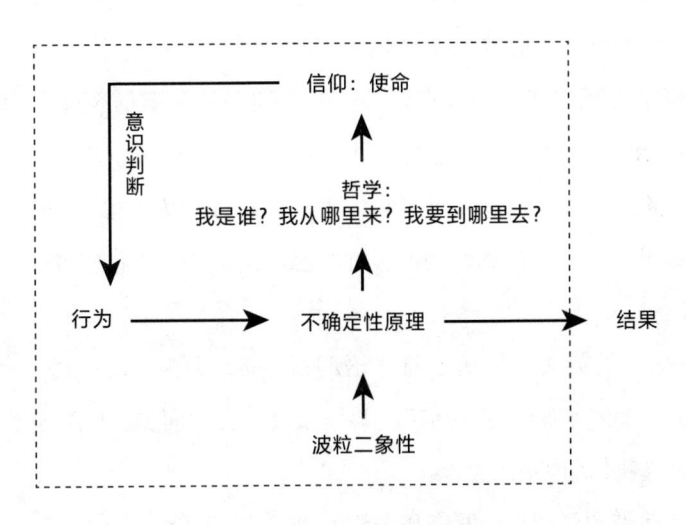

图8-1　科学、哲学与信仰的三位一体

- 信仰决定了世界观、人生观和价值观（世间万物始于心）
- 世界观、人生观和价值观塑造"审美观"（判断基准）

- 眼中看到最美瞬间（可能性）
- 按下快门做出选择（观察者效应）
- 每次选择得到一张照片（确定性）
- 所有照片叠加得到结果（宏观世界搭建）

如此，实现了科学、哲学和信仰的逻辑贯通。

人们常说"以终为始"，这个"终"到底是什么呢？金一南说："少数人相信就看见，大多数人看见才相信。"大凡有大成就之人，他们几乎都以"相信"（终极图景）为起点——正如本章开篇提到的119层上海中心大厦的建设次第。

相信的最高层次，便是信仰。信仰，对基督徒而言是"天堂"，对佛教徒而言是"成佛度众生"，对王阳明是"致良知"，对稻盛和夫是"敬天爱人"，对企业叫"使命"，对普罗大众是"真善美"或曰"良心"。

信仰，才是一个人或组织最大的确定性，每个人或组织身上都有这种确定性，问题在于人们很难确定它的样子。

无论是松风工业，还是京瓷、KDDI、日航，稻盛的企业人生轨迹证明：美好的心灵产生美好的愿望，再经由反复思考形成正确的哲学（判断基准），将哲学血肉化渗入潜意识，潜意识指挥行为（按下快门），行为叠加成结果，结果往往如最初的美好所愿。这，便是"心想事成"背后的秘密。

"科学"的英文单词源于拉丁语词根Scio，意为"我知道"，哲学是"我思考"，而信仰是"我相信"。科学求真、哲学向美、信仰至善，三者共同构建起我们的美丽新世界。

到底何谓"经营"？稻盛和夫说："把哲学变成数据才叫经营。"笃信"敬天爱人"的稻盛和夫结合亲身体会，他说："企业经营想要获得成功，经营者就不能像隐居的高僧一样，高高在上，俯瞰员工，不时给出几句富于哲理的'开示'。企业经营是每天每日反复进行的实实在在的具体活动的累积。无论是大企业还是小商店，经营企业就是每一天数字的积累。不去分析每天的收入和支出，就无法把事业经营好。"

稻盛经营学是一套完整的、立体的系统，是科学、哲学与信仰的三位一体，缺少其中任何一部分都是片面的、不完整的。

二、经营者内心的投射阶梯

一人定国

《大学》有言："一人定国。"这说的是一个组织最高领导者的精神气质，决定了这个组织的境界高低、成就大小，也是"观察者决定被观察者"的证明。

大田嘉仁说："所谓企业，就是全体员工的意识集合体。"这很符合量子论：公司好比量子，在与其他量子（客户、供应商等）产生"纠缠"的过程中，公司员工作为具体工作的执行者，其意识和行为必然会对最终结果造成直接影响。

对这一点，稻盛认为："人们总是有着各种各样不同的想法，如果每个员工都各行其是的话，企业将会变成什么样子呢？如果不能把每个人的力量都汇聚到同一个方向的话，力量就会分散，就无法形成全公司的合力。看看棒球或者足球比赛，全体队员向着胜利的目标、齐心协力的团队，同那些各自为战、只追求个人目标的团队之间的实力差距一目了然。当全员的力量向着同一个方向凝聚在一起的时候，就会产生成倍的力量，创造出令人震惊的成果，那时的一加一就等于五，甚至等于十。"

那么，员工"意识"该如何引领又由谁来引领呢？

回顾京瓷如何凝聚员工时，稻盛说："当我完全放下了创业之初所怀抱的'让我的技术面世'的个人动机，将京瓷的存在意义从'利己'转变为'利他'，可以说，那就是我作为经营者重生的瞬间。京瓷后来的急速成长，就建立在'追求全体员工物质和精神双幸福'这一坚实的利他基础之上。"

经营企业有否"大义名分"是凝聚员工意识的前提，但还不够，企业还需要精神领袖。2013年5月9日在巴西，曹岫云问稻盛："现在日航重建成功了，但成功的原因众说纷纭，有人认为是稻盛先生个人的魅力，有人认为是稻盛哲学发挥了作用，有人认为分部门核算的阿米巴体制特别重要，当然也有人认为是外部原因，即国家的优惠政策最重要。就内部来说，企业盛衰最主要的原因究竟是领导人的威望，还是指导思想，还是体制结构？这三者中哪项最重要？"

稻盛回答："主要是我让日航的干部员工们感动了。我已经80高龄，身为航空业的门外汉，不取一分报酬，没有私利，原来与日航也没任何瓜葛，冒着'玷污晚节'的风险，鞭策这把老骨头，全身心投入日航的重建。看到像他们的父亲、爷爷一样年龄的人，为了他们的幸福拼命工作的样子，日航的员工们感动了，他们觉得'自己不更加努力可不行啊！'，由于日航全体员工团结奋斗，不断改革改进，日航重建才获得了成功。"

在华为尼泊尔代表处看望员工时，任正非有一番肺腑之言："我承诺，只要我还飞得动，就会到艰苦地区来看你们，到战乱、瘟疫地区来陪你们。我若贪生怕死，何来让你们去英勇奋斗。"这不像是一位企业老板对员工的训诫，反倒像一位历经九死一生的将军对士兵的宣誓。

松下幸之助曾说："当员工为100人时，我必须站在员工的最前面，身先士卒，发号施令；当员工增至1000人时，我必须站在员工的中间，恳求员工鼎力相助；当员工达到10000人时，我只有站在员工的后面，心存感激即可；如果员工增加到5万至10万人时，仅是心存感激还不够，必须双手合十，以拜佛的虔诚之心来带领他们。"

企业发展、员工规模不断增长的结果，本质上正是经营者的境界、格局、智慧和能量超前提升带来的，正如稻盛所说："螃蟹比照自己壳的大小打洞。"一旦有一天经营者无法承担起对全员"意识能级"提升的引领作用，企业的瓶颈便随之而来。

经营者该如何将"一人定国"在企业中落地？《道德经》第五十一章

有言:"道生之,德畜之,物形之,势成之。是以万物莫不尊道而贵德。"

《道德经》本章是关于大自然的生态系统论,企业是自然这个大生态中的小生态系统,当然也应顺应这一规律。或许,我们可以从中找到"一人定国"在企业中的落地次第,搭建起经营者内心投射的阶梯。

企业的"道生之":行业本质

天道、地道、人道分别讲的是"天、地、人"的规律。

人为什么在幼儿园、小学里不谈恋爱?这是因为人要按照"道"来行进,即人还没有运动到谈恋爱这个"点",否则就违背规律了。

同样,茶有茶道,花有花道,扫除有扫除道,武士有武士道,商有商道……推而广之,每行每业都有其"形而上"的规律性。

《尚书》记载:舜在禅让帝位给大禹时告诫大禹:"人心惟危,道心惟微,惟精惟一,允执厥中。"

人心惟危:人"趋利避害"的本能会阻碍社会的创新与进步,因此,舜提醒禹在获得权力的同时,必须时刻警醒自己绝不能因此而丢掉自己身上的责任。

道心惟微:隐藏着的"自然规律"看不见、摸不着,也无法准确表达、不易找到。比如我国中医药学形成理论体系是在东周时期,但在此之前,我们的祖先早已用了上万年的时间去积累,其中的无数宝贵经验甚至是用生命换来的。其间不计其数的反复总结、记录、推翻、再总结,才形成了后来系统性的医学典籍。舜用"道心惟微"告诫禹,人对任何自然规律的掌握都需要经历艰难险阻,付出巨大代价。作为国家最高权力者,一方面要努力钻研自然规律(道),同时也要懂得帮助子民学习并运用自然规律。

企业经营何尝不是如此——我们真的抓住了自己所在行业的本质规律、行在"道"上吗?我曾与好利来伙伴深度讨论"烘焙行业的本质是什么?",得到的一致共识是"传递甜蜜与快乐"。比如:当顾客因为下雪天不小心摔坏蛋糕到底该如何处理时,如果只是一手交钱一手交货的单纯生意，处理方式就很简单，可好利来却完全不同。这一切所谓颠覆"常识"的做法如果从"我们是借由烘焙去传递甜蜜与快乐的使者"视角出发，便是如此自然而然。如今，好利来成为中国烘焙行业第一名，这是核心秘密。

家装行业的本质是什么？现在为何有这么多痛点？顾客要的是"家"，但在绝大多数从业者眼中却是单纯的"生意"。

今天绝大多数装修公司并不自己培养工人，而代之以短期外包模式。没有自己一手带出来的员工，公司的理念就无法渗透到基层，即使设计师能拿出最好的设计方案，只要一线具体干活的人是一锤子买卖心理，装修出的房子就绝不可能有爱与灵魂，品质一定会出问题，与客户的沟通一定会有障碍。

企业的"德畜之"：核心价值观

"道"是事物的生发规律，而道的大公无私性就是"德"。世间万物都要靠顺应"道"的"美德"来蓄养，这就是"德畜之"。如果"德"与"道"相违，就是"恶德"，势必被惩罚，所谓"大道汤汤，顺之者昌，逆之者亡"。

就像男女到了谈婚论嫁的年龄，这时去谈恋爱就符合"道"；但还不够，爱情婚姻还需要"德"来滋养，男女朋友、夫妻关系中的"德"，就是双方真诚的爱，是心与心的交流，而非逢场作戏。

企业里，"德"体现为牵引全体员工向上向善的价值观。遗憾的是，目前的中国企业，恐怕90%的企业价值观没能在一线员工的言行上体现出来，还停留在墙上，并未产生实际价值。

实质上，价值观具有极其巨大的价值。海底捞全球已超过1300家门店，员工十三万余人，很简单，你到全球任何一家门店看到的海底捞员工都是"走路快、见面打招呼、见人就微笑、眼里有活"，其行为表现高度一致。"双手改变命运"核心价值观中蕴含的"与人为善""激情""创新"等海底捞人的"德"体现得淋漓尽致。

那为何多数企业的价值观没能从墙上落到地上？伟事达私董会教练张伟俊总结了四大原因：

1. 公司管理层对核心价值观没有经历过一个"真情投入、充分民主"的研讨过程；

2. 没有将这些抽象的、形式的、粗放的，属于精神层面的价值观行为化、操作化、具体化，最终物化到员工的日常工作习惯中去；

3. 没有将价值观的考评纳入到企业的考核体系或考核机制中去，并赋予其相当的"权重"；

4. 老板自身言行与其倡导的价值观没有保持一致，"上梁不正"必然"下梁歪斜"。

但仅停留于这四点还不够，还需要进一步思考：企业的"德"，也就是"核心价值观"是从哪里来的？"道"是"德"的根本，核心价值观来自企业所在行业的本质！

日本3.11大地震发生后，华为部分员工家属要求与任正非对话，呼吁华为调整政策，将员工从危险区域撤回来。任正非却坚持认为：华为已为全世界20%（2011年数据）的人提供通信服务，而通信这一行业的基本要求，就是任何时候、任何情况下网络服务都不能中断。在地球如此宽广的地域范围内，随时都会有瘟疫、战争、地震、海啸等突发事件的发生，因此，员工在决定选择工作岗位时就应与家人达成一致，做好风险控制与管理，绝不能有侥幸心理。选择华为，并不仅仅意味着高工资，因为高工资意味着高责任、高风险；选择华为，华为人的职业操守注定就是维护网络稳定畅通，这就是通信行业与其他行业的不同之处。豆腐、油条店可以随时关门，但华为永远不能。

任正非还说："作为老板，不守住这个原则，我对不起企业。作为家人，你们这样要求也是合情合理的。你们可以去要求你们的亲人从危险地区撤回来，但是，你们不能要求公司为此而改变政策。公司应该把危险时刻坚守岗位的人提到更重要的位置，给他们涨薪、升职。这就是华为的价值观，这是我们必须坚守的原则。"

"以客户为中心，以奋斗者为本，长期坚持艰苦奋斗"是华为坚定不移的核心价值观，也是华为能有今日地位的重要原因，这是基于摩尔定律基础之上的ICT（信息通信技术）行业本质所决定的。与之相反，摩托罗拉、诺基亚们的衰落无一不是"行业本质与核心价值观"不匹配的结果。

企业发展壮大的过程，正是靠"德畜之"来选择、培养和同化同路人的过程，一个人可以走得很快，但一群人才能走得更远。

企业的"物形之"：机制

行业之"道"、企业之"德"是无形无相的，员工是看不见摸不着的。如何为全员构筑"可视化赛道"，这就要靠企业的机制建设。

正如海底捞创始人张勇所说："企业文化是个很宽泛的概念。我一定会在企业内部大力宣讲什么是我们所追求的，也会用升迁和淘汰机制告诉大家哪些是被我们认可或不认可的。通过这些实际的行动，企业文化会慢慢地在企业中生根发芽。"

所谓机制，指将企业的组织系统、流程、制度、工具等诸要素有机连接起来形成的结构关系和运行方式。企业的机制有很多，最核心的是利益分配机制。如在华为体现为"价值创造、价值评价、价值分配"的一体化。

企业里，我们一方面肯定要强调人才的重要性，另一方面，如何将人才通过机制高效组织起来、形成一个充满活力的战斗团队，更是今天绝大多数企业的"刚需"。

从2019年开始，张勇建立起"菜品开发项目制"：在海底捞内部设立四支独立产品开发团队，到底谁开发出的产品好，交给市场检验，一旦被市场所认可，海底捞全球门店就向其开放。仅在2019年上半年，海底捞就通过这一机制一口气推出了187个新品。

追随稻盛和夫去拯救日航，当时负责日航意识改革的大田嘉仁通过深入分析日航现状，结合在稻盛身边多年的工作经验，确定了日航实现哲学共有的 6 条原则：

1. 自行打造自己公司文化；
2. 从领导开始转变（如果领导的意识转变了，部下的意识也会随之发生转变）；
3. 让全员具备一体感（增加公司总部与一线员工的接触点，统一方向）；
4. 逐步提高一线员工的积极性（肯定并感谢一线员工的努力）；
5. 通过持续引发变化，表示决心；
6. 重视速度（一气呵成地完成）。

他说："根据上述 6 原则，我建立起了哲学共有体系并进行了实践。那时，我强烈意识到同样有进行改革必要的，是公司内部制度。因为不管进行了怎样出色的哲学教育，如果公司内部制度与哲学相悖，就会令人感到矛盾，不会对哲学产生信任。实际上，之前的日航有很多内部制度与哲学是背道而驰的。因此，我对会计、人事以及材料和书面请示等许多公司内部制度进行了改革。例如，原来的人事制度一直充满着官僚气息，我对其进行了全面的修订，使之与哲学相符合。这样一来，我感到哲学的渗透已经逐步走向正轨。"

企业的软文化需要通过硬措施来保证，而机制就是从"软"（意识）到"硬"（结果）之间的桥梁。

20 世纪 90 年代，美国普林斯顿大学的唐纳德·斯托克斯教授在《基础科学与技术创新：巴斯德象限》一书中，强调美国不仅需要突破认知的纯技术研究，即"玻尔象限"，也需要纯应用开发的"爱迪生象限"，更需要应用驱动的基础科学研究，也就是"巴斯德象限"。

"巴斯德象限"以 19 世纪法国著名科学家巴斯德的名字命名。巴斯德主要关注食品安全等实际问题，正是在努力试图从牛奶中去除有害菌时，他也同时洞见了现代生物学最重要的发现之一：细菌会导致特定的疾病。像牛顿开辟出经典力学一样，巴斯德因此创立了"微生物学"，建立了一整套独特的"实践—理论—再实践"的微生物学基本研究方法，其发明的巴氏消毒法至今仍被广泛应用，成为影响人类历史进程的科学巨匠。

"巴斯德象限"代表着寻求在理论认知上的遥遥领先，又与实际应用紧密结合，这样既拓展了认知边界，又能创造出具有直接应用价值的研究方法。

显然，"象限理论"不仅适用于国家，同样适用于企业。稻盛和夫认识到"人人都是经营者"，这是此前企业界从未有过的深刻洞见，仿如佛陀"人人都是佛"在企业里的具象化表达。他还根据佛陀为众生指出的修行路径"六波罗蜜"——布施、持戒、忍辱、精进、禅定、般若——而提出了度过美好人生的"六项精进"并"发明创造"出实现"人人都是经营者"的可视化落地机制——阿米巴经营体系。

日本立命馆大学青山敦教授在深度研究阿米巴经营体系后说："这不单单是经营手法，而是思考人应该怎样活着的一套系统。这绝不是画饼充饥，而是将哲学反映在经营中，激发员工能力极限的系统。"

诗人默温说："希望不是未来的东西，它是看见此刻的方式。"机制来源于企业的"形而上（意识）"，具体设计还需要遵循科学性、系统性和闭环性原则来展开，正如京瓷、华为、海底捞这些企业所做的一样。这是企业里一项极其关键的、持续性的系统工程。

任正非说："没有机制，精神是不能永存的。"有了好的机制，"追求实现人性的无限可能性"才会有路径。

企业的"事成之"：极致的产品和服务

为便于更好理解，此处将《道德经》中的"势"类比为企业中的"事"。从有形层面而言，企业最终是靠产品和服务去实现与顾客的最后一千米！

毫不夸张地说，微信是一款改变了国人生活方式的产品，开创者张小龙对移动互联网时代的产品经理素养有如下解读：

洞悉人性　产品经理是站在上帝身边的人，必须了解人性、了解群体心理。产品经理就像上帝一样，建造系统并制定规则，让群体在系统中演化。

好奇心与工匠精神兼具　好奇心才是真正的驱动力，如果一个特性不能让人兴奋，不如不做，因为你不能真正理解自己不感兴趣的需求。要做工匠而不是设计师。产品的每一个细节都做到自己满意，满意取决于你的水准，你的价值观（态度）决定产品特性，你产品的美感不会超过你的审美能力。

用户感知需求　移动互联网的最大特点是变化极快，传统的分析用户、调研市场、制定产品三年规划，在新的时代里已经落伍。人类群落本身也在迁移演变，产品经理更应该依靠直觉和感性，而非图表和分析，来把握用户需求。

海量的实践　尽管移动互联网方兴未艾，目前没有任何人可以自称是领域内的专家，但是，这并不意味着可以寄希望于天降天才。《异类》中提出的一万小时定律，同样适用于产品经理。每天坚持优化十个细节（自己和周围人使用中遇到不便的地方），他们需要开展超过千次的产品实践，才能称得上是了解产品设计，拥有解决问题的能力。

负责的态度　拥有合适的方法论和合适的素养，成功的产品经理还应该有对自己和产品负责的态度，唯有如此，产品经理才能足够偏执，清楚地知道自己究竟要做什么，抵挡住来自上级和KPI考核的压力，按照自己的意志不变形、不妥协地执行产品策划。

……

他强调，产品经理必须有自己的理念和愿景。理念决定了你产品的高度，你的态度会反映在产品的各个细节中，无可回避。

其实，我们每个人都是一名产品经理，至少是我们人生的产品经理，因此，不应忘记张小龙的终极产品心得："从灵魂到外表，我能数出它每一个细节，每一个典故。在我的心中，它是有灵魂的，因为它的每一段代码，都有我在那一刻塑造它时的意识。"

这再次回到了量子世界"观察者决定被观察者"定则。

三、企业是修炼心灵的道场

心之意义

"道生之、德畜之、物形之、事成之"。言简意赅,将企业生态系统建设描述得逻辑清晰、井然有序。现在我们需要继续追问:"道",也就是那个隐藏在事物背后的"规律"究竟是如何被发现的?

经营者的"心"就是"道"的源头!什么是"心"?

西方描述"心"大约是三个单词:"heart"说的是感性、感情之心;"mind"更多强调的是理性之心;"soul"多指灵魂、精神、心性,一般与信仰相关。

东方讲"心",内涵则似乎更为丰富。《传习录》记载,有人问王阳明什么是"心"?他答:"心不是一块血肉,凡知觉处便是心;如耳目之知视听,手足之知痛痒,此知觉便是心也。"王阳明认为,意识所到之处都是心,没有心的功能就没有身体的功能。从充塞全身的角度叫"身",从主宰的角度称"心",从心发动的角度叫"念",就意灵明的角度就叫"知",就意涉及的角度叫"物"。

理工科出身的稻盛条理非常清晰,他认为人的心灵呈现多重结构,不同的层次生发出不同的意识,形成不同的判断基准,从而得到不同的结果。

爱因斯坦的质能方程从科学角度证明,能量是可以转化成物质的。一次在和几位新疆企业家座谈时,桌上摆着各式各样的特色水果,我突然有感而发:这不就是能量变物质最直观的案例吗!

万物生长靠太阳，太阳就是"能量"，桌上的水果就是"物质"。可为什么太阳还是那个太阳，别的地方就长不出同样好吃的水果呢？当然肯定还跟土壤、水分、肥料等诸多因素有关，但最根本的原因还是新疆深处内陆、气候干燥，天空中的云量很少，阳光得以直接曝晒地面，因此这里一天的日照时间很长，平均可达 10 小时以上。

这给我们的启示是：经营者的"心"就像企业里的太阳，如果发心不纯，就如同有厚厚的"云层"把阳光给遮蔽住，无谓地耗损能量，就结不出高品质的"果"。遮蔽心的"云层"是什么呢？多是自私、贪婪、狭隘等带来的小格局。

能量无谓耗损，体现在我们的念头常常"打架"，外在表现就是情绪化。本质上，我们的情绪都是格局过小造成的，这也符合不确定性原理：当一个粒子被限制在一个狭小的空间（位置）时，它就会"暴怒"。当粒子的位置变得非常确定时，它的动量（能量）就变得非常大。我们的意识系统也是量子系统，同样遵循不确定性原理，过度狭隘的边界会经常产生冲突而损耗能量。

稻盛和夫说："心纯见真，清澈纯粹的心灵可以看见真相。被利己主义占据的心，只看到复杂的事象。比如一事当前，先问自己可获得多少好处，这种自私的欲望，会使最单纯的问题变得复杂起来。"

在拯救日航正式启动前，许多咨询公司前来提案，稻盛说："我在聆听那些国外咨询公司介绍如何拯救日航的方案中，发现他们纯粹是基于技术角度来思考日航的重建问题。而我却认为，日航之所以会破产，是由于日航从高级管理层一直到基层员工错误的思维理念。如果只学会一些扩大销售、降低成本技巧的话，只会使日航业绩出现暂时性好转，最终仍会旧态重现，再蹈覆辙。但假如日航能够拥有'全体员工自然流露感谢之情'的企业文化，就必然能够复兴。"

后来日航迅速成功重建的事实证明了稻盛和夫判断的正确性。稻盛和夫事功卓著，根本原因就是坚持"经营的每一天就是提高心性的每一日"，不断磨砺心灵、减少能量无谓损耗，心力得到充分发挥的结果。

"心"与"道"之间的断点

如果只谈"心",容易悬空,稍不注意就落入玄学。佛法揭示人产生感受的过程是"眼耳鼻舌身意"六根接触"色声香味触法"六尘,才能产生"六识","六识"进而指挥人的行为。同样,"心"的力量要从无形化为有形,还需要有效的"介质"。

对于经营者来说,这个介质是什么呢?

经营企业好比"修行"。经营者最好的道场在哪里呢?问题最多的地方就是最好的道场,所谓"烦恼即菩提"。企业本身就是企业家最好的道场,而工作就是将心力从无形的精神化为有形结果的桥梁。

在企业里,经营者的"心"与具体的人、财、物、产、供、销相"纠缠",通过"事上磨炼"、叠加彻底思考进而逐渐找到事物背后规律的过程叫"入道"。精于此道,才能以此为生。只有"入道"了,"心"才不会悬空,才能"头头是道""左右逢源"。

仔细研究"京瓷哲学"78条、"KDDI哲学"38条以及"日航哲学"40条,表述虽有不同,却都蕴含着共同的"道":度过美好人生的人生观—工作即修行的职业观—全员幸福的经营观的三位一体。

那么稻盛和夫的经营哲学到底是从哪里来的呢?稻盛说:"从年轻时开始,我对自己就十分严格,要求自己集中高度的注意力。我原本是技术员,从事精密陶瓷的研究开发,每天都要反复做实验。为了从实验中发现真理,就必须冷静地、细致周密地观察实验中发生的现象。这些现象告诉我们真理,我们必须具备提炼这种真理的能力。我认真专注,死死盯住实验中发生的现象,拼命去发现现象所要告诉我的真理。

"用这种态度做实验的过程中,我产生一种感觉,就是说,为了看破现象想要告诉我们的真理,那么,映射出这种真理的我们的心灵这面镜子就必须纯粹透明。如果我们心存杂念,或者持有某种先入为主的观念,那么我们就不可能如实接受现象想要告诉我们的真理。在排除一切杂念,专注于一项研究的时候,我感觉到某种人生观在心里萌动,并以此为基础开始建立自己的哲学。我隐隐约约地意识到，这样的人生观或者说哲学是极其重要的东西。"

简而言之，稻盛经营哲学来自稻盛用一颗极度纯粹的心、心无旁骛地专注于所从事的事业，与员工一起在一线摸爬滚打，从额头留汗中摸索总结出来的。

1971年，京瓷在大阪证券交易所二部与京都证券交易所成功上市。在纪念上市的宴会上，在大家都激动不已、兴奋甚至是骄傲的时刻，稻盛却公开宣布："今天，借公司上市的机会，我打算再次回归12年零6个月前创业时的场景，与大家一起挥汗如雨，以满身的泥巴为见证，努力向前。"

今天，不少企业家还没找到所从事事业的根本规律，表现在分不清事物的本末先后。当"心"与"道"之间出现了断头路，不妨思考以下几点：

- 我们经营企业的目的和意义是否"纯粹"？
- 我们的注意力是否聚焦在事业上？
- 我们是否沉下去、同一线员工一起摸爬滚打过？

"道"与"德"之间的断点

"发心"是经营者个人的动机，也就是"为什么干"；"道"是经营者全心投入事业时悟出的规律、原则。但企业不是经营者一个人的事业，需要感召、带领一群人往前走。如何将经营者个人"看见"的世界让员工也同样相信，从而形成相同的判断基准？这需要"德畜之"。

"德"在企业里，体现为核心价值观。

1959年4月1日，稻盛借用别人的仓库举办了京瓷创立典礼，在那天的晚宴上，稻盛和夫发表了如下豪言壮语："我们首先要成为原町第一；成为原町第一以后，接下来要成为中京区第一；成为中京区第一以后，要做到京都第一；实现了京都第一，然后就是日本第一；成了日本第一后，就是世界第一！"

显然，这样的豪言壮语当时的大部分员工并不真信，但稻盛凭着一腔热情，加上创业时一起签下了"让我们歃血为盟，永不忘今日之激情"血书的 7 位伙伴的助力，大家带着新招的 20 位初中生一路狂奔，新生的京瓷起步平稳。

工作中他经常激励员工："不行的时候才是工作的开始！""要做出划破手的产品。"在这样的高要求下，京瓷从创立第一个月起就开始盈利，第一年的销售额达到了 2600 多万日元；第二年又翻了一番。松下、索尼都成了新生京瓷的客户。

但问题还是出现了。成立仅两年的京瓷遭到 11 位结盟员工的威胁：如果不能提升待遇，他们就集体辞职。历经三天三夜谈判，好话说尽，带头的员工依然认为稻盛的苦口婆心只是资本家为了继续剥削自己的权宜之计，最后逼得稻盛说出："我会用我的生命来守护这家公司，如果我胡乱经营，或者只是为了一己私利工作，你们可以杀了我！"这样的硬话，"叛乱"才得以平息。

经过这次教训，稻盛开始反思：经营者如何才能与员工形成一体感？他后来经常说："我想建立一家能共同欢笑、共同流泪的企业！"

很快，京瓷的社训被确定为"敬天爱人"，将企业的经营目的从"让稻盛和夫的技术面世"改变为"追求全体员工的物质和精神两方面的幸福，并为人类社会的进步和发展做贡献"。自此，在"道"的层面，京瓷从稻盛单纯的个人价值追求升华到了与全员和社会的有机连接。

在每天的经营实践中，稻盛还很快意识到，经营者每个判断的对错都左右着企业的业绩，有时甚至决定了企业的命运，因此，经营者心中必须有一把明确的、高尚的、坚定而不可动摇的判断标尺。经过反复思考，他将这一判断基准总结为"作为人，何谓正确？"这样一个叩问内心的问句。在做判断时首先扪心自问，"作为人，何谓正确？"一旦得到发自内心的回答后，就义无反顾将之贯彻到底。对这一准则，稻盛率先垂范、身体力行，同时努力让全体员工理解并在实践中一起贯彻，全体京瓷人的"德"便逐渐形成了。

"怀揣一个宏大无比的梦想，同时还要向员工们描述这个梦想，这一点我从未忘记。只要一有机会，我就把'日本第一、世界第一'当作口号不断强调，煞费苦心地提高包括我自己在内的全体员工的志向和士气。

"现在想来，这种似乎超现实的大梦，在忍受一次又一次降临在小企业身上的苦难时，确实发挥了积极的作用。"

稻盛体会到："虽然人心脆弱不定，但是人心之间的联结却是所有已知现象中最为强韧的。"

正是基于以心为本的经营，不断为心赋能，凝聚起了广大员工的心力，全体员工将正确的事以正确的方式贯彻到底，京瓷、KDDI还有日航的重建才取得了超乎寻常的成功。

达成共识是企业的最高成本！企业如何实现从经营者的个人觉醒到团队的唤醒？如何从经营者的个人认知到团队的共识？全员共同的"德"是关键。

如果"道"与"德"之间出现了断点，原因多半在以下几处：

- 企业的"道"是否具有"大义名分"？
- 经营者对"德"是否在率先垂范并培养出了"分身"？
- 是否开展了分层分级的有效教育、形成共识？

"德"与"机制"之间的断点

华为内部曾讨论："雷锋想不想富裕？雷锋该不该富裕？"答案是肯定的，否则就没有大批雷锋的持续涌现。基于这一共识，华为开始不遗余力地建设使"雷锋不吃亏""不让雷锋穿破袜子"的机制。

首先在顶层设计上，任正非只保留"一票否决权"，日常运营由轮值董事长负责，将"任正非的华为"转变为"华为的任正非"。

其次是通过"虚拟受限股""限时激励计划（TUP）"，使60%左右的优秀员工转变了身份，成为与华为生死与共的"奋斗者"。一旦建成大家都在同一条船上的集体共赢机制，那就是全民皆兵，哪怕在"实体清单"的极端打压下，不屈不挠的华为人甚至能做到"村自为战，人自为战"。

最后是科学的工资、补贴、奖金分配机制。华为有近20万员工，绝大部分是知识分子。都说知识分子最难管，其实知识分子最渴望的不过是公平公正。华为围绕"价值创造"（解决谁在做蛋糕）、"价值评价"（从职位评估、劳动态度、绩效改进、任职资格等维度"论功"）和"价值分配"（将职权、薪酬、机会、荣誉等进行"行赏"）展开人才价值链经营。

坚持以客户为中心的价值创造、以责任结果为导向的价值评价、以奋斗者为本的价值分配，搭建起"全力创造价值—科学评价价值—合理分配价值"的机制体系，激发出了绝大多数华为人不懈进行"价值追求"的事业心。

华为机制建设紧紧围绕"以客户为中心、以奋斗者为本、长期坚持艰苦奋斗"来设计，每条核心价值观背后都有相应的机制来保证落地。比如，在许多企业做技术的人普遍有一个困惑：到底是做一名管理者还是做一个专家？因为在很多企业里，管理者比专家升得更快，回报更多。

但在华为，一个部门级别最高的不一定是主管，而可能是专家。如某海外研究所是22级（华为目前将职级共分为7—27级）的研究所，所长是22级，但其中六七个专家级别在22到24级，比所长高。所长出差不能坐商务舱，专家却可以；工资待遇上，专家可能也比所长高，这样做，就是为了让技术线和管理线两条腿都硬。

对专家的激励显性化——Fellow（华为也称"院士"）是华为内部最高级别的专家，他们的薪酬回报是极具竞争力的，但这是隐性的，再怎么高别人都感觉不到。对此，华为开始思考怎样对Fellow进行显性激励，便定了一个政策：Fellow可以坐商务舱。可后来发现大部分Fellow都不坐商务舱。问："为什么？"回答说："我们主管和下面的兄弟们都不坐，我不好意思坐。"于是又下命令，Fellow必须坐商务舱，否则要罚款。当然不是真罚，只是想让Fellow们知道，他们不坐商务舱，技术体系的荣誉感就建立不起来，公司不需要他们省这个钱。

《哈佛商业评论》曾追问海底捞创始人张勇："你投入精力最多的地方在哪儿？"张勇回答说："机制，我永远都在研究机制。"在跟踪研究海底捞的10年中，我们发现：海底捞的成功固然与张勇坚守与人为善、高度自省、强烈的危机感和学习意识密不可分，但核心是张勇通过机制建设，将他对火锅业的认知变成了十三万海底捞人的服务行为。

企业的"德"与"机制"之间有断点，多半是以下几个问题不清晰：

- 价值创造：为谁创造价值？如何创造价值？
- 价值评价：谁创造了价值？如何评价价值？
- 价值分配：分配什么价值？如何分配价值？

当全体员工经由"机制"实现对不可见的"心""道""德"的可视化后，企业的"事成之"便顺理成章。

稻盛和夫说："企业是经营者内心的投射。"一般的经营者之所以未能"心想事成"，可能性没有变成确定性，多半是在某些环节出现了断点，能量发生了损耗，未能将经营者的"心力"通过"道生之、德畜之、物形之、事成之"而彻底地一以贯之。其中，发心是源头，事上磨炼是必经过程，科学体系是贯通的路径。

当然，随着企业规模扩张、新技术日新月异，企业还面临着变与不变、制度与活力相互"拧麻花"的螺旋式上升挑战。

制度与活力

企业大了，就需要必要的机制、流程和标准体系来支撑，以提高效率、保证快速复制，可一旦流于"手册主义"，又必然导致僵化的大企业病。曾有学者研究倒闭的世界500强企业，发现它们有三个共同特征：

第一，都有企业博物馆，里面放着从成立开始的每一代、每一款产品；

第二，每个岗位都有职位说明书，说这个岗位应该对什么负责，要做什么事情；

第三，每个员工都有一本流程操作指导书，讲解在流程中哪个岗位要进行哪些操作。

制度与活力的平衡度如何把握，是企业经常遇到的一大课题。

企业之难就在于，组织演进有一条基本规律：优秀是卓越的敌人，领先会成为领先者的滑铁卢，持续保持高能量非常困难。企业规模大了、历史久了，一群制度的"看门人"普遍拥有了发现"人性恶"的直觉和洞察力，这让管理貌似越来越规范、制度漏洞越来越少，然而，企业的活力却没了。

《清教徒的礼物》一书中讲了这样一个故事：20世纪80年代前的美国企业里如果发现了蛇，马上就会有人站出来把蛇杀死。现在发现了蛇，则需要层层汇报，上面成立一个屠蛇委员会，这还不够，还要设立屠蛇顾问委员会……各种各样叠床架屋的机构，不断议而不决，决而不行。企业管控目的化、流程网格化、决策矩阵化、员工螺丝钉化，人人都为过程而非结果负责，挑错和不犯错成为组织潜规则。

这其实是牛顿思维和量子思维在企业里如何更好地平衡、融合的问题。

牛顿发现的是一个被确定性定律所支配的宏观世界，这里没有给新奇性留下位置；量子科学家们发现的则是一个由掷骰子的上帝所支配的微观世界，这是一个似乎一切都是荒诞的、非决定性因果的、无法理喻的但却充满了可能性的世界。

牛顿和量子两种不同的思维，在经营人生与企业中都会有所体现。被牛顿思维左右的人，常常陷入对一切进行机械、理性推理之中，不可避免会得出一些带有偏见的执念。而固守量子思维的人，又容易将事物的联系无限夸大，陶醉于心灵鸡汤，稍不注意就落入成功学陷阱。

工业文明时代，科学管理将企业从无序和混沌带向了秩序化、理性化，保证了效率与效益，人们的物质得到极大的丰富，牛顿思维厥功至伟。但在信息时代，能量和信息成为创造价值的核心要素，对人的自主性和创造性提出了更高要求，这时，量子思维就大有可为。

工业时代，致力于追求确定性、纯粹结果导向的 KPI 考核大行其道。这曾让深陷烦琐考核指标中的海底捞创始人张勇不禁感叹："每个 KPI 背后都有一个复仇的女神。"

海尔的张瑞敏提到，21 世纪将是量子管理的世纪。他说："外界永远是混沌无序的，我们希望从无序到有序。但互联网时代到来之后，原来那一套管理不灵了，用户的需求是个性化的，现在定一个制度即便执行下去，也不一定对。所以，应该让每一个员工去找到他们自己的市场。"

构建秩序与激发活力，在两面冲突之间来回"烙饼"，在上下左右矛盾之中寻求动态平衡，这既是企业家的宿命也是挑战，是从来没有固定答案的千古难题。实际上，这也是科学告诉我们的世界的本来面目。

确定性给人稳定、踏实的感觉，但绝对的确定性只会造就一个僵化、了无生趣的世界。人类天生就对不确定的事物有着同样的恐惧，才得以让我们走到今天。但是，也正是不确定性才能带来快乐和新发现，激发出人的最佳创造力，给我们带来惊喜。在一个充满不确定性的世界寻找确定性，是人类的一种追求，也是我们进步的主要驱动力。

一般而言，企业里大部分人、大多数时候、大部分工作都是确定性的。对待确定性工作，要坚持效率和效益优先，要及时、准确、精细地完成，这需要制度、流程来保证；而面对不确定性事务，则要在哲学共有、价值观方向一致的前提下，赋予一线创新行动的自由。

因为，创新需要人在心理安全前提下才能发生，所以企业就需要给员工留下试错的空间。

结语：人生最高层次的因思维

回顾稻盛和夫五十余年的企业人生，为何他能取得如此辉煌的成就？表象上看是他比一般企业家做出决策的速度更快、数量更多、质量更高。实质上是稻盛和夫持续为心赋能，在诸多判断基准中，他坚持"作为人，何谓正确？"即用善恶、用心灵深处的真我做判断，也就是用良知判断，知善知恶是良知，良知本来就知道一切问题的答案，速度自然就快、质量也高。

每个人都拥有巨大能量，充满了无限可能性。但只有心灵纯粹、愿望强烈的人，才能将潜能爆发出来，去实现超越常人的、更精彩的可能性。

说到"心灵纯粹"，或许有人会问：希特勒纯粹吗？纯粹的含义就是"不掺杂别的成分"、"表示判断、结论的不容置疑"。希特勒笃信："强者必须统治弱者"，他"要站在世界上最高的地方，向全世界喊一声：立正！"，这也够"纯粹的"，但却走向了纯粹的"恶"，结果爆发出巨大的破坏性能量，给人类带来巨大的伤害。

那普通人为何难以爆发出巨大能量呢？因为我们心中常有很多"乌云"：斤斤计较、小题大做、牢骚抱怨、自私自利、焦虑迷茫……几乎每时每刻都在进行不停的博弈——大我与小我、高尚与卑微、相信与怀疑、摇摆与定力的博弈……在念头与念头冲突、打架的过程中，痛苦产生了，能量由此白白消耗。

根本而言，世界上所有正信的宗教或精神修炼系统，都在教人树立正确的价值观，引导人的念头减少冲突、导向向善向上。因为正确的价值观是抵御社会负能量的根本，也是"修心"之要。否则，就好比驾驶汽车：频繁踩油门、刹车，汽车前行缓慢，汽油却耗损掉了，普通人的能量就卡在这里。

被媒体誉为"百年一遇的推理大师"的东野圭吾说："世界上有两样东西不可直视，一是太阳，二是人心。"要解决能量高效运用的问题，就必须直视人"心"。

稻盛和夫是人不是神，他也会犯错，但与一般人不同的是，他敢于正视自己的内心，绝不自欺、不掩饰，一旦发现不对，就通过真挚的反省来敲打自己，久而久之便形成了坚定的信念，而信念是停止念头冲突的因，信念一旦坚定，判断事物的基准就不可动摇，念头之间的冲突也就随之减少，能量也就聚焦了。

人到底为什么而活？稻盛和夫的回答掷地有声："是为了在走时比来时灵魂更干净。"

稻盛和夫的"活法"也正是为心赋能的根本之法，这才是人世间最高层次的"因思维"。

"多成为一，一增益多"。这是怀特海一生最精辟的观点。稻盛和夫经由灵魂的磨炼，在纷繁复杂中找到了"真我"那个"一"，他的"多"也就会自然呈现。

商业组织从本质上说是由人组成的动态生命、能量系统，塑造这一能量系统的源头，就是包括经营者在内的全体员工的"心"。因此，经历过波澜壮阔人生的稻盛和夫，给我们留下的一生的嘱托是：心是一切的根源，是万事万物生长的种子。世间万物，始于心，终于心。

量是外显的质量，质能一体，两者不可分割。这彻底打通了人类获取"终极能量"的光辉之路，但同时也打开了一个科技的潘多拉魔盒，深远地改变了人类的生活。

2. S=−p log p

信息熵公式也许不如质能方程那样简洁有名，但世间万物皆无时无刻不被卷入其中。信息熵是信息论中最基本的一个概念，是把人类带入信息时代的香农从热力学中"偷"过来用的，专门用于描述信源的不确定度。该公式的含义是：变量的不确定性越大，熵值就越大，消除其不确定性所需的信息量也就越大。

张首晟认为，科学真理最重要的有两点，一是能量，二是信息。文明本质上是建基于人类对能量和信息更深层次的掌控与破解。

再看他写的与本书直接相关的第三个公式。

3. $\Delta x \Delta p \geq h/4\pi$

这个公式是说，你不可能同时测准一个粒子的位置和它的速度。测量粒子位置的误差值 Δx 和速度测量误差值 Δp 相乘不等于零，这就是量子力学的不确定性原理（测不准原理）。这不是测量仪器不够精密的问题，而是物质的内在禀性。海森堡说："我们不能知道现在的所有细节，这是一个原则性的事情。"看来从科学角度认知世界时，人类有一个永远不能跨过的界限，这仿佛是上帝为人类蒙上了眼罩。

物理学方程式的极度浓缩性和涵盖万象的真理性，杨振宁将其比作"造物者的诗篇"。这或许便是张首晟首先要告知人类文明重建者的原因。

哲学向美

人类的科学探索从宏观世界进入到微观世界时，不确定性就像铁壁一般挡住了去路。既然你我皆由基本粒子构成，自然也会面临不确定性问题。天性使然，人类在苦苦追求确定性过程中，在仰望浩瀚星空、俯视点点原子再到思考自身时不免会问："我是谁？我从哪里来？我要到哪里去？"这

后记
科学·哲学·信仰

"假设世界末日到了，诺亚方舟上只能够携带一对动物和一个信封，信封背面你可以总结所有人类知识，那你们会写下什么？不要轻易下笔，因为选择并写下的有限内容，将成为洪水退去后人类文明重建的基石。"

这是"天使粒子"的发现者，张首晟教授在斯坦福大学为学生开设的上限为18人，名为"信封背面的科学"课程布置的思考题。

张首晟自己会写下些什么呢？

科学求真

在自己理论物理研究非常迷茫时，张首晟在德国哥廷根大学的一次参观中，他发现校园里最特别的，是一片墓地。在这里工作过的许多伟大数学家、物理学家埋葬于此。"我看到每块墓碑上，除了刻着名字、出生、死亡日期，还有他们每个人发现的公式，都是简洁而美丽的。就是在那时，我觉得他们虽然都去世了，但直到人类文明的终结，他们仍然存在。从那以后，我人生的路就没有再改变过。"

相信"万物速朽，唯公式永恒"的张首晟写下了三个公式：

1. $E=mc^2$

质能方程看起来朴实无华，但却简洁而深刻地体现了自然界的内在美。爱因斯坦以天才的慧眼看透了质能转换的秘密——质量是内敛的能量，能就进入到了哲学层面。

"量子之父"普朗克有句名言:"科学无法解决自然界的终极奥秘。这是因为,分析到最后,我们自己就是我们要解决的谜团的一部分。"

杨振宁也说:"物理做到极致,就会诉诸哲学。"

为何"博士"学位都叫"PHD（Doctor of Philosophy）"？直译过来就是"哲学博士"。这固然有在"科学"这个单词成为人类的标准用语之前,"自然哲学"就用来指代我们所说的科学的惯性使然。而傅佩荣则进一步认为,不管是物理、数学还是化学博士,他们对知识的认知和追求必须要升华到哲学层面,所以叫"PHD"。西方把"博士"之名封给最高学位,正是因为"哲学"所代表的是"爱智慧",就是永远在追求智慧而绝不停止之意。

"认识你自己"——这是西方哲学的最高名言,也是一个很难找到终极答案的提醒。永远在路上,永不停歇地追求智慧,追求的过程就是一种美。

这就是"哲学向美"之意。稻盛和夫的经营思想被公认为"经营哲学"。季羡林曾这样评价稻盛和夫:"根据我七八十年来的观察,既是企业家又是哲学家,一身而二任的人,简直如凤毛麟角,有之自稻盛和夫先生始。"

稻盛和夫对企业"经营本质"的理解、追求和实践已到了很高的层面,得到了世界公认,获取经营学"PHD"之名并不为过。

那么稻盛和夫的经营哲学到底是从哪里来的呢？科学家出身的稻盛和夫说:"在排除一切杂念,专注于一项研究的时候,我感觉到某种人生观在心里萌动,并以此为基础开始建立自己的哲学。我隐隐约约地意识到,这样的人生观或者说哲学是极其重要的东西。"

从做技术员开始,稻盛就坚持把每天在工作中获得的体会、思考记录在笔记本上。后来的"京瓷哲学"78条就是从这8800余条工作体悟中提炼出来的。也就是说,稻盛的经营哲学是在亏本企业松风工业简陋的实验室里,是在创办京瓷后站在经营一线和员工一起摸爬滚打、额头流汗的过程中彻底思考经营的本质,从中领悟升华到哲学高度的。

宏观经典力学告诉人类:客观世界是完全独立于主观世界的存在,一切都是决定性的，因此人类没有自由意志；但量子世界隐藏的秘密向人类揭示：客观世界不能脱离于主观世界之外，观察者和被观察的世界是相互作用的，我们拥有选择权。

这正是张首晟写下的第三个公式的伟大之处，因为它不只是描述了一个科学原理，更说明了一个哲学的道理，告诉我们人类不仅是这个世界的观察者，甚至还是具有决定性作用的建设者、创造者。

人类探索至此，科学告诉我们：世界的本质是不确定的、是充满灰度的。而哲学要解决的问题是：在此基础上，人具有自由意志，能够自己做出判断。虽然世界是一种概率分布，但人的每一次选择判断却是黑白分明的，个人、企业、国家乃至人类集体的命运，最终的结果就是这一次次判断的叠加。

今日头条的张一鸣说："我不喜欢不确定性，这与我程序员出身有关，因为程序都是确定的，但事实上 CEO 是焦虑的最终承担者。"他曾为此非常痛苦。因为 CEO 每天都要在不确定性中做决策。后来张一鸣认识到："它反正是个概率分布，你就做最佳决策就行了。"

但如何做到在判断的过程中不痛苦、不纠结，做出最佳决策？这就需要哲学的力量。

哲学家总有其看待事物深刻而简洁的洞见。从苏格拉底、柏拉图以降，人们通常把思想称为一个人和自己有声无声的对话（稻盛和夫践行的方式是"每日反省"：他每天早上在洗脸时，面对镜子回顾自己昨天的言行，和另一个自己对话。如果昨天得意忘形，或是酒后说了大话，心中的"另一个自己"就会斥责稻盛。于是他常常一个人对着镜子道歉，喃喃自语，说着"对不起，对不起"）。如果人放弃了这种自我对话，就很容易随波逐流，便很难做出道德判断。思想的外在表现不是知识，而是分辨是非美丑的能力。自由意志经由事上磨炼再叠加彻底思考形成的哲学理念，才能在那些千钧一发的转折时刻，因为相信，所以看见，从而赋予人们做出决断的笃定与力量。

"认识你自己"的根本目的是"成为你自己"，而判断基准就是其中的桥梁。

稻盛坚信：判断基准层次越高，越与宇宙进化的意志相和谐，就越经得起时间的检验。对比发现，无论是"京瓷哲学""KDDI哲学"还是"日航哲学"，即便行业各异，甚至时代不同，但最终体现出的不过是建立在牢固科学基础之上的高度一致、简洁明快、普遍适用的若干原理原则。

"要学会用最基本的道理，判断看似最复杂的事物。"这是稻盛和夫经营企业与人生的切身体会。"就我而言，哲学就是在企业经营这片汪洋大海上航行的海图，就是人生道路上指示正确方向的指南针。"

人类文明不只限于科学，还有哲学。除了三个公式，张首晟在信封背面还写下了高度概括哲学之美的"大道至简"。

信仰至善

瑞士心理学家荣格从事心理学教学工作三十多年，他说："到这里来找我进行心理治疗的人，大部分身体健康，心理正常，但并不快乐。"

这说明一个人要幸福快乐，除了身体健康与心智健全之外，还需要第三个元素——"灵魂安顿"。

傅佩荣说，在台湾大学教书三十几年间，每年都有学生问他，"人生有什么意义？"他总是回答说："人生的意义在于可以不断地问人生有什么意义。"这还是一个哲学层面的回答。追求智慧当然很好，但仅停留于此容易不开心，因为思考太多，质疑太多，很难彻底通透。

面对这个终极问题，稻盛和夫说——

如果有人问我："你为何来到这世上？"

我会毫不含糊地回答："是为了在死的时候，灵魂比生的时候更纯洁一点，或者说带着更美好、更崇高的灵魂去迎接死亡。

"经受各种风浪的冲击，尝尽人间的苦乐，或幸福或悲伤，一直到呼吸停止之前，我们都不懈地、顽强地努力奋斗。这个人生的过程本身，就像磨砺灵魂的砂纸，人们在磨炼中提升心性，涵养精神，带着比降生时更高层次的灵魂离开人世。

"现世的人生，是上苍赐予我们提升心性的一段时间，是上苍赐予我们磨炼灵魂的一个场所——持有这种观点的人，只有这样的人，才能在有限的人生中结出丰硕的成果，才能给周围的人带来无尽的幸福。

"我们人生的意义是什么？人生的目的在哪里？对于这个人生最基本的问题，我的答案是：提高心性、磨炼灵魂。"

哲学起源于惊讶，然后沿着"爱智慧"的道路不断追问，追问到最后自然会涉及人之所以为人的灵魂、信仰。所以杨振宁还说过，"哲学做到极致，就会诉诸宗教"。

稻盛经营哲学中判断事物最基本的原理原则到底是从哪里来的？追根溯源，哲学是稻盛"美好心灵"的产物，来自他准备度过一个什么样的人生，来自"灵魂安顿"处。

基于"提高心性、磨炼灵魂"的原点，在纷繁复杂的企业事务中，稻盛和夫将"作为人，何谓正确？"以"是非善恶"而非让人纠结痛苦的"得失"作为唯一的判断基准，以自己内在信念的确定性去应对外部世界的不确定性，并以此展开堂堂正正的经营，最终取得了了不起的成就。

霍金在《大设计》中宣称"哲学已死"，他的理由是"哲学跟不上科学，特别是物理学现代发展的步伐"。

尼采有言"上帝已死"。尼采此言是因为厌恶当时基督教神权对哲学、文学与科学的限制，为突破这个不合理的约束而振臂疾呼。

如果哲学家能跟上现代科学发展的步伐呢，霍金还会这么说吗？如果社会允许人有自由意志，而人又渴望着灵魂的安顿，尼采还会如此决绝吗？

人类和其他物种最大的区别就在于，人既活在物质世界中，又活在自我编织的意识世界里。所以，人们在追求物质丰富的同时，也需要安魂曲，需要诗与远方。毕竟儒家的仁、佛陀的慈悲、基督的爱都曾经也正在安顿着诸多的灵魂。

杨振宁曾说："张首晟获得诺贝尔物理学奖，只是时间问题。"虽然天纵英才，但遗憾的是这位"天使粒子"的发现者终因抑郁症而自杀，自己离"天使"却终究差了一步之遥，令人唏嘘不已。我们可否从"灵魂安顿"上得到一点启示呢？

科学、哲学和信仰，是人类观察世界的三棱镜，进而构成万花筒，三者缺一不可。

偏执于科学的人，见解精辟，却难免狭隘且缺乏穿透人心的力量；

偏执于哲学的人，视野开阔，却难免空泛与不近人情；

偏执于信仰的人，悲天悯人，却很难绕开迷信的困扰。

而稻盛和夫是三者兼修，立德、立功、立言的集大成者。

稻盛和夫的修炼终局与启示

稻盛和夫是公认的"五大家"：科学家出身、企业家出名、哲学家处世、教育家度人、慈善家济世。这"五大家"的深刻内涵和内在逻辑关系究竟是怎样的呢？

科学家：稻盛刚开始创业时就以自己的技术问世为目的，其根本就是对自身技术的痴迷与自信，这是京瓷成长的基本前提。一代又一代的京瓷人都在研发以陶瓷原料为核心，运用于现在和未来的划时代产品。基于此，京瓷形成了强大的技术壁垒，掌握着这个领域大部分的核心技术。

这对我们的深刻启示是：企业兴旺，必须找到自己独一无二、无可替代的核心产品。科学家主要解决的是企业的"产品力"和"服务力"。

企业家：稻盛和夫创办的京瓷、KDDI以及成功拯救的日航，其所在行业不同，产品各异，又都是数万人的大企业。如何为组织注入灵魂？如何持续创造高收益？如何形成有斗魂的团队？如何破解大企业病？——这些都是企业家必须回应的课题。稻盛和夫不仅逐一完美破解，更因此产生了良好的示范效应。

企业家要解决的核心是"组织力"。将全体员工的潜能和善意充分激发是企业家的第一要义。

哲学家：稻盛和夫不仅研发划时代的产品，打造强大"组织力"，同时把自己在人生、工作中的实践，总结升华成哲学，在企业内部使用的"京瓷哲学""KDDI哲学""日航哲学"都是稻盛和夫在企业经营中形成的普世的人生观、职业观、经营观。在组织外部也形成了哲学传播的书籍和公益机构（如盛和塾等）。

哲学家的核心是要增强"向心力"。只有将人生、事业上升到普世哲学的高度，才能激发更多的生命为社会和世人尽力。

教育家：在京瓷发展前三十年，稻盛和夫始终站在经营第一线，与伙伴们摸爬滚打。因为，没有成绩就没有说服力。稻盛和夫曾透露，在创业十几年直至京瓷上市之后，员工们才真正对他心服口服。后三十年，稻盛逐步退居二线，开始孜孜不倦、不遗余力地讲述自己的经营哲学，唤醒员工心中的"真善美"，追求实现美好人生并为社会的进步和发展做出贡献。

教育家传递的是"影响力"，经营成果是"影响力"的基础，哲学思想是"影响力"的根本。

慈善家：京瓷从创立第四年起，就开始为地区举办年末互助慈善募捐。稻盛先生更是将自己大部分的财富捐献用于设立国际奖项——京都奖；他创立盛和塾，八十多岁高龄时还在为塾生义务教学；创办"大和之家"等。与慈善公益事业上的大手笔、毫不吝惜形成鲜明对比，他自己的生活却极其简朴。

慈善家代表的是"道德感召力"。稻盛先生用自身行动感召世人向上向善，其价值不仅仅是物质的，更是精神的。通过50多年的始终如一，如今，他已叩动了越来越多的美好心灵。未来，他的善举必将影响更多人。

这世界科学家不少，企业家、哲学家、教育家、慈善家也很多，但能集"五大家"于一身的，确实是凤毛麟角。其中有什么次第吗？

对成长创业型组织：首先得有"产品力"和"服务力"。此时经营者须将主要注意力投放在产品研发、服务竞争力的打造上，这是创业型、成长型企业的根。做不到这一点后面的四大家就无从谈起，也无须谈起。

其次是企业家，组织人员增加需要用组织的模式进行"组织力"打造。

随着组织壮大，事业发展，就需要经营者具有哲学家的思维，并慢慢转变成教育家的角色，以及承担慈善家的社会责任。

有的企业，产品还没着落，核心服务能力没有构建，老板就到处传道，普度众生；有的企业还没实现盈利，员工还处在水深火热中，老板就到处高调捐款。

在盛和塾的学习中，稻盛常常会对发表者进行点评，对经营不好的企业家，他绝不会提"为社会、为世人尽力"的要求，反而常说，"有这种闲工夫，还不如先把自己的经营搞好"；或是"你要先让自己的员工幸福"。《大学》有言，"物有本末、事有终始、知所先后，则近道矣"。成长创业型企业家若不知先后，后果堪忧。

对成熟型组织：建议客观分析，立体升级，不执着于某个家。以产品和服务为抓手，通过企业这个修炼的道场，综合提升"五大家"的水准。也可结合内外环境、系统分析目前企业发展中五块板的长短及其优先顺序，进行针对性、阶段性推进，最终实现综合立体提升。

科学求真、哲学向美、信仰至善，在稻盛和夫身上最终具象化为"五大家"。这"五大家"让我们学习稻盛先生有了次第，有了方向，同时也是人生、企业修炼可视化的"五条路径"。

以此，成为更好的自己！

致　谢

　　从心想到事成，写书也是一个事上磨炼、不断为心赋能的过程。虽知晓挑战难而正确的事必有所得，但"磨"肯定就有疼痛，所以下定决心并不容易，而这个决心的起点就缘起于生命中的某些缘分。

　　我要衷心感谢海底捞创始人张勇。正是2011年4月16日的简阳之行，在6个多小时之中，他对稻盛和夫的推崇把我引进了稻盛经营学世界。2014年12月17日，人生路上又出现了一个转折点。感谢包剑英老师为我打开一扇量子之门，让我看见了一个"新"世界。

　　尤其要谢谢这些年不断给我赋能的企业家，正是你们站在生产经营一线的丰富实践，让我亲眼见证了越来越多触动心灵的员工幸福、客户感动的"纠缠"故事，使我越来越坚信美好终将遇见美好。特别是好利来在职业经理人操盘十年一路向"西"到创始人回归，带领企业从机械的牛顿思维"跃迁"到量子思维，创造"传递甜蜜与快乐"伟大事业的转型故事，既惊心动魄又水到渠成。

　　还得"感谢"一下疫情，让我"不得不"从想法到行动来写这本书，体会到"坏事变好事"切换中那一念之转的神奇。这其实很符合量子世界的不确定性原理。在哪儿都不能去的情况下，人在有限物理空间中的"位置"越确定，则"速度（能量）"便越不确定，就必须给能量找到释放空间，写书的大世界足以让心安住。创作过程让我多次体验到发现"新大陆"的惊喜与灵感迸发时被真相拥抱的暖意。写书虽不易，但我很庆幸在特殊时刻，当幸福来敲门时，我在家。

科学性、可读性、逻辑性、融合性和启发性是本书创作时遵循的原则。因贡献突出曾在华为连升三级的刘宏基先生在科学性上做了很有价值的建议和把关；奉光琪女士以文科生的视角在可读性上下了不少功夫，她参与了本书的共创。

十分感谢左敏先生、辛杰教授在百忙之中为本书作序；感谢曹岫云、白立新老师在我成长中的助力；感谢兰翔、张恭运、郑小军、牛虎兵、李佳良、毛勇、吴安鸣、姜子学、葛树荣、王伟、李顺军、张天一等企业家和老师提出的宝贵意见；感谢李其波、高尚先生对本书的贡献；感谢周润丰、李超、夏义老师的直言相谏；感谢汤玉洁在文字上做的一些优化。

还要特别感谢我夫人吴淑琼女士，她以"博导"的眼光，仅看目录就给我指出了一大堆问题，她是本书"伟大的反对派"；我还挤占了当时上着高三，处于"百忙之中"的儿子汤俊杰一些时间请他阅读部分书稿并提出了修改意见。在得到他"高中生读得懂"的回答后，我放了不少心。正是他们的大力支持给了我持续前行的力量。

感谢东方出版社姜云松先生、贺方女士的信任，他们的细心和专业令人敬佩。

书中引用了部分专业人士的观点和资料，鉴于资料来源广泛，可能未及一一注明出处，在此表示衷心的感谢。

不得不说，因水平所限，错漏之处在所难免，那一定全是我的责任。真诚希望大家不吝指正，以便再版时修正完善。

参考资料

1. 稻盛和夫著：《活法》，东方出版社
2. 稻盛和夫著：《心法：稻盛和夫的哲学》，东方出版社
3. 稻盛和夫著：《心：稻盛和夫一生的嘱托》，人民邮电出版社
4. 稻盛和夫著：《京瓷哲学》，东方出版社
5. 稻盛和夫著：《稻盛和夫自传》，东方出版社
6. 稻盛和夫著：《思维方式》，东方出版社
7. 稻盛和夫著：《母亲的教诲改变我的一生》，光明日报出版社
8. 稻盛和夫著：《阿米巴经营：人人都是经营的主角》，中国大百科全书出版社
9. 稻盛和夫著：《经营与会计》，东方出版社
10. 加藤胜美著：《稻盛和夫：创造京瓷的男人》，东方出版社
11. 涩泽和树著：《挑战者稻盛和夫》，东方出版社
12. 大西康之著：《稻盛和夫的最后一战》，现代出版社
13. 北康利著：《稻盛和夫的人生哲学》，浙江人民出版社
14. 大田嘉仁著：《日航的奇迹》，东方出版社
15. 金子宽人著：《日航的现场力》，东方出版社
16. 稻盛和夫 梅原猛著：《对话稻盛和夫：向哲学回归》，东方出版社
17. 济群法师著：《心才是幸福的关键》，中译出版社
18. 爱因斯坦著：《我的世界观》，中信出版集团
19. 费曼、莱顿、美兹著：《费曼物理学讲义第3卷》，上海科学技术出版社

20. 张天蓉著：《极简量子力学》，中信出版集团
21. 曹天元著：《上帝掷骰子吗》，北京联合出版公司
22. 伊利亚·普里戈金著：《确定性的终结》，上海科技教育出版社
23. 高鹏著：《从量子到宇宙——颠覆人类认知的科学之旅》，清华大学出版社
24. H.赖欣巴哈著：《量子力学的哲学基础》，商务印书馆
25. 蒋虹著：《量子思维》，原子能出版社
26. 李海涛著：《量子世界：通俗量子物理简史》，文化发展出版社
27. 戴瑾著：《从零开始读懂量子力学》，北京大学出版社
28. 量子学派编著：《公式之美》，北京大学出版社
29. 李章吕著：《贝叶斯决策理论的演进——基于逻辑哲学的视角》，高等教育出版社
30. 杨建邺著：《物理学之美》，北京大学出版社
31. 丹娜·佐哈尔著：《量子领导者》，杨壮，机械工业出版社
32. 丹娜·佐哈尔著：《量子与生活》，中国人民大学出版社
33. 罗伯特·P.克里斯著：《量子时刻——奇妙的不确定性》，人民邮电出版社
34. 肖恩·埃科尔著：《大潜能》，中信出版社
35. 光子：《世界边缘的秘密——科学对生命的惊人回答》，中信出版集团
36. 辛杰著：《量子管理》，机械工业出版社
37. 阿尔文·托夫勒著：《权力的转移》，中信出版社
38. 胡赛雄著：《华为增长法》，中信出版集团
39. 谢春霖著：《认知红利》，机械工业出版社
40. 吴军著：《全球科技通史》，中信出版集团
41. 李开复 王咏刚著：《人工智能》，文化发展出版社
42. 吴晓波著：《腾讯传》，浙江大学出版社
43. 王阳明著：北京知行合一阳明教育研究院编注：《致良知》，东方出版社

图书在版编目（CIP）数据

为心赋能：稻盛和夫的核心密码 / 汤献华，孙铃斌 著. —北京：东方出版社，2022.1
ISBN 978-7-5207-1846-2

Ⅰ.①为⋯ Ⅱ.①汤⋯②孙⋯ Ⅲ.①企业管理—经验—日本—现代 Ⅳ.① F279.313.3

中国版本图书馆 CIP 数据核字（2021）第 212636 号

为心赋能：稻盛和夫的核心密码

（WEIXIN FUNENG DAOSHENGHEFU DE HEXIN MIMA）

作　　者：	汤献华　孙铃斌
责任编辑：	贺　方
出　　版：	东方出版社
发　　行：	人民东方出版传媒有限公司
地　　址：	北京市西城区北三环中路 6 号
邮　　编：	100120
印　　刷：	北京文昌阁彩色印刷有限责任公司
版　　次：	2022 年 1 月第 1 版
印　　次：	2022 年 1 月第 1 次印刷
印　　数：	1—7000 册
开　　本：	7100 毫米 ×1000 毫米　1/16
印　　张：	21
字　　数：	301 千字
书　　号：	ISBN 978-7-5207-1846-2
定　　价：	68.00 元
发行电话：	（010）85924663　85924644　85924641

版权所有，违者必究

如有印装质量问题，我社负责调换，请拨打电话：（010）85924602　85924603